常州大学人文社科资助项目

儒家的情怀与担当

—— 胡思敬研究

李泽昊　著

上海三联书店

目 录

绪　论

一、选题旨趣

在清末民初社会激烈动荡与转型时期,历史人物的政治立场、思想观念、价值取向发生复杂的分化。与此相应,传统士人的史学活动和史学著述也呈现出多姿多样的状态,不同程度的与时俱进和不同程度的守旧抗新交织一起,构成19世纪末20世纪初缤纷的史学文化风景线。长期以来,学术界对这一段历史的研究多注重开新风、领新潮的人物及其史学,从以康有为、梁启超为代表的资产阶级维新派提出的公羊"三世说"和历史进化论及系统的新史学理论,到以邹容、陈天华、章炳麟为代表的资产阶级革命派把历史进化与革命相联系提出的革命历史观,再到民国初年陈独秀、李大钊在治史领域的新建树,先进人士不断用新的理论、观点和方法审视历史,促使中国传统史学逐步过渡到近代史学。学者们对这些近代史学光彩夺目的重要篇章向来十分重视,对其研究也历久不衰。然而,毋庸置疑的是,学术界对保守人物的史学与思想的研究则关注得很不够。诚然,历史研究本应彰显新生先进的力量,突出革命的发展方向,因此,我们为一代代致力于斯的仁人志士放声高歌是无可厚非的。但是,作为理性的历史研究,如果我们忽视了对历史的另一面,即保守派人物的了解,势必将难以再现复杂多样的历史进程,而有损于我们对历史的全面认识,毕竟,历史的发展是错综复杂的,真实地再现复杂多样的历史过程,是历史研究追求的永恒意义。有鉴于此,本书选取胡思敬作为一个考察近代中国保守派士人史学与思想的个案来进行研究。

胡思敬(1870—1922),字漱唐,号瘦篁、退庐居士、耶溪憨史等,江西新昌(今宜丰)人,清光绪朝进士。他生平嗜书,著述甚丰,尤其在史学方面,更是成果突出。之所以选择胡思敬作为研究对象,主要基于两点考虑:其一,胡思敬是清末民初思想保守的士人群体中的主要代表人物。清亡之前,他恪守儒家传统的政治伦理,反对清廷在末年的变法改革;入民国后,他不仅拒不入仕,甘为遗民以终老,而且积极图谋复辟清室。在中西文化激烈冲撞的社会变局中,造就了许多像胡思敬这样的人物,胡氏的友人刘廷琛、魏元旷、胡嗣瑗等都与他有着相似的心态。这群人因坚守传统的政治与文化、仇视西方文明、抗拒社会变革而成为历史的绊脚石和时代进步的包袱,在近代化潮流的冲刷下,大多很快被边缘化乃至被逐渐遗忘,而胡思敬则是此类人物中因从事史学活动而取得较大名声的代表性人物。作为一位传统学术素养深厚的学者,他撰写、编纂了大量颇具学术价值和影响力的史学著述,为其赢得了当时杰出史学家的名望。笔者认为,在考察清末民初传统史学向近代史学转变的历程时,保守人物的史学与思想,作为这一阶段史学发展的组成部分,理应择要剖析。胡思敬的史学与思想,在其所代表的这一群保守士人中,具有一种典型性,在中国史学史和思想史上具有一定的意义和价值。其二,胡思敬是很值得研究的历史人物,但至今为止,尚缺乏应有的研究。人们多鉴于胡氏逆潮流而动的政治思想,对其所撰史书不加重视,这种因人废言的态度显然是偏颇的。因为在传统道德、传统史学理念的指导下,保守人物也会如实揭示一些主要的历史真相。相反,激进的革命人士出于宣传目的,也会写出不实之辞。从学术角度而言,对此两端不应取此弃彼,而要加以辩证的考察和分析。同时,为了全面而深刻地认识胡思敬的历史观、史学思想及撰述理念,有关胡氏的生平事迹、人际交往、思想特征、价值取向及其与所处时代的关系等问题,都是需要认真研讨的重要内容。然而,以往学界对这些问题的研究都较为薄弱,既不系统,也不全面,难以形成整体性的认识,因而还有相当大的空间可以拓展,值得挖掘的内容还很多。

本书选取胡思敬做个案研究,对他的史学与思想进行全面而系统的梳理,但并非只是就胡思敬谈胡思敬,而是将其作为中国最后一批传统意义的儒家士大夫中的典型代表人物进行剖析,力图通过个体"小历史"的微观视角折射清末民初之"大变局",同时在近代政治、经济、文化大变革、大转型的广阔历史背景下,深入剖析胡思敬的个性特质及其历史影响,展示一个血肉丰满的历史人物形象。近代的中国社会,是一个在西方冲击下大动荡大分化的社会,内忧与外患交加,危机与生机并存。胡思敬生当此时,与那些代表时代进步的人物一样,对国家民族的前途和命运,表示出深切的忧虑和关怀,只是他的应变思想、方式趋向保守,与时相背。作为一位受旧道统、旧文化所"化"至深的士人,胡思敬自觉地充当了儒家文化所代表的中国传统文化的卫道士。他从事史学活动,既是复旧政治主张无法实现后的不得已选择,也是其坚持保守理念的一种寄托。其一生撰史立说,成绩斐然。在著史过程中,作者将强烈的经世情怀、浓重的民族忧患意识与传统的史学价值担当融入到撰写内容当中。其史学著述可充分反映出作者的史学思想、政治立场、文化心态,且不乏史料参考价值。拙作期望通过对胡思敬的个案研究,能有助于我们更为深入地理解其所代表的那一群传统士人中所蕴含的独特的文化现象,揭示其在西学东渐潮流的冲击下的心路历程及其对中国社会的前途命运所做的思考,并从他们身上洞悉那个时代的一股脉搏,用另一种视角来解读近代中国的变革,进而对近代史坛错综复杂的形势有更为清醒的认识,也更全面地把握近代社会的进程。笔者不揣浅陋,争取在前人的研究成果之上得出自己的看法,为清理近代史学遗产有所补益,同时也希望对晚清人物研究、思想研究及清末新政研究提供一项实证性成果。

二、研究状况回顾

胡思敬经晚清光、宣二朝，宦海生涯 16 年，历任翰林院庶吉士、吏部主事、广东道监察御史等职，是当时京城一名较为活跃的学术人物和政治人物。他曾发起成立"访古诗社"，并以出众的诗文水平在京师士林社会名重一时；也曾以为官清廉、刚直不阿，屡次弹劾两江总督端方、邮传部尚书徐世昌、四川总督赵尔巽等权贵而声名大振。然而，由于胡氏具有守旧的政治理念，在历史的新陈代谢中，很快便淡出世俗视线之外。尤其入民国之后，他在拒不入仕"新朝"、积极谋求复辟清室的同时，还辞却了江西省长戚扬的修省志之邀，也不参与民国组建清史馆的修史活动。其撰述、编辑史书，皆为个人的投入，着意与民国官方划清界限。而他的著述多只私家刊刻，并未公之于世，故而流传范围十分有限。这些因素导致在胡思敬去世后的半个多世纪里，对他的研究仅见有三篇人物传记和一篇整理资料：最早介绍胡思敬生平的文章见于其至友刘廷琛所作的《胡公漱唐行状》（闵尔昌：《碑传集补》卷十，台湾文海出版社 1980 年影印本），其后，吴宗慈的《宜丰胡思敬传》（《江西通志稿》，江西通志馆 1946 年刊本）及周维新的《胡思敬传》（《江西文物》，1941 年 1 月创刊号），基本取材刘文，且叙述更为简略。此外，武志平为记述张勋复辟的一些内幕，曾对复辟前后胡思敬致刘廷琛的信函进行过整理（武志平整理：《胡思敬致刘廷琛函》，《近代史资料》总第 35 号，中华书局 1965 年 4 月）。

20 世纪 80 年代以来，史学研究逐步走向繁荣。这不仅表现在传统的一些热点课题获得了更为深入的研究，而且体现在历史研究的领域大大拓宽，越来越多原先未被关注的内容逐渐进入了治史者的视野。在这种背景下，关于胡思敬的研究也有所进展，其所取得的学术成果主要集中在以下四个方面：一、从史学史的角度，对胡思敬的史学著述进行研究。二、从思想史的角度，对胡思敬的思想特征及其诗文进行考察。三、从地方史的角度，将胡思敬视为清末民初江西士绅中的典型代表人物进行剖析。四、对胡思敬藏书、刻书及辑刻《豫章丛书》的情况进行专题探讨。

1982年,《青年史学》在第7期、第9期上先后刊登了朱政惠的《胡思敬与〈戊戌履霜录〉》和《胡思敬的〈盐乘〉——对近代正统派史著的一个剖析》两篇文章(后朱政惠将两文收录在《史之心旅——关于时代和史学的思考》一书中,华东师范大学出版社1996年版),这是对胡思敬史学进行研究的文章中极有分量和价值的两篇论文。在《胡思敬和〈戊戌履霜录〉》一文中,作者详细论述了《戊戌履霜录》的成书背景和撰述动机、史学思想倾向、编纂特点以及史料价值和史学地位。朱政惠认为,该书是在戊戌维新运动风起云涌的历史背景下产生的,其撰述的目的在于力挫维新思潮和变法改良派,以维护清室的一统天下。是书对维新派的谴责、对当时朝廷用人的批评,集中地反映了作者反对资产阶级维新改良运动,维护封建旧制度的地主阶级保守派的立场,表现了其封建守旧的政治思想倾向,这也正是《戊戌履霜录》史学思想的基本倾向。在编纂特点方面,《戊戌履霜录》有编年体、纪事本末体、记言专篇以及志、传、表等,是一部融各种史学体裁于一书的史学专著,用这种综合体裁来写历史的做法是应当加以肯定的。从总体上看,这本书所提供的史料是可靠的,史学地位很高。虽然作者对维新变法施之以谤词,但还是较全面地反映了戊戌变法运动的全过程,是反映戊戌维新运动的较成功的史学专著。在《胡思敬的〈盐乘〉——对近代正统派史著的一个剖析》一文中,朱政惠对《盐乘》撰书背景和史学思想、编撰特点和价值进行了论述。作者认为,胡思敬编撰此书不仅是因为新昌方志年久散失、残缺不全,而且有其更直接的政治原因,即为清室复辟而努力。整部《盐乘》宣传封建的政治、文化思想,为复辟做舆论的鼓吹,其反对革命、图谋复辟的思想特别强烈。从对是书的分析中可以看到,胡思敬的政治立场及其思想是相当保守的。他代表了辛亥革命以后一批封建正统史学家所共有的特点,即在记史的同时,寓入他们对近代以来政治、经济、文化的种种看法,借此来反对革命运动和革命史学,是失去了统治地位的封建阶级的政治欲望在史学界的反映。朱政惠也指出,《盐乘》在编撰方法上有很多独特之处,开辟了方志编写的新格式,如专设氏族志,便很有特色。同时,是书具有较高的史料价值,是研究江西和新昌历史的一部重要的参考资料。

对胡思敬保守思想的研究较为学界所关注。王开玺在《清统治集团的君主立宪论与晚清政局》(《北京师范大学学报》,1990 年第 5 期)一文中认为,围绕实行君主立宪的问题,清统治集团内部官员分化为较为激进的速行、较为平和的缓行和完全反对的三种有代表性的君主立宪论。胡思敬属于完全反对君主立宪论者,这些人死抱着传统的封建体道观不放,认定封建专制制度下的一切体制都是至善尽美的,因而反对任何形式的政治变革。他们的思想和主张对晚清政局产生了一定的影响。胡思敬是同光体诗派的知名诗人,有的学者注意从其诗文中剖析其思想。胡迎建在《孤亭兀坐一轩眉——胡思敬》(胡迎建:《近代江西诗话》,百花洲文艺出版社 1994 年版)一文中,便从胡思敬的诗中揭示出其忠清室仇共和的情绪以及忧国怀旧的遗老感伤。龚汝富在《略论胡思敬的文化保守主义及其诗文》(《江西教育学院学报》,2001 年第 10 期)一文中也同样通过胡思敬的诗文生动地揭示出其思想与心态。作者认为,胡思敬是辛亥革命前后为时论所怪的守旧人物之一,他在政治上追求复辟的遗老立场与其抗拒时代发展的没落旧文化意识,在清末民初颇具典型。胡氏的文化保守主义及其诗文表达,在一定程度上反映了在激荡的新旧文化冲突中,以扶持传统封建名教为己任的文化遗民的共同悲哀。

丰富的《清末江西学者胡思敬》(《宜丰文史资料》第一辑,政协江西省宜丰县委员会、文史资料研究委员会 1986 年版)一文,注意从地方史的角度对胡思敬进行研究。作者首先介绍了胡思敬的生平,进而指出胡氏是一个守旧派,由于受阶级的局限,始终未能摆脱封建意识的束缚,不敢正视现实,投身民主、科学行列。但是,作为清末民初江西士绅中的典型代表人物,胡思敬在隐退以后,潜心著书立说,编辑先哲遗书,为保护民族文化遗产不遗余力,做了大量有益于桑梓的社会工作。李平亮的博士学位论文《卷入"大变局"——清末民初南昌的士绅与地方政治》（厦门大学，2004 年），通过考察清末民初南昌的士绅阶层与地方政治，论述地方社会卷入"大变局"的历史过程，探讨中国近代社会变迁的内在机制。作者在文章第四章第一节"主要绅士群体的政治取向"中，用了近八千字的篇幅对胡思敬做了具体的论述，把他归入民国初年江西士绅群体的三种类型中的"拒不入仕，甘为遗民"一类，描述了胡思敬在民国以后作为一个前清遗老的心态及种种表现，以及对地方社会的影响和作用。刘慧的硕士学位论文《胡思敬仕履及其心路历程研究》（江西师范大学，2005 年），按照时间顺序叙述了胡思敬一生的主要事迹及其心路历程。作者认为，胡氏终其一生都是忠于清室的，作为清末江西著名的士绅，胡思敬对清末以及民国发生的一切变革恨之入骨，拒绝接受社会的巨变，是一个不折不扣的遗老。

　　胡思敬是近代江西省著名的藏书家和刻书家，许多学者对胡氏的藏书和刻书情况进行了较为深入的研究和探讨。吴祥瑞在《胡思敬与"退庐"藏书》（《赣图通讯》，1984 年第 4 期）一文中对胡思敬的生平、藏书、著书、编书等情况做了介绍。作者指出，胡思敬在刻苦读书、不断著书的同时，全力收藏、购贮图书。尤为难得的是，胡思敬能够把自己数十年积蓄的图书，全部捐赠给当时的江西省立图书馆。此举对于江西省图书事业的发展功不可没。熊步成的《也谈胡思敬——兼与吴祥瑞君商榷》（《江西图书馆学刊》，1986 年第 1 期）一文是对吴祥瑞文章的补充。熊步成认为，吴文所涉及的史实，有的尚有出入，有的语而不详。例如，吴文提到的胡思敬在京时收藏图书三十余万册，熊文认为是二十万卷，回赣后，陆续添置，才增至四十余万卷；熊文认为，胡思敬并未将所藏全部图书捐赠，仅捐十余万卷。此外，作者又对胡思敬的生平、藏书、著书、辑书等情况重新做了论述。辛增明在《胡思敬辞官著书》（辛增明：《宜丰史话》，宜丰县哲学社会科学学会联合会 1988 年 2 月编印）一文中论述了胡思敬为官刚正不阿、不畏权贵、关心民情以及积极致力于收藏和编辑典籍的事迹。王紫林在《江西省通俗图书馆成立年代考证》(《江西图书馆学刊》,1989年第3期)一文中认为,1912年胡思敬捐书之时,江西省还没有一所省级公共图书馆。因此他提出,胡氏所捐之书很可能是给了建馆较早的通俗图书馆。王书红在《退庐图书馆始末》(《江西图书馆学刊》,1995年第4期)一文中,详细地叙述了退庐图书馆从开始创办一直到停办的整个过程,记载了退庐图书馆的藏书数量及其后来的归宿。作者认为,胡思敬捐书创办江西图书馆(即退庐图书馆的前身)是出于无奈,是不得已之举。王书红的另一篇文章《胡思敬藏书综考》(《江西图书馆学刊》,1996年第3期)则对胡思敬藏书之数进行了考证,认为胡氏所捐的十万余卷图书基本上是其藏书的全部。作者还对胡氏藏书的归宿进行了考察,认为胡思敬根本没有捐书给所谓的江西省立图书馆,而是可能捐给了退庐图书馆的前身——江西图书馆(或称江西全省图书馆)。且胡氏所谓的"捐书"并不是真正意义上的捐书,即把书捐赠出来,而是把原本属于他个人使用的藏书,通过图书馆,供公众阅览,他本人仍然是书籍的主人。包礼祥在《胡思敬的刻书思想》(《江西财经大学学报》,2003年第4期)一文中认为,胡思敬是近代颇有成就的出版家。在刻书过程中,他不但注重校刻质量,而且有着强烈的成本意识。其刻书的目的在于经世致用,即为乡贤续命、扬气节、正人心。这与当时重学(辑刻者所尚之学)、重版本(宋元本或精善本)的出版主流有异有同,而与少数遗老重气节、表乡里的思想相同。钱鹰飚、朱小宁、廖浩然等在《寻觅江西民间藏书家》(《信息日报》,2004年7月7日)一文中介绍了胡思敬的生平及藏书情况,叙述了胡氏藏书的归宿。认为胡思敬根据藏书编辑的《豫章丛书》是极有研究价值的历史资料和文献资料。

胡思敬辑刻的《豫章丛书》是一部颇具地方特色的文献著作汇编,它以收书丰富、著录翔实、考订精审为世所推重。不少学者对胡思敬与《豫章丛书》进行了专题研究。喻剑庚在《简说胡辑〈豫章丛书〉的特点》(《江西大学学报》1988年第4期)一文中认为,胡辑《豫章丛书》是研究江西地方史的一部重要文献,极有史料价值。是书具有选书严格、补阙辑佚，校刻精善、有利后学，资料集中、查检便利等三大特点。同时，作者认为，《豫章丛书》也有疏失之处，如未收词、曲等。肖玲的《〈豫章丛书〉校勘题识考析》(《江西图书馆学刊》1990 年第 1 期)一文，主要从考析版本源流、评价版本优劣，考订作者生平、阐明学术源流，考辨《四库提要》内容、更正《四库提要》失误等三个方面论述了胡辑《豫章丛书》时所作校勘题识的主要内容及特点。作者认为，胡氏的校勘题识内容丰富，涉及到了版本学、校勘学、目录学等诸多学科领域，实为一部学术价值较高的江西地方文献提要目录。其既是对《四库提要》的考订、补缺，又是对四库所录江西籍学人著作的翔实、系统的考辨及补正。胡思敬为搜集、整理、考订及保存江西地方文献所做出的功绩，是应予充分肯定的。姚公骞在《〈两刻豫章丛书题记〉序》(《南昌大学学报》1996 年第 6 期)一文中，介绍了陶福履、胡思敬的生平仕履及两部《豫章丛书》成书经过、内容特点。作者认为，胡辑《豫章丛书》具有贯通古今、别择精审、校勘细密等特色。安平秋在《让乡邦先哲的珍贵文化遗产代代流传——江西教育出版社推出〈豫章丛书〉整理本》(《中华读书报》2002 年 11 月 13 日)一文中也论及了胡辑与陶辑两部《豫章丛书》的特点。作者指出，陶辑《豫章丛书》所收概属《四库全书》未收者，多为私刻本或家藏抄本、手稿，为当时的稀见之本，史料价值颇高。但所收之书集中于清代江西学人的作品，品种不多，也未明分种类。胡辑《豫章丛书》与之相比，所收之书时间跨度大、内容更为丰富。在收书原则、体例编排、校勘要求上也都有自己的特色。

三、研究思路与基本框架

(一) 研究思路

以往学术界的有关研究成果为拙作的研究提供了较为丰富的背景知识，是本书开展的良好基础。但笔者认为，以往的研究对本选题的直接研究，还不够全面、深入，尚留有较大的余地，无论是研究的广度还是深度，都可以在吸收前人研究成果的基础上进一步开掘。

胡思敬作为清末民初传统学术素养深厚的史家，有较多的史学著述传世，但学界对其史学的关注却很不够。就目前的情况，尚无一部关于胡思敬史学研究的专著，且专门性的研究论文也为数不多。除《戊戌履霜录》《盐乘》两部史著外，学界对《国闻备乘》《驴背集》《王船山〈读通鉴论〉辨正》《审国病书》《大盗窃国记》，以及编选、刊刻的《问影楼舆地丛书》等著作的研究均处于空白状态。可以说，胡思敬史学研究还处于起步阶段。同时，对胡思敬生平及思想的研究也仍然较为薄弱，有许多问题亟待进一步考察。例如，在胡思敬与张勋复辟的关系问题、胡思敬任职御史期间的政治表现、胡思敬在清末新政过程中的思想与活动等方面的研讨存在着明显的缺陷。为全面而深刻地理解胡思敬史学的个性特质，他的思想特征、价值取向及其历史影响等方面的内容还必须有更为深入具体的阐释。

本书的写作目的，主要就是在充分吸收、借鉴前人研究成果的基础上，对胡思敬的生平、史学与思想进行全面而系统的进一步研究，尽可能地揭示其作为一位儒家士大夫的历史存在意义。在研究方法上，本书以胡思敬为个案进行研究，力图在近代中西文化冲突与融合的广阔历史背景下，围绕传统文化向近代新文化转型这一中心问题，运用比较研究的方法，通过与新、旧史学思潮和人物的比较观察，阐明胡氏史学与思想的个性特质及其历史影响。胡思敬作为一名完全坚持儒学传统思想、恪守旧的文化理念的典型代表人物，他的思想历程与其史学活动之间的某种内在关联性，是贯穿全书的一条主线。资料方面，笔者尽力搜集胡思敬的史学著作及散见于各处的其他著述，同时大量查阅胡思敬友人的著作及相关史料，并对各种史料进行认真的考辨、梳理，在较为广泛地占有第一手资料的基础上，适当地使用一些野史笔记以为参证，力图使本书研究建立在较为扎实的资料基础之上。总之，笔者不揣浅陋，试图厘清胡思敬生平，分析其著作，总结其成就，发掘其思想，为学术界全面认识胡思敬提供助力，也为清理近代史学遗产尽绵薄之力。

（二）基本框架

拙作的基本框架和主要内容是这样安排的：

绪论：主要阐述选题的旨趣、学术研究状况、本书的研究思路、基本框架及重点、难点、创新点。意在使读者开篇即对本书的内容、意义有大致了解。

第一章：按照时间顺序，结合时代背景，对胡思敬一生的主要经历进行系统的梳理。本章分为四个部分。第一部分首先考察胡思敬的家学渊源及教育背景，注意探讨他的成长经历与保守思想之间的关系，继而分析其为官时种种的政治表现及性格、作风，揭示他作为儒生参政的失落与无奈。在政治主张无法实现的情况下，胡思敬毅然辞官，脱离官场，走上归隐之路。这不但标志着胡氏宦海生涯的结束，是其人生经历的转折点，而且对当时的晚清政局也产生了较为深远的影响。目前学术界对此尚无专文研讨，笔者在第二部分对胡思敬辞官离京的原因、经过及影响做一较为系统、客观的历史考察，并就宣统时期台谏兴衰的变化历程略陈管见。张勋复辟是图谋恢复清室江山的具体政治运作，当时著名的前清遗老几乎都参与此事，胡思敬也不例外。而目前学术界对这一问题的研究，多只注重张勋与日、俄、德等帝国主义及军阀、政要间的密谋和措施，对清室遗老在复辟中的心态及作用重视不够或语焉不详。笔者在第三部分，从胡思敬与张勋复辟的关系角度做一微观的个案研究，通过探讨胡思敬在复辟前后的具体表现，着重剖析其内心潜隐的思想变化，以此来管窥前清遗老——这群已处于边缘地位的特殊群体的政治心态。在政治上，胡思敬终生郁郁不得志，为寄托保守的政治理念，他积极致力于桑梓建设。本章第四部分，对胡氏从事的各种有益于乡梓、有益于社会的活动进行分析，阐述其在地方社会中所发挥的重要作用。

第二章：剖析胡思敬在清末民初社会大变局中的心态特征，揭示他的思想历程与其史学活动之间的内在关联性。本章分为三个部分，分别考察胡思敬的思想特征、价值取向及文化情怀，对其心态做多方面、多角度的剖析,并借以蠡测那些早已退出历史主流、淡出世俗视线之外的清室遗老更为原始的面貌,力图弥补以往近代史研究中的"失语"部分。胡思敬思想的显著特点在于它的保守性。这种保守思想与近代中国"向西方学习"的进步潮流相比,表现为一种守旧抗新的心态或取向,跟不上时代发展的步伐,从而形成了与时代的落差。本章首先探寻这种保守思想的成因,再具体分析它在大变局中的表现及命运。其次,围绕胡氏最敏感的几个问题——节义、生死、伦理,来考察其行为方式,探讨其人生价值担当,以求更真实、全面地展示、还原他在大变局下的心态特征。在胡思敬的遗民情结中固然有着强烈的恢复清室的政治意味,但前清旧朝在他心中更是旧文化所依托的载体,政治意味中浸透着一种浓浓的文化情怀。他所表现出来的政治情结同时也是对中国传统文化关怀的一种表达。因此,本章最后一部分将从文化的角度来剖析胡思敬的心态。作为一位传统文化色彩浓厚的学者,胡思敬撰史立说,与其从事其他文化活动一样,既是复旧政治主张无法实现后不得已的选择,同时也寄托着其保守的政治、文化理念。本章意在通过揭示胡思敬思想脉络的变化,阐述他对时代特点的认识和思考,以展现其治史行为背后的隐衷,从而使我们更为准确地理解胡氏史学的特点。

第三、四章:具体考察胡思敬的史学活动,探讨其在近代史学界中的地位与作用。史学史研究的首要任务就是清理史学遗产,这是史学史研究的基础性工作。这两章所要着重做的,正是清理胡氏史学遗产中的一个个"点"上的工作。笔者将胡思敬的史学活动分为晚清与民国两个时间段,分别择取其具有代表性的史著进行剖析,阐述史著的写作背景、史料来源、撰述过程、可信程度,探寻著述蕴含的史学观点、思想倾向等。胡氏为官之时,留心时政,注重对当代史的编纂。在其撰述的与时政有关的书籍中,以《戊戌履霜录》《国闻备乘》《驴背集》三种最为有名。这里首先对这三部书的内容和形式做较为系统的探讨。需要指出的是,关于《戊戌履霜录》的成书背景、撰述动机、史学思想倾向、编纂特点以及史料价值、史学地位等等的研究，学界已有过较为深入的剖析，因此，这里则主要分析胡思敬在《戊戌履霜录》中对康有为及其维新变法活动的评议，并兼以讨论康有为的个性因素与变法运动失败的关系。此外，第三章还将对胡氏的史论著作《王船山〈读通鉴论〉辨正》及其辑刻的《问影楼舆地丛书》进行考察。入民国后，胡思敬一方面撰史立说，反思和总结清亡的经验教训，另一方面，他格外看重地方史志的"资治、教化、存史"的功能，将撰述地方志和搜集整理乡邦文献资料作为史学研究的一个重要组成部分。第四章将择要分析胡氏这一时期的史论著作《审国病书》《大盗窃国记》，新昌县志《盐乘》及编选、刊刻江西地方文献资料《豫章丛书》。胡思敬一生和许多学者有过交往，其中包括一批当时的著名人士。这些交往，对胡氏思想的发展及其史学成就的取得起到了重要的作用。为揭示胡氏在近代学术界中的地位与作用，本章的最后将考察其与近代学人的交往情况。胡思敬的学术交往经历可分为前、后两个阶段，前者即他在京师时的学术交游，交往的对象主要包括江西同乡及与他同中进士的乙未科同年；后者是他入民国后的交往活动，其对象则以清室遗老为主。

第五章：阐释胡思敬的历史存在意义，概括胡氏史学与思想的特点及历史影响，并给予其一个客观公允的学术评价。胡思敬一生在仕途上始终不得志，也没有建立过什么可以称道的显赫功业，但作为一名完全坚持儒学传统思想、恪守旧的文化理念的书生，他在史学的天地里找到了一个相对广阔的发展空间，同时在对传统史学的继承过程中，胡氏获得了更为持久的价值和更为深远的影响。本章首先探讨胡思敬在清末民初的大变局中作为一介儒生的书生本色，进而分析这种个性特质与其史学的内在关联。最后总结其历史观、史学思想及治史方法，这些多属理论层面的问题，对此，胡氏很少有直接的见解和论述。他的观点多是通过其著述间接地表现出来的。因而这里主要将散见于各处的论述加以系统化和条理化，以阐述其作为传统史家的治史宗旨与特色。

四、重点、难点及创新点

(一) 重点

本书以近代史学家胡思敬为研究对象,主要探讨以下 8 个问题:1. 胡思敬成为儒家的生命历程。2. 胡思敬的文化关怀及思想脉络的变化,即他对时代的认识和思考及所处时代对他的影响。3. 胡思敬如何看待史学,即他的历史观、史学思想、治史方法的内容和特点。4. 胡思敬史学著述的内容与形式。5. 胡思敬的学术交往。6. 胡思敬史学与其思想的关系。7. 胡思敬的文化担当对其本人有何影响。8. 胡思敬史学与思想在社会大变局中的地位。在这 8 个问题中,以第2、3、4、6、7 为本书的考察重点。笔者认为,胡思敬终生在仕途上郁郁不得志,但却始终具有浓厚的政治情结,这是他与同时代潜心向学、不问政治的学者的重要区别。作为一位被儒学传统思想所"化"至深的学者,在胡思敬的思想观念中具有两个层面的人生终极关怀:一是政治层面上对清王朝统治存亡的关怀;二是文化层面上对儒家文化为代表的中国传统文化兴衰的关怀,包括传统的学术理念、史学价值观。这种政治与文化的双重关怀是其生命历程的真实写照,与他的史学之间关系非常紧密。为对胡氏史学与思想做出准确的历史定位,考察两者的关系,即政治情结与学术担当之间的关联,剖析胡思敬史学所具有的时代特点,成为本书研究的重中之重。全书即为此而作,虽未必能至,然心向往之。

(二) 难点

资料的收集与使用是本书在撰写过程中遇到的最大难点。一方面,胡思敬本人的著述对于本书的写作至关重要,但这些资料多只私家刊刻,并未公之于世,且自胡氏去世后,江西迭遭变故,干戈不息,在政权更迭之际,人民或不免于屠刀,图书文物更随时有遭毁弃和掠夺的命运。时至今日,胡思敬问影楼藏书已多半散失,在他的属于史部的撰著中,除《豫章丛书》被后世影印出版、得以稍广流传外,其他作品流传范围仍十分有限,因而本研究需要投入大量精力查询资料。另一方面,在清代官方档案与文书中,有关胡氏的史料也很有限。笔者曾翻阅篇幅巨大的《光绪朝东华录》,同治、光绪两朝《实录》及《宣统政纪》,而仅抄出五千余字的相关史料。为使本研究建立在较为扎实的资料基础之上,笔者查阅了胡思敬同僚、亲友的文集、日记、年谱等,以及胡氏史著、文集、函牍中所涉及到的当事人的个人著述和相关资料。然而,这些资料十分庞杂,有时不同资料对同一件事的叙述会有所不同,这就需要分析论证,去伪存真。同时,由于资料时间跨度大、比较凌乱,分类整理的难度大,如何按照其内在逻辑合理使用较为困难。此外,本研究将胡思敬的史学与思想放在清末民初社会转型的大背景下来考察,欲揭示其史学与时代的互动情形,因而研究范围涉及到史学史、近代思想史、清末新政史等多个研究领域,这在没有系统的前期研究成果的情况下,对于全书的写作有一定的难度。

(三)创新点

本书的创新点包括:1.从史学史的角度,首次对胡思敬的史学遗产做全面的清理,并对其生平事迹、思想特征、价值取向、人际交往等方面进行全景式的展现,这本身就具有开拓、创新意义。同时,笔者在资料的收集上颇下功夫,大量查阅清末民初的档案资料及报刊杂志资料,并系统地翻阅相关人物的文集、选集、笔记、回忆录等。本书使用的《问影楼舆地丛书》《王船山〈读通鉴论〉辨正》《九朝新语》等一批资料均为学术界首次使用;首次对《驴背集》《大盗窃国记》《国闻备乘》等史著进行全面系统的梳理和讨论。

2.对胡思敬具有代表性的史学著述分别做了较为细致的评述,为使学界更好地利用这些珍贵的历史文献,笔者着意对其所载史事做了考证。总的看来,胡思敬记事较为可信,但仍有讹误和不足之处。

例如:在《国闻备乘》卷一"文宗遗命得人"中曾记述,咸丰皇帝驾崩前,选任被放新疆、为叶尔羌帮办大臣的倭仁为同治帝师傅。但是,据《清文宗实录》记载,倭仁以三品卿给予副都统职衔,作为叶尔羌帮办大臣是咸丰初年的事。倭仁在《莎车行纪》中也曾记载,咸丰皇帝临危之时,倭仁任职盛京而不是新疆(详见本书第119页)。又如:《豫章丛书》向以收书丰富、著录翔实、校勘缜密而为世所推重。笔者本着实事求是的原则,在充分肯定其学术价值和学术地位的同时,也指出了其存在的缺陷,即胡思敬在辑刻《豫章丛书》过程中,删削了部分古书的原貌,给丛书的学术性造成了一定的消极影响(笔者发现,胡氏在曾灿《六松堂集》的跋语中,对曾氏在明亡后出家为僧颇发微词,指斥其"晚节颓唐,亦可悲矣"。为避免这种消极的政治态度有害于"世道",他削去了"集中书牍二十余首"。详见本书第180页)。

3. 对以往学术界对胡思敬研究的疏漏及偏颇之处做了校订,对一些因资料所限无法确定的内容,明确标识,辨析存疑。

例如:有的学者认为,两江总督端方是在胡思敬的极力弹劾下终被罢免。据笔者考察,实则不然。据《清实录·宣统政纪》所载,1909年6月25日,胡思敬上疏弹劾端方。6月28日,即杨士骧死在直隶总督任上的当天,端方便以在两江任内新政业绩突出为由,被"蒙恩擢授"直隶总督。不久,端方被革职,这实际上是清朝官员之间权力争斗的结果,胡思敬在其中充其量只起到推波助澜的作用(详见本书第44页)。又如:胡思敬的藏书究竟有多少,目前学术界众说不一。归纳起来,主要有三十余万册说、四十余万卷说、三十余万卷说、十万余卷说四种。造成分歧的原因无外乎两点:一是讹传。如三十余万册说与三十余万卷说,均缺乏原始材料依据,因此不准确;二是所据文本的不同。持四十余万卷说的学者主要根据胡思敬的友人魏元旷的回忆;十万余卷说者则依据胡桐庵《新昌胡氏问影楼藏书目录·跋》中的统计记载,似乎更有说服力。但笔者认为,胡桐庵的说法,仅是孤证,不足以反映胡思敬藏书的全貌。并且,1927年胡桐庵编辑《新昌胡氏问影楼藏书目录》时,胡思敬的藏书已遭兵燹,损失巨大。此时,胡桐庵很有可能是根据其统计的结果来推测胡思敬的毕生所藏。如果说胡桐庵是胡思敬的族兄,应对他的生平所藏有所了解的话,那么笔者在其胞弟胡思义的《陟冈集》中发现的史料则更为可信,《陟冈集》中明确记载胡思敬的藏书为四十余万卷。此外,就胡思敬本人在《退庐笺牍》及《退庐文集》中的记载，其在离京南归时，已有藏书二十余万卷，且回乡后，他又不断购置。因此，笔者认为，四十余万卷说更为可信（详见本书第 64 页）。

第一章　清末民初大变局
中的胡思敬

清末民初，中国传统社会经历了"千年未有之大变局"。这个大变局的画面，无非是东方宗法专制国家，在伴随着武力征服而来的西学东渐潮流的冲击下，向近代社会转型特别艰辛的记录。胡思敬生当此时，其思想与活动都深深地带有时代的印迹。在中西文化激烈冲撞的时代，他自觉地成为了传统社会文化秩序和政治秩序的卫道士。毋庸置疑，把历史人物放回原来的历史场景来考察，是历史研究的基本要求。鉴于此，本章将按照时间顺序，结合时代背景，对胡思敬一生的主要经历进行系统的梳理。

第一节　胡思敬的仕途生涯

一、儒学世家

胡思敬，字漱唐（亦作绍唐、瘦唐），号瘦篁、退庐居士、耶溪憨史等，同治九年十月初二日（1870 年 10 月 25 日），生于江西新昌（今宜丰）。

宜丰，地处赣西北九岭山脉中段的南麓，那里山清水秀，四季分明，是古代著名文学家陶渊明的故乡，也是我国佛教禅宗曹洞宗的发祥地之一。据胡思敬《盐乘》中记载，"汉初置豫章郡，领县十八"，宜丰属于其中的建城县。三国吴大帝黄武年间（222—229 年）始建宜丰县，取其"炎凉适宜，物阜民丰"之意。此后经多次兴废，到宋太平兴国三年（978 年）以宜丰故地设立新昌县，"此今名之始也。"①1914 年，因与浙江新昌县重名，遂复宜丰县名至今。

　　江西在明清时期是一个科举之风极盛的省份。② 胡思敬一门世居江西多年，自太高祖而下，五世均以诗书相传，又多有举人或贡生的科举功名，是名副其实的儒学世家：胡思敬的五世祖胡德新，江西建昌府学教；四世祖胡桂芳，国子监生；曾祖父胡秉纶，举人，江西德兴县教谕；祖父胡元英，举人，候补同知，贵州镇远县知县；父亲胡桑荣，举人，劳绩候选知县，封通议大夫。

　　道咸以降，随着清王朝国势的日益衰微，经世致用思潮逐渐兴起。受时代的影响，胡思敬的祖父胡元英同当时许多以实学相尚的士人一样，关心国家时务，注重经世实学。元英，字怀芬，号芗谷，"少承庭训，好读《左氏春秋》，尝言杜注多罅隙，罗列古今经说，上自贾服，下至本朝马宛斯、顾震沧、朱愚庵、沈果堂诸家，一一较量其得失。二百数十年间，官制、典礼、灾祥、货食以及兵争利害、世族盛衰、山川、地形、厄塞，言之娓如取火于燧，挽水于黄河，轩眉抵掌，竟日夜忘倦。"③咸丰元年（1851 年），太平天国运动爆发，江西是受其冲击较为猛烈的地区之一。在此后长达 14 年的战争中，江西 12 府 60 余县皆曾遭受兵燹，新昌也未能幸免。胡元英为对抗太平军，"尽弃词章训诂，学兵家言，习知东南舆地险要。湖广总督杨霈驻兵德安，礼聘入幕，以克复武汉功保知县，军中数为霈画计策，不用，度其必败，则疾归。曾文正督师南下，倚饷江西，元英集乡父老，反复晓譬，遣使四出

<hr>

① 胡思敬：《疆域志》，载《盐乘》卷一，南昌退庐，1917 年刊本。
② 明清两代，程朱理学得到官方的保护，成为占统治地位的显学。江西是理学思想传播的发端地，又是集其大成之地。因此，科举旺盛，名宦辈出。据许怀林《江西史稿》（江西高校出版社 1998 年版，第 577 页）中统计：明清两代，从明洪武四年（1371 年）至清光绪三十年（1904 年）共举行了 203 次（科）考试，全国共有 51624 人中进士，其中江西人 4988 人，占进士总数的 9.65%，在全国名列前茅。
③ 胡思敬：《胡元英列传》，载《盐乘》卷十六。

劝募,得金独多,文正欲奖以官,不受,请广县学生员,以故新昌下县学额与附郭首邑埒。"①

咸丰八年(1858 年),胡元英被任命为贵州镇远县知县。贵州瘠苦甲天下,仕宦视为畏途,而此时又恰值境内战乱不断、烽火处处之际。"镇远先为苗匪攻陷,居民转徙,榛莽塞途。前知县事者皆侨寓玉屏。"②面对这样的情势,胡元英苦心焦虑,呕思图救,他"大会邑中长老,谋建公廨于木柞,招集流亡,宽其租税,贫无告者,捐钱米赈贷之。沿途置驿馆,通省会军情。尽屏轩车驺从,戎服佩刀,单骑挟二苍头,周历各村落,筹画保甲,老弱居守,壮者团结为兵,寇至出御,寇去护耕,人自为兵,兵自为饷,一方有警,四面应之。不如约者,罚无赦。遇有争讼,即就其家,呼两造判决,无留滞,无株连"。③ 胡元英的种种努力,取得了显著的效果,表现了其确有一定的治世之才,"不期年,守备完,民志大固。上台廉其能,奏保同知,檄令兼属玉屏。"④不久,受巡抚张亮基委托,胡元英负责督办三江木税。"三江逼近苗巢,天柱在其北。清江协镇巢元兴黠而悍,以冒功得官,挟匪自重,因索饷与天柱知县方某不协,纵匪出巢,破天柱,杀方某。黎平知府徐邦达大惧,密禀巡抚,请以公督办天柱团练。公知势孤,团众乌合不可用,感巡抚知遇,不敢辞。"⑤同治三年十月三十日(1864 年 11 月 28 日),胡元英在镇压清江协镇巢元兴叛乱中被害。清廷封予"云骑尉"世职,从祀北京昭忠祠。祖母刘氏,被封赠淑人。胡元英有子女三人:长子名宝成,湖南候补知县;次子燊荣,即胡思敬的父亲;女嫁两淮盐运使蔡学川之孙蔡玉树。有孙五人,除胡思敬外,分别是:思孝,江西建昌守备;思忠,县学生;思义,云南蒙自县知县;思道,候选盐课大使。

---

① 胡思敬:《胡元英列传》。
② 胡思敬:《候补同知贵州镇远县知县胡芗谷公行状》,载《退庐文集》卷七,南昌退庐,1924年刊本。
③ 胡思敬:《候补同知贵州镇远县知县胡芗谷公行状》。
④ 胡思敬:《候补同知贵州镇远县知县胡芗谷公行状》。
⑤ 胡思敬:《候补同知贵州镇远县知县胡芗谷公行状》。

　　胡燊荣,字紫腴,家业自胡元英殁后衰落,"少孤,尽以遗赀让先伯父援例入官,独处乡里,以课徒自给。"①与其父一样,胡燊荣也是一位"力学"之士,"忠州诗人李芋仙,侨寓南昌,延家君课子。其家蓄书甚富,多孤本。家君寝馈其中,不数月尽窥其秘。先后教授里中凡二十余年,成就学者甚众。今江西补用知府李仲诚、龙南知县杨谨斋、拣发广西知县刑西崖皆其弟子。""许文慎督学江西初,按郡得家君文,大奇之,置第一,遍示四学。教官以为王仲瞿、胡稚威复出也,自是声誉噪起。"②胡思敬的母亲漆氏,出身书香门第,十八岁嫁其父,当时胡氏门祚中落,"家母初入门,卸妆改荆布,尽鬻嫁时簪珥杂彩,筹画米盐,佐家政,操作勤劬。"③

　　作为父亲,胡燊荣的言传身教对后辈学业及品行的影响较为直接具体。九岁时,胡思敬便和弟弟思忠一道随父就学,开始接受启蒙教育。"家君南游长沙,不得志,益淬厉向学,携思敬及亡弟思忠,读书治阳家庙。严冬风雪股栗,三人共一檠,忍饥相对,漏鼓冬冬,与读书声相间勿绝。鸡鸣未达曙,残星零乱有光,即披衣起,敲火煮宿茶,啜一瓯,拥破毡,读《史记》、前后《汉书》、《南华经》、《昭明文选》,随读随抄,累数十百纸,两手龟裂勿觉也。"④在父亲的督促下,胡思敬的学业进步很快,"少颇以文章意气自豪,诗学太白、长吉,文有贾长沙、苏子瞻之风。"⑤作为一个传统的士人,胡燊荣教子的根本宗旨离不开儒家传统的伦理规范,所谓"教子以勤俭知礼为宗",诸子之间应"相让以利,相待以诚"。他经常为后辈讲述自己及先辈们艰辛的人生经历,告诫他们要努力保持胡门"累世业儒"的书香本色。⑥ 在胡燊荣的教导下,胡思敬不但懂得了"居家必先忍让,报国不避艰险"的道理,

① 胡思敬:《家中宪君暨漆太恭人六十寿乞言行述》,载《退庐文集》卷七。
② 胡思敬:《家中宪君暨漆太恭人六十寿乞言行述》。
③ 胡思敬:《家中宪君暨漆太恭人六十寿乞言行述》。
④ 胡思敬:《家中宪君暨漆太恭人六十寿乞言行述》。
⑤ 刘廷琛:《胡公漱唐行状》,载闵尔昌撰《碑传集补》卷十,第671页,台湾文海出版社1980年影印本。
⑥ 胡思敬:《刘淑人墓表》,载《退庐文集》卷七。

而且养成了严于律己、勤奋好学的品质。这对胡思敬个性品格的塑造及人生事业的发展影响深远。光绪十三年（1887年），胡思敬中秀才，胡燊荣十分高兴，送他入南昌经训学院读书，并尽力为其创造好的学习条件。可见，胡思敬日后学有所成，其家训起到了潜移默化的作用。

尽管与几世先辈一样，只得了个举人的胡燊荣对更高一级的功名始终念念于怀，并寄希望于后辈能够超越自己，但晚清浑浑不清的官场及动荡不安的社会政局使其对仕途渐生厌倦。胡思敬在《家中宪君暨漆太恭人六十寿乞言行述》一文中曾回忆，"丙午（即1906年——笔者注），劳绩轮选，当得缺，亲故怂恿出山。家君曰：'新法兴闾阎生计日蹙，大府驭吏如束湿薪。吾行年六十，乃涂抹脂粉作新妇耶？'谢勿出。"晚年的胡燊荣甚至还有过隐居深山，以"读书娱老卒"的想法，只因"世故牵缠未就也"。他不仅不愿自己出任官职，对于子辈的任职，也总是心存疑虑，多有告诫："思敬保御史。家君得报，蹙然曰：'吾儿性戆，恐不善于处乱。'作书数百言，为陈君子小人、吉凶消长之道。"胡思义补蒙自县知县，"贺客至，家君又蹙然曰：'蒙自邻安南，交涉多奸民蠢蠢欲动。锡制军号通晓吏治，不用老成强项令治之，骤拔少年任边事，此何意耶？'其忧虑深远多如此。"这些"身教"与"言传"对胡思敬的影响颇深：胡思敬终生坚持儒学传统思想，恪守旧的文化理念，恰有其父之风；他为官清正、刚直不阿的品格及不仕民国、致力乡土的行为或许也有其渊源所自。总之，胡思敬生长在这样的儒学世家，从小就耳濡目染，深受熏陶。从父亲的言传身教中，他体会到了如何读书做人及为官从政的一些基本道理，并开始了自己个性品格的塑造。纵观胡思敬一生所作所为，始终皆出于儒家之学，传统思想文化在他心中扎下了深根。其晚年在《家祭训词》中反复告诫子孙后代要"孝以事父，忠以报君，夫妇、兄弟、朋友要当各尽其伦"[1]。这与其说是为子孙后代立法垂教，毋宁说是其秉承了胡氏先

---

① 胡思敬：《家祭训词》，载《退庐文集》卷七。

辈的遗训，并以此作为自己立身处世的人生准则。

二、科举正途入仕

胡思敬从小接受的是严格的孔孟道统教育，并最终与许多传统士子一样，走的是一条科举"正途"入仕的道路。由于严父的督责，加上自己的勤奋努力，胡思敬不负众望，在科举的道路上取得了很好的成绩：17 岁中秀才，23 岁中举人，24 岁中进士。可谓是少年得志，早得科名。[1]

光绪二十一年（1895 年），胡思敬补殿试，名列二甲第二十一名[2]，赐进士出身，朝考转翰林院庶吉士。他之所以能够取得这样好的成绩，自身的努力自不必说，前辈们的指点也至关重要。晚年，其在回忆当年参加殿试的情形时写道：

> 余以光绪甲午举进士，值倭乱道梗，留京匝岁。己未补殿试，熊余波前辈方官编修，临就试告予两言，云：大卷字须落脚，墨当用云头艳。当时馆阁体制率皆如此，遂从之。今卷中字画光黑如黝漆，跳行顶写处均无空白，皆编修教也。是时予方二十有四，年力正强。殿试前一夕，宿朝房，五鼓整衣冠，瞑坐达旦，向明负考具，依次鱼贯入太和门，心怵甚已。初制策下，问练兵、理财、崇俭约、修水利四事，未初脱稿凡二千六十七字，合草稿则又倍之。草稿已失，此卷熊经仲侍讲在清秘堂时为余检出，字体殊劣，然首尾一致，前后无夹签，咄嗟办此，亦足见予年少气盛之概，不必以工拙论也。国朝中叶以后，凡殿廷考试多重书法，咸

---

[1] 据张仲礼研究认为，晚清时期生员、举人、进士取中时的平均年龄分别是约 24、31、34 岁。参见《中国绅士——关于其在 19 世纪中国社会中作用的研究》，上海社会科学院出版社 1991 年版，第 106 页、125 页、135 页。

[2] 朱保炯、谢沛霖：《明清进士题名碑录索引》中册，第 1746 页，上海古籍出版社 1980 年版。是科进士共 292 人，一甲 3 名，二甲 99 名，三甲 190 名，胡思敬为二甲第二十一名。

丰时虽谕禁之,不能变,后人每笑前人之拙。凡事行之既久,必有道焉。寓于其间,咫见者不能测也。士人束发受书,历试而达,学使亦既举于乡而贡诸廷,文艺盖可知矣。求之不已,即通如贾谊,博如王荆公,庸讵可以空言措诸实政乎?人主侧席求贤,将以备异时之任,使竭其一日之才策二千余言,振笔疾书而能始终不懈,其人之精力可知。不唯不竭,且无一字之脱,一体之破,其人之敬慎又可知。精力者,万事之本。敬慎者,入德之门。天下未有委靡轻躁之人而能出任家国事者。然则试官所取者文词,而天子所求者德器。予虽躬值其盛,恨才质驽下,不克上副圣望,腆□至今,睹此幅,不胜今昔之感。卷首"二甲第二十一名"七字朱书系恭代御笔,北望山陵,涕泗交集。卷阴八阅卷大臣:一体仁阁大学士徐桐,一刑部尚书薛允升,一军机大臣吏部右侍郎廖寿恒,一礼部右侍郎陈学棻,一军机大臣大学士李鸿藻,一兵部左侍郎徐郙,一工部左侍郎总理各国事务大臣汪鸣銮,一内阁学士寿耆。今唯寿阁学在位,其七大臣则皆亡矣。①

文中不仅饱含了胡思敬对前辈的感激之情,也充满了他对旧朝的深深眷恋,充分表达了物是人非的感叹。对于胡思敬来说,早得科名的影响是终生的。尽管人们对科举制度时有非议,但科举功名对于传统士人却有着无穷的魅力。曾国藩曾以名列三甲"赐同进士出身"为耻;左宗棠虽位极人臣,却终生以仅得"举人"功名为憾;而张之洞敢于公然藐视当时权倾朝野的袁世凯,与其拥有正途科名所具有的某种心理优势不无关系。这些都是人们所熟知的儒林趣谈,能够顺利获得"正途"出身的胡思敬更是特重科名。在其所著《国闻备乘》一书中多次提到,康有为、梁启超二人鼓吹维新变法的原因均是科举

---

① 胡思敬:《跋光绪乙未殿试卷》,载《退庐文集》卷六。

不得志所致①，这是颇有意味的。"本朝最重科目……士由异途进者，乡里耻之……江西人嫁女，必予秀才。吉安土俗，非士族妇人不敢蹑红绣丝履，否则哗然讪笑，以为越礼。新翰林乞假南归，所至鼓吹欢迎，敛财帛相赆，千里不赍粮。"②显然，在胡思敬眼中，科举功名是人生价值的一个重要标志，甚至具有与身家性命等同的价值。而对于科举取士之法，他认为"自唐宋以来，其法屡变，至本朝而斟酌尽善"。③　这对于他最终成为旧制度、旧学术的卫道士产生一定的影响。

　　胡思敬科举及第，既实现了父辈们的期望，也成就了他的仕途之旅，可以说是其人生中的一大转机。从此，他离开生活了二十余年的家乡，迁入京师，逐渐融入京师的士林社会。胡思敬在京师的社交活动圈子，主要包括江西同乡及与他同中进士的乙未科同年，如魏元旷、刘廷琛、李瑞清、陈三立、喻兆藩等等。此外，他也结交了一大批当时的著名人士，如赵启霖、江春霖、赵炳麟、胡嗣瑗等等，都在此时建立了深厚的友谊，成为志同道合的挚友。④

　　光绪二十四年（1898 年），胡思敬任吏部考功司主事。清末政务懈怠，士林风气颓象日现，⑤胡思敬对此忧心忡忡。与那些"专以奔走

① 《梁启超乙未会试被黜》一文中认为，梁启超因乙未会试被黜"而创设《时务报》，乃痛诋科举。是科康有为卷亦文田所拔，廷式后不得馆选，渐萌异志"。《搜罗名士》一文也曾说："康有为自以才名在文（指文廷式——笔者注），张（指张謇——笔者注）上，乙未举进士，昂然望大魁。榜发，竟不得入翰林。于是抑郁牢愁，百计簧鼓，未几而有戊戌政变。"参见胡思敬：《国闻备乘》卷一，南昌退庐，1924 年刊本，后同。
② 胡思敬：《科目盛衰》，载《国闻备乘》卷二。
③ 胡思敬：《选举表》，载《盐乘》卷十二。
④ 关于胡思敬与近代学人的交往，详见本书第四章。
⑤ 《国闻备乘》卷二《朝士嗜好》一文记载："道光时，京朝士大夫好谈考据训诂，其后梅曾亮、曾国藩倡为古文，邵懿辰、龙启瑞、陈用光、王拯、朱琦皆从之游。一时为文者虽才力各有不同，皆接踵方、姚，尊尚义法，各以品谊相高。光绪初年学派最杂，潘祖荫好金石，翁同龢、汪鸣銮好碑版，洪钧、李文田好舆地，张之洞好目录，张之万好画，薛福成、王先谦好掌故，虽不能自成一家，亦足觇其趋向。甲午至京，祖荫死已久，之洞外用，先谦被斥旋里。及戊戌再来，汪、翁先后忤旨归，洪、李亦皆物故。其时太常卿袁昶好为诗歌，刻书籍；王懿荣、盛昱精赏鉴，收藏甚富，彬彬有儒雅风。近数年来昆冈好饮，裕德好洁，徐□好优伶，奎俊好佛，徐琪、曾广銮好狎邪游，张百熙好搜罗浮薄名士，诸王贝勒若善耆、溥伦好弹唱，那桐、胡燏芬一意媚洋，好与西人交涉。其四品以下京官奔走□缘求进者，终日闭车□中，好吊死问生、宴宾客。其鄙陋者好麻雀牌"。

宴饮为日行常课"①的京官不同,胡思敬专心任事,不急名近利。他为官清正,刚直不阿,从不阿谀奉承,巴结讨好达官显贵,是典型的儒家正人君子式人物。这种性格使他得罪了不少人,但他仍然恪守自己的原则,丝毫不有所改变。他曾说:"仆居京师十二年,尝自言有三畏:一畏臭虫,二畏阳沟,三畏达官贵人。虽语涉戏谑,亦实录也。"②在生活方面,胡思敬奉行节俭,安于清贫。一件小事可资佐证:"(胡思敬)蓄一骚鼠冬帽,以其尚完好也,不忍弃,每戴以入署,同僚辄哗笑曰:'鹿中堂来矣。'鹿中堂者,吏部尚书鹿传霖也。合署四百余员,唯传霖及余尚戴高仰旧冠,故同僚谑之如此。"③一项旧冠,用十余年而不弃,其生活之俭朴、自律之严格可见一斑。胡思敬不仅自奉俭素,还常常告诫家人子弟,要以勤俭持家。"谋生之道,首在勤俭,""切不可向人告贷,有伤廉耻。"④由此可见,以传统的道德价值观来衡量,胡思敬在道德修养方面确有其可贵之处。

无论是在翰林院还是在吏部的日子,胡思敬最大的嗜爱就是"书",即读书、购书、著书。在京为官时期,他不但饱读了翰林院的大量书籍,以满足其读书的欲望,同时还留心搜集时政掌故,注意了解官场内部情况,为其著书积累了丰富的资料。⑤翰林院庶吉士与吏部主事均官职低微,俸银很少,胡思敬生活清贫,捉襟见肘,但他在工作之余,几乎一有空闲,就要到书商集中的地方——琉璃厂去搜求书籍。其友人魏元旷记述他的生平时说:"(胡思敬)自以未足于学,日以购书入肆,书常充左右。尤留心先朝熙雍之政,所以为宾服远迩之道,复多交当世有闻之士,以故中外得失,大吏之贤否,近之而宫禁,

---

① 胡思敬:《宣统初年朝士》,载《国闻备乘》卷四。
② 胡思敬:《答陈剑谭笺》,载《退庐笺牍》卷一,南昌退庐1924年刊本。
③ 胡思敬:《服妖》,载《国闻备乘》卷三。
④ 胡思敬:《家祭训词》,载《退庐文集》卷七。
⑤ 胡思敬著述很多,有《退庐诗集》《退庐文集》《退庐笺牍》《古文辞类纂补》以及大量属于史部的撰述,如《戊戌履霜录》《审国病书》《大盗窃国记》《盐乘》《国闻备乘》《王船山〈读通鉴论〉辨正》等等,对此,本书将在第三、四、五章详细论述。

远之而边陲,皆若得之耳目之前。"①在胡思敬的著作中,留下了大量记述当时购书的经历及书肆中的见闻的文章。②"公益肆力于学,日至书肆,搜求经籍,老仆负囊从其后。无所不收,盖亦无所不读,尤精求掌故及郡国中外利病,慨然有志于天下。"③即为当时情景的写照。

　　购书的费用大大增加了家里的日常开支,使原本寒素的生活更加拮据,胡思敬也因此受到了家人的埋怨。光绪二十八年(1902 年),母亲来京看望他,"闻京寓月用六十金,大骇。徐训之曰:'为官时暂,为百姓时长,此何可继耶?'"④在《别琉璃厂书贾》一诗中,胡思敬也曾写道:

> 十载困缁尘,闭门恒碌碌。损俸求遗书,渐与书贾熟。
>
> 书贾喜我来,延我入深屋。满架排牙签,光怪夺绮縠。
>
> 四库所未收,别贮为存目。倾囊惬所求,不翅工择木。
>
> 有时欲居奇,秘笈辄高匮。百计赚之归,雇胥共抄录。
>
> 荆妻颇安贫,随我屡斋粥。见我挟书回,相对眉暗蹙。

---

① 魏元旷:《副宪胡公神道碑》,载《退庐诗集》卷首,南昌退庐 1924 年刊本。

② 《国闻备乘》卷三《君相不能与布衣下僚争名》曾载:"高宗御制诗文,凡三集,分订六函。南书房翰林写刻,字大如策卷。初印开化纸,墨色光黝,极精工,虽宋元版不及。予(胡思敬)游厂肆,以番银六元得之,甚喜。后询书业中人,皆云常价不过二三金,无宝重者。计东吴江布衣有《改亭集》四卷,予求之累年不获。后见一部,索十六金,议价未谐,即为强有力夺去。"卷四《琐记》载:"张荫桓好画,蓄王石谷真迹至百幅之多,因自名其居曰百石斋。后谪新疆诛死,尽流落关外矣。"卷三《书籍聚散》也记载:"京师琉璃厂书贾凡三十余家,唯翰文斋韩氏席先世旧业,善结纳,赀本尚充,收藏较他商为富。其能辨古书贵贱者,推正文斋谭笃生、会文斋何厚甫。厚甫之甥韩左泉亦颇识书,唯贪欲过重,尝往来达官大宅。学部侍郎宝丰、练兵大臣凤山等,多受其欺。予初至京,潘祖荫、盛昱、王懿荣皆好蓄书。其时钱塘许氏,寿阳祈(祁)氏之书,已有鬻于市者。后数年,祖荫之书归翰文,懿荣之书归正文,物固未有聚而不散者。许庚身初官翰林,私取翰林院旧椠精本,别购坊间新书易之。庚子之乱,院署毁于兵,片椠无存,唯许氏易出本尚流落人间。内府图籍多贮武英殿,宦竖稍稍窃去。戊巳之间,内廷窃出殿本《朱子全书》凡数百部,每部只售四金。久之,恐事觉获罪,潜引火焚之,数十万卷顷刻而烬。当时但将管理员议处,初不知为内竖奸谋也。江南藏书家推归安陆氏。陆心源死,其子树藩不能守,日人岛田彦桢以番银十万元鬻之东渡。海内文人莫不扼腕,相向而叹。"

③ 刘廷琛:《胡公漱唐行状》,载闵尔昌撰《碑传集补》卷十,第 663 页。

④ 胡思敬:《家中宪君暨漆太恭人六十寿乞言行述》。

> 徐徐进箴规，谓我无多禄。矫俗辞炭金，又勿贪馆谷。
> 积此充屋梁，饥不果君腹。东家军校官，出门美裘服。
> 西家秘书郎，趋走盛童仆。宦游当广交，胡独守敝簏。
> 东西屋两头，列置逾万轴。人寿曾几何，白首难遍读。①

尽管如此，胡思敬仍全身心地致力于学，致力于书，丝毫不改对书籍的痴迷。"我知妇言忠，虽忠却嫌渎。我知贾心贪，虽贪不疑黩。行行厂东门，过门辄停毂。一瓻时往还，咀嚼甘于肉。"②在京师十余年间，他购买了许多价格不菲的书籍，至其挂冠离京，隐退南昌之时，藏书已不下二十万卷，为其赢得当时杰出藏书家的名望。1927年，胡桐庵整理其所遗藏书时，在《问影楼藏书目录·跋》中曾这样生动地描述说："漱唐（指胡思敬）平生癖喜书籍，网罗搜集……宦囊为之倾尽。"

三、心系国事

胡思敬科举及第之时，恰值中国内忧外患、烽火处处之际，在甲午战争中国战败的刺激下，帝国主义列强掀起了阴谋瓜分中国的狂潮。③ 中国社会各阶级、阶层纷纷起来救亡图存，其中戊戌变法与"扶清灭洋"的义和团运动相继进入高潮。胡思敬毕竟不能脱离他的时

---

① 胡思敬：《别琉璃厂书贾》，载《退庐诗集》卷三，南昌退庐1924年刊本。
② 胡思敬：《别琉璃厂书贾》。
③ 19世纪70年代起，帝国主义列强便加紧了对中国的侵略，这些侵略主要是针对中国的边疆地区以及中国周边地区的一些原为清朝藩属国的国家，如越南、朝鲜、琉球等。其目的一，是开拓或扩大殖民地以转移其国内危机，缓和其内部矛盾；二是不满足于在中国的既得权益，力图取得控制、奴役中国更有利的地位和新的优势。在侵略者当中，刚由明治维新而跨入近代化进程的日本，表现得尤其咄咄逼人和急不可待。1894年，日本发动"以国运相赌"的对华侵略战争，并最终取得胜利，迫使清政府签订了《马关条约》。条约签订后，帝国主义列强争夺中国的步伐大大加速。俄、英、德等国争先恐后地掠夺在华利权，强租海港，划分"势力范围"，使中国面临着被瓜分的严重危机。

代而存在,"予来京师,七年之间,经甲午、戊戌、庚子三大变。"①他痛恨康有为、梁启超等维新人士。戊戌政变后,他撰写《戊戌履霜录》,指责康、梁为邪匪、乱党。光绪二十六年(1900 年)义和团运动期间,他谴责义和团"凶横无赖",斥之为"黄巾遗孽"。② 这一时期,胡思敬主要将其政治理念及对时局的看法记录在自己的著述之中,③而"未尝越其职而一言于众也,朝士之与公结纳者不过以公为优于文事,未有许公为知政"。④

光绪二十六年十二月初十日(1901 年 1 月 29 日),在内忧外患的强大压力和面临着空前的统治危机的背景下,为挽救和维护自己的统治,逃亡到西安的清政府发布了变法改革的谕旨,宣布要参酌西法,实行新政,"以期渐至富强。"⑤不久,清政府在北京成立督办政务处,作为推行新政的中枢机构。从此,逐步推出各项新政,主要内容包括:政治方面,改革官制,修订刑律,整顿吏治;经济方面,振兴商务,奖励实业;军事方面,改革兵制,编练新军,创办巡警;文化教育方面,主要是改革学制,包括"停科举""设学堂""奖游学"三项内容。此外,新政还涉及到社会习俗方面的一些问题,如准许满汉通婚,禁鸦

---

① 胡思敬:《自序》,载《国闻备乘》卷首。
② 胡思敬:《驴背集》,卷一,南昌退庐 1913 年刊本。
③ 除《戊戌履霜录》《驴背集》外,《国闻备乘》中也有大量体现其政治立场及对时局的看法的记叙,如卷一《名流误国》一文载:"甲午之战由翁同龢一人主之。同龢旧傅德宗,德宗亲政后,以军机大臣兼毓庆宫行走,尝蒙独对,不同值诸大臣不尽闻其谋。通州张謇、瑞安黄绍箕、萍乡文廷式等皆名士,梯缘出其门下,日夜磨砺以须,思以功名自见。及东事发,咸起言兵。是时李鸿章为北洋大臣,海陆兵权尽在其手,自以海军弱,器械单,不敢开边衅。孝钦以旧勋倚之。謇等仅恃同龢之力,不能敌也。于是廷式等结志锐密通宫闱,使珍妃进言于上,且献夺嫡之谋。妃日夜怂恿,上为所动,兵祸遂开。既而屡战不胜,敌逼榆关。孝钦大恐,召同龢切责,令即日驰赴天津诣鸿章问策。同龢见鸿章,即询北洋兵舰。鸿章怒目相视,半晌无一语,徐掉头曰:'师傅总理度支,平时请款辄驳诘,临事而问兵舰,兵舰果可恃乎?'同龢曰:'计臣以撙节为尽职。事诚急,何不复请?'鸿章曰:'政府疑我跋扈,台谏参我贪婪,我再晓晓不已,今日尚有李鸿章乎?'同龢语塞,归乃不敢言战。后卒派鸿章东渡,以二百兆议和。自是党祸渐兴,杖珍妃、谪志锐、罢长麟、汪鸣銮、同龢亦得罪去,謇及廷式皆弃官而逃,不敢混迹辇下,德宗势日孤而气日激,康、梁乘之,而戊戌之难作矣。"
④ 魏元旷:《副宪胡公神道碑》,载《退庐诗集》卷首。
⑤ 朱寿朋:《光绪朝东华录》第四册,第 4601 页,中华书局 1958 年版。

片、禁妇女缠足等等。自光绪三十二年(1906 年)起,新政又进入改革政治体制的"宪政"改革时期。

新政的出台,说明清廷最高统治集团已认识到学习西方、变法改良的必要,但对于笃守传统思想的胡思敬而言,这场改革是不可以接受的。光绪三十二年(1906 年),出洋考察宪政的五大臣归国后不久,清政府正式宣布"预备仿行宪政",①这引起胡思敬更大忧惧。同年九月初十日(10 月 27 日),他奉寄孙家鼐《丙午厘定官制刍论》一文,洋洋数万字,对清政府的《官制草案》逐条指驳,反对官制改革。② 胡思敬认为,仿从国外体制的改革,会给奸人以乱国之机,文章写道:

> 诚以六部所守之法,乃二祖六宗斟酌尽善之法,法一动摇,内外无所遵守,群臣无所措手足,枢臣职主赞襄,进退百僚,若再侵割部权,不但乖违体制,即精力亦所难周。辛丑回銮,增设政务处,一切新法,悉令议行。裁兵而兵部不知,改律而刑部不知,废科举而礼部不知,增减裁并员缺而吏部不知。其领摄政务处诸臣,罔非备员枢府,中外奏章,自交而自议之,自议而自准之,已属可笑。今又倡力阁议,议长则总理大臣,议员则左右副大臣,十一部参知尚书,各有所司,已在避嫌之列,名为公议,实不过一人包揽把持,使事事皆由己出,如魏晋以后之行台,日本明治以前之关白耳。古称政府为枢密,今称为军机,密勿论思之地,非是非争辩之场,编制诸臣,宁不知之! 阳窃泰西议院之名,

---

① 1905 年 10 月,清政府派载泽、端方、戴鸿慈、李盛铎、尚其亨等五大臣"出洋考察政治"。五大臣归国后,密陈立宪有"皇位永固""外患渐轻""内乱可弭"三大好处,主张诏定国是,仿行宪政。经过一番争论后,清政府于 1906 年 9 月正式宣布"预备仿行宪政",即准备从改革官制入手,逐步厘订法律、广兴教育、清理财政、整顿武备、普设巡警,作为实行宪政的"预备"。

② 孙家鼐(1827—1909),安徽寿州人,咸丰九年(1859 年)状元,时任资政院总裁。其生平简约谨慎,在激进派和保守势力之间,常取中间立场,但对胡思敬极其保守的政治主张并不欣赏,对《丙午厘定官制刍论》中的观点也多持保留态度,使胡氏终生"犹以为恨"。参见胡思敬《丙午厘定官制刍论》及《国闻备乘》。

阴行其倒持太阿之实,自非聋聩,谁受其欺!①

　　在胡思敬看来,"一孔陋儒不能窥见累朝宪法之精,犹謷謷以专制相诋,岂不悖哉?"②因此,他极力为君主专制辩护,认为政局的混乱及社会的动荡都是清政府妄自变乱祖制所致。"国朝疆舆至广,居中驭外,控制数万里,为子孙万年长久之计,凡垂之会典,定为则例者,经数圣人随时损益,始成此整齐画一之规,举凡内政、外交及一切至赜至繁至新奇可喜之事,无不可以六典括之。庚子西巡议款受强邻迫胁,尊崇外部,一时舍经从权,为暂事羁縻之计,上下莫不谅之。商部、警部、学部接踵而兴,天下从此多事","海内人心,嚣然不靖③"。"甲午用人不慎,丧师于辽,海内士大夫嘘助康梁余焰,群起而媚夷,学堂蛊毒人心,耗竭物力,决数千年礼教,大溃其防,于是君臣之礼废而谈革命,父子之礼废而主平权,夫妇之礼废而倡婚姻自由,此五季六朝未有之奇祸。沧海横流,未知埋骨何所","律以祖宗家法,岂能逃乱政之诛!"④出语已取对立之势,激愤有如嫉恶如仇。

　　清末以来,东北地区旗民两重行政体制已落伍于时代,不适应社会发展的需要,同时日、俄两国对东北的侵略又有加无已,迫使清政府已到了不能不力谋挽救、亡羊补牢的时候了。⑤ 光绪三十三年三月初八日(1907 年 4 月 20 日),清政府宣布东北改建行省,并设置督抚,

① 胡思敬:《论阁议第三》,载《丙午厘定官制刍论》,南昌退庐 1920 年刊本。

② 胡思敬:《论特简、奏任、奏补、委用分四等用人第四》,载《丙午厘定官制刍论》。

③ 胡思敬:《论变乱六官第七》,载《丙午厘定官制刍论》。

④ 胡思敬:《论尊礼部为典礼院第十六》,载《丙午厘定官制刍论》。

⑤ 东三省为清廷皇室发祥重地,重要程度可想而知,清历代均将其放在特殊地位。自咸丰年间,中俄先后缔结瑷珲、天津、北京等条约,划疆勘界,国土沦丧。之后清政府又允筑东清铁路,与西伯利亚铁路接轨,从而使沙俄势力直贯三省腹心,藩篱尽撤,利权外溢。待到光绪甲午以来,十年中东北历经甲午中日战争、1900 年俄国出兵东北及日俄战争,敌骑深入,创巨痛深,民力凋残,满目疮痍。日俄战罢,俄虽败于日,但其实力尚足与日相角逐,日本也只得让步,于是两强便将战祸转害于中国。日俄《朴茨茅斯条约》及《中日东三省事宜条约》的签订,"龙兴之地"几乎成为两强的殖民地。日俄瓜分南北,各地匪患猖獗,人民抗租抗赋、焚学堂、捣税关等斗争风起云涌,武装起义接连不断,民族矛盾与阶级矛盾进一步激化。至清末,大清帝国在东北的统治已摇摇欲坠了。

徐世昌以首任总督身份全权管理东三省新政改革事宜。[1] 他督东之初，即大力推行政治体制改革，从根本上改变了清代东北地区延续200多年的特殊政治体系，使之彻底从封闭的"龙兴之地"中走出来，跨入行省行列。[2] 此外，他还在各省成立了谘议局筹备处，为东北实施宪政铺平了道路。[3] 胡思敬对东北改制问题十分关注，同年，他请人代奏《议驳东三省新定官制疏》，"为东三省官制纰谬不协众心，请旨饬下廷臣会议，以求至当而维大局事"。[4] 文中极力驳斥徐世昌在行政体制、地方管理体制及用人方面的改革，指控他渎职乱政，妄改祖制，称其"下手之初，即将全局翻乱"，"举动乖戾，六脉偾张"，主张对徐世昌加以严惩。此时，清政府的新政已进入第二阶段，开始了预备立宪活动，而预备立宪首先触及的问题就是官制改革。"其宪法之推行有效，实由官制之预先得宜。"[5]鉴于此，清廷颁布了地方官制改革方案，明确规定："此项改革地方官制办法，著由从东三省先行开办，俾为各省之倡。"[6]这无疑宣布了东三省改制在全国地方官制改革中的先导作用，尤其是奉天改制，"将以树外官改制之模型[7]"，为全国所瞩目。可见，东北改制关系重大，势在必行。而徐世昌的才识又深为当权派所赏识，且其凭借与满汉权贵及北洋文武的特殊关系而备受清廷的重用。在这种情势下，胡思敬奏疏上保守的政治主张及对

---

① 朱寿朋：《光绪朝东华录》第五册，第 5646 页。

② 清廷定鼎北京后，东三省实行封禁政策，建立"陪都"体制。分设盛京、吉林、黑龙江将军管辖三省，三将军统辖满、蒙、汉旗籍的"旗人"；以奉天府尹管辖未编入旗籍的汉人和陆续进入东北的流民，即"民人"。此外，三将军对"姓长制"和"盟旗制"下的边地少数民族有节制和监督的权力。

③ 徐世昌(1855—1939)，字卜五，号菊人，生于河南，光绪十二年(1886 年)进士。1897 年，袁世凯小站练兵时，任参谋营务处总办，因机警富于谋略，善筹划，深为袁所倚重。清末新政开始后，徐世昌恃袁世凯的奥援和慈禧太后的信任，扶摇直上，1903 年为练兵处提调，次年即署兵部左侍郎，1905 年，擢升为军机大臣，巡警部尚书。关于其在东北主持新政改革的背景、主要内容及影响，参见李泽昊：《徐世昌与清末东北新政研究》，山东师范大学硕士研究生学位论文，2006 年。

④ 胡思敬：《议驳东三省新定官制疏》，载《退庐疏稿》卷四，补遗，南昌退庐，1913 年刊本。

⑤ 故宫博物院明清档案部编：《清末筹备立宪档案史料》，中华书局 1979 年版，第 368 页。

⑥ 《清末筹备立宪档案史料》，第 511 页。

⑦ 《申报》影印本，1907 年 10 月 14 日。

徐世昌的弹劾都不被清政府所理会,这是很自然的事了。

四、任职御史

宣统元年(1909 年),受侍郎唐文慎保荐,胡思敬补辽沈道监察御史,转掌广东道监察御史。监察御史虽然品级不高,但职位颇重,负责纠察地方,弹劾官员,上疏建言,评议朝政。胡思敬抓住这个机会,积极参与朝政。

晚清史治日坏,官场颓风弥漫。"言路弹章必阴伺朝廷已厌之人而后敢发,疆臣覆奏必密揣政府私受之意而后敢陈,狐死兔悲,官官相护。"①而胡思敬则在污浊的官场中洁身自爱,他不仅自己恪守传统的道德规范,而且忠于职守,坚决反对贪腐的官场习气。一经就任,首劾权势显赫、受清廷重用的两江总督端方②,指斥其犯有"侵吞赈款之罪一,公行贿赂之罪五,营私之罪二,纵匪殃民之罪三,抗旨之罪一,滥用匪人之罪五,欺蒙之罪二,枉法之罪一,冒案滥保之罪一,挟娼淫宴之罪一,凡十罪二十二款"。③ 不久,上疏《请严治赃吏开单汇呈乾隆历办成案折》,主张以祖宗成法,对贪赃枉法的官吏给予严惩。随后两年多时间,他又接连弹劾度支部尚书载泽、邮传部尚书徐世昌、民政部尚书肃亲王善耆、署邮传部尚书唐绍仪、外务部侍郎曹汝霖、四品京堂杨度、东三省总督锡良、两广总督袁树勋、四川总督赵尔巽、边务大臣赵尔丰、贵州巡抚庞鸿书、山西巡抚丁宝铨、浙江巡抚增韫、广东水师提督李准、湖南藩司庄赓良、甘肃监理财政官刘次源、贵阳知府谢文翘等等多名权臣。甚至奏上《请裁抑亲贵折》,反对皇族、亲王总揽朝政。这种敢于直言进谏的精神,为胡思敬博得很大的声

---

① 胡思敬:《劾两江总督端方折》,载《退庐疏稿》卷一。

② 端方(1861—1911),满洲正白旗人,光绪八年(1882 年)中举,宣统元年(1909 年)端方正在两江总督任上,此时他已"重负疆寄"八年之久,且是清末新政和出洋考察政治的发起之人,衡诸年龄、资历、政绩、地位,端方在督抚大员中无人能出其右,称其为继李鸿章、袁世凯之后中国最有权势的地方大吏似乎并不过分。

③ 胡思敬:《劾两江总督端方折》。

望。时人曾记叙说:"天下以亡,公之为御史也。摄政王监国,纪纲坏裂,已不复似朝廷。公痛心疾首,不暇他举,惟详陈改革之利害。几于伏斧鑕以争,奸党亦往往动色而惧。御史赵启霖、江春霖负直声,皆以劾亲贵去。军机大臣吴郁生拟旨,有侵亲贵之语,特降内旨与大学士世续,立解枢任。公无所顾,力言不当任用,台臣为之咋舌。"①不可否认,胡思敬所弹劾之人,多为主张改行新政者,②但锐意变法者中有人政治钻营、经济贪鄙,恰成反对变法者攻击的口实,这种状况,实为历代改革运动中的极大遗憾。

胡思敬任御史后,不仅著书撰文,阐述其政治思想及对时局的主张,而且上疏激烈抨击诸多新政举措,其中政治改革是其关注的重点之一。他认为,清政府的"预备仿行宪政"势必导致"内外交讧,国势垂危"。在奏疏中,他写道,"谈新政者皆言变法当从官制入手,盖官制即乱,倾去旧臣,援用私党,使布居要地,乃得尽逞其谋。戊戌康党之变,拟设十二制度局,暗夺军机六部之权,即此术也"。"丙午(1906年)变乱六官,添设无数冗员,生事扰民,坐糜廪禄,已成不可收拾之势",且议员选举不公,"各衙门官长以意私相嘱托",尽丧仕途廉耻之心。③ 如若内外大臣都援引私人,布居要地,"相习以为固然,此汉唐以来未有之变局,觇国者固知其必出于乱,恐一旦不讳,势且危殆而濒于亡。"④他指斥宪政编查馆、外务部、资政院官员"多与日本交通,受其财贿而阴为之用"。日本自甲午战后,"觇我国虚无人,久思一逞,其主谋之臣一曰伊藤博文,一曰大隈重信","伊藤志在高丽,大隈志在我国,我国内乱不兴,四民安堵无事,各督抚保守疆土,如百足之

---

① 魏元旷:《副宪胡公神道碑》,载《退庐诗集》卷首。

② 例如,时人认为,胡思敬弹劾端方的主要原因,是因为端方力倡新政,他的目的是尽一切可能阻止宪政改革(Opposition to Reform, July 17, 1909, North China Herald Weekly)。胡氏的好友刘廷琛也曾言:"先是端方附和新政,得派为考察宪政大臣,归国愈主张立宪,公(指胡思敬)知国必亡,于是谏之尤切。"(刘廷琛:《胡公漱唐行状》,载闵尔昌撰《碑传集补》卷十,第663页)

③ 胡思敬:《劾资政院议员选举不公折》,载《退庐疏稿》卷二。

④ 胡思敬:《力陈官制淆乱请厘定任用章程严杜幸进折》,载《退庐疏稿》卷二。

虫至死不僵,彼虽攻据北京不能守也,必先耗我物力,堕我朝纲,败我
士风,乱我官制,解散我民心,使之自相蹂躏,藉口兴戎乃可得志。"
"早稻田大学招徕中国学生逾二千人,择其稍黠若曹汝霖、汪荣宝、杨
度之流极力牢宠,诱以邪说","将来筹备日迫,民不聊生,揭竿四起",
"内外构通,延日兵以入","我皇上当此急难之时,束手彷徨","二十
二行省势成破竹,如入无人之境,言念及此,谁不寒心!"①

　　在胡思敬的心目中,中国积贫积弱的主要原因在于任官者不得
其人。他说,"祖宗用人之法,限以四途,曰科目,曰荫典,曰劳绩,最
后乃有捐纳",舍此四途之外,"以宰相之力欲安置一人于部院不能
也,虽以天子之尊欲骤拔一人,宠以非常之禄位,二百数十年间不数
数见也","循祖宗之法以用人则公,不循祖宗之法以用人则私","公
则纪纲肃,人心正,日趋于治,私则宠赂章,邪僻作,日趋于乱。"②他反
复强调,立宪政体不适合中国。"欧西政体有专制、立宪之分,其由专
制趋于立宪,必上下相残,大乱数十年而后定","使我国专制亦如曩
之英法,赋税无定则,徭役无定期,刑罚无定律,强凌弱,众暴寡,世族
蹂藉平民,无复人理,立宪可也;使今日要求立宪之人果系闾阎供租
税、勤本业之民,痛切于身,公推其长老呼君门冀解倒悬之厄,立宪亦
可也。两者一无所出,劫高马而适卑车,削附踝而纳褊履,盈廷聚讼,
举国如狂,何其言之不详也!"立宪之法是"以位予君,以权予内阁,君
不负责任,责在总理大臣,又设国会以监督之,会党寻隙相攻,总理辄
引身而退,国本摇矣,事何由济? 君子而充议员,党孤力怯,将屏息不
敢出声;小人而充议员,上藉抵抗官长之势,即下可欺压善良。总理
大臣而贤,牵掣多而一事无成,将有席不暇暖之势;总理大臣而不贤,
勾通政党且潜生睥睨神器之思"。③"国会之长奸,筹备清单之误国,
凡仕途稍有知识者莫不言之痛心,岂有身居要位之人反愦愦如此之
甚,"宪政编查馆所拟行政纲目"纷议并革,内外官吏皆惴惴不能自

① 胡思敬:《劾日党朋比卖国折》,载《退庐疏稿》卷四。
② 胡思敬:《力陈官制淆乱请厘定任用章程严杜幸进折》,载《退庐疏稿》卷二。
③ 胡思敬:《密陈立宪隐患折》,载《退庐疏稿》卷三。

保。贤者引身而思退，不肖者求捷而先趋，拙者遇事推诿而存五日京兆之心，巧者遇货贪婪而为日暮途穷之计。"因此，他主张最高统治者应"独伸乾断，重惩群凶"，整顿吏治，裁撤宪政编查馆，取消筹备清单，并严饬官吏今后"不得援引日本法规扰乱大局，实为天下苍生之福"。①

胡思敬认为，"中国刑法，历代损益，各有不同，率皆以唐律为准，自唐以来，行之千余年，上下相安，未尝有弊。"他驳斥改革者所谓实行新刑律，"将收回各国领事裁判权、将黜家族主义而进国家主义"之说，认为"由前说言之，是曰欺。由后说言之，是曰妄"。"我内政修，兵力强，不但区区裁判之权无难据理力争，即各口商税、各埠租界且当次第磋商挽回已失之利；我内政不修，兵事窳败如故，一切财政、路政、矿政皆将受人干涉，更何论租界、裁判也。裁判不能收回害只于一隅，欲收回裁判而先废伦常、灭礼教害且及于天下。"所论家族主义者，"盖以天下贪官污吏皆由家累所迫而成，因欲借新律以破伦常，使之父弃子，兄弃弟，只身出而当官乃知爱国"，"不知八口衣食之资，所费几何？""苑囿、池台、狗马、声色、宴游、博奕之事，耗财不可胜计，皆一人之奉养耳，曾于家族何与？""人必先有亲爱骨肉之心，由亲及疏乃可推而达之于国"，"吴起杀妻求将，易牙烹子以食其君，可谓弃家族主义而就国家主义矣！""诚如馆臣之说，破去家族主义，孑然一身，当其得志之时，恣意豪侈"，"及其败也，脱身远扬，朝秦暮楚，任其所之，尚知国事为念耶？""近时习俗浇薄，民情日偷，父子兄弟之间有渐德者多矣"，"今又教猱升木，五伦既绝，生人之趣尽矣，国尚可为乎！"②"自新律成而民乱于下，新官制成而官乱于上，上下交乱，彼等狼狈为奸，引进海外党魁，将以陛下为孤注之一掷。陛下高拱深宫，其果能收万世一姓之效乎！"③

就历史表象而言，胡思敬注意到中外国情的差异并非完全迂谬，

① 胡思敬：《劾宪政编查馆妄拟行政纲目坏乱官制折》，载《退庐疏稿》卷四。
② 胡思敬：《请将新律持平覆议折》，载《退庐疏稿》卷四。
③ 胡思敬：《劾宪政编查馆妄拟行政纲目坏乱官制折》，载《退庐疏稿》卷四。

但是,他保守的政治出发点推导出保守的政治结论,使某些近乎合理的因素最终成为其反对改革的历史根据,从而强化了其政治信念的坚韧性。胡思敬认为,改行君主立宪政体乃是庸人自扰之举,是对觊觎君主权力的人的姑息和鼓励,其结果只能进一步破坏旧有的社会秩序,既不能给清廷带来政治上的安定,也不能消弭政治动乱。因此,他要求清廷"正是非""明学术""定民志",坚持君主专制政体的"宗旨"与"国是"。

除政治外,胡思敬关注的另一个焦点就是文化教育改革。他上书近万言,指陈"兴学堂"势必会造成"十弊六害":大学教育偏重西学,忽视四书五经的研习,"经科戴空名居首,几同东西二周拥九鼎之尊,有岌岌不能自存之势",此一弊也;学堂"束书不观而唯讲义是求,讲义者,教员临时抄掇成篇,与科生场屋之文亡以异也",这是"欲废读书之法",使学生"相率辍学而成弃物",此二弊也;"师严而后道尊",学堂教习只重薪金,学生"不认教习为师",师生之间"形同路人","外洋工师、艺徒本无所谓传授,或不以此为嫌,施之中朝国学,何辱如之?"此三弊也;学堂定章,令中学堂以上皆以洋文为主课,这是"旷少年之时日,锢子弟之聪明",此四弊也;学堂"事事为侈",失俭朴美德,不利学生道德修养的培养,此五弊也;入学堂,使人崇拜欧美,"其初不知有中国之学,其继且忘其为中国之民",此六弊也;"学堂之文凭重于公侯之告身",这给奸人以投机钻营之机,此七弊也;学堂兴,使"海内老师宿儒凋丧殆尽",导致"谬种流传",道德败坏,此八弊也;学堂教习屡易,学生屡迁,势必教、学互害,又会因"处地不同而生集枯集菀之叹",此九弊也;学堂为官办,使"人人受约束于官,而代督课程则荒废,失业者必众",此十弊也。十弊既滋,六害因之以起:一是压抑寒畯之害;二是搅乱仕途之害;三是骚扰闾阎之害;四是摧残士类之害;五是增长逆焰之害;六是推广漏厄之害。①

鉴于此,他提出了三点解决方案:一是将中、西二学划分为两途,

---

① 胡思敬:《指陈学堂十弊六害请另筹办法折》,载《退庐疏稿》卷一。

以中学为主,西学为佐,"各开基础,不相牵混":中学在县、府、省乃至京师各设不同级别的学堂,统由学部管理;西学则按其专业,归各部负责,如农、工学归农工商部,铁路、电政学归邮传部,财政学归度支部等等。除官立各学堂外,一切公立、私立学堂悉听民间自便,"不给奖励,不入州县官考,成亦不准私行科敛"。二是制定考升次第及毕业授官的法规:县学由提学使在本县士子中考取学员,毕业为廪生;府学由提学使于本属各学廪生中考升若干名,学员毕业为优贡;省学由考官于本省优贡中考升若干名,学员毕业后为举人;大学由考官将天下举人考升若干名,学员毕业后为进士。凡毕业考升均三年一举行,进士毕业后奏请廷试予以翰林。此外,给予主事、知县等官三次考试机会;各学堂的学额按照以前科举的比例酌量增减;获优贡、举人功名者允许其考不同级别的政府部门。规定各省专门学堂由县学廪生考取,学习成绩优异者入京师专门学堂学习,毕业后给予官职或分发各省办实业。三是严定中学办学规则及课程计划,规定自大学以下都不用讲义,除参考各国历史、地理、政法外,"各种科学悉屏去之,毋使乱其心志"。西学虽可由教习自定课程,但仍必须以中学为根本。胡思敬认为,如此则"道艺兼盖,主宾秩然"。① 不难看出,胡思敬的改革方案是保守的,其表面虽附"学堂"之名,但实质上却是对旧的科举制度的强化。

在经济方面,胡思敬指责改革"敛派太重,糜费太多",致使"宦途日暮,民生日蹙"。"壬寅(1902 年),改练新军,分摊各省数盈千万,竭泽而渔,势成孤注","自丙午变乱六官以来,名器之滥,征敛之苛,古所未有"。② 各项捐税名目淆杂,漫无稽考。"极而业之至秽且贱者,灰粪有捐;物之至纤且微者,柴炭酱醋有捐;下至一鸡一鸭一鱼一虾,凡肩挑背负,日用寻常饮食之物,莫不有捐"。③ 内外诸臣多借筹办"新政"的名义,大肆铺张浪费,中饱私囊。如江西以筹办地方自治之

---

① 胡思敬:《指陈学堂十弊六害请另筹办法折》,载《退庐疏稿》卷一。
② 胡思敬:《密陈立宪隐患折》,载《退庐疏稿》卷三。
③ 胡思敬:《极陈民情困苦请搏节财用禁止私捐折》,载《退庐疏稿》卷一。

名,"按亩加捐,动辄二三十万,亦何其不仁甚耶"①! 由于苛捐杂税沉重,百姓"力不能胜,则弃田而潜逃者比比也",更有甚者,"知其将死,蹶起而思一奋"②。政府如不亟思图救,必招致大乱,因此,他建议暂停江西地方自治之举,并请饬下部臣严禁私捐,筹划撙节之策,守祖宗永不加赋之训。

军事方面,胡思敬认为,新军募不得人,操不得法,"兵事窳败如故,新军半属革党",不但不能御敌,反而"隐伏国家无穷之忧"。"古兵部之职,总核天下兵马钱粮,非欲驱之行阵也。陆军大臣荫昌,归自海邦,剪发易服作西装,入朝则戴假辫,变卿贰为统领,全署司曹将尽成武弁,实创千古未有之奇。至海军捕风捉影,无一可恃之舰,无一可守之港,则亦徒供玩耳。"③

此外,胡思敬对清末出现的剪发易服的现象也十分不满。"近日湖南人周震鳞拟剪发易服说贴上之资政院,各报馆和之","各学堂学生受人诱惑,纷纷违制,私剪日益加多,举国若狂"。他认为,剪辫易服不仅扰乱工商,使"百物壅滞"④,而且会导致"酬庸之典不行,亲亲之谊将绝,徒使外货日益灌输,境内耕夫织妇举将无觅食之所"。其"远言之,关乎一姓之兴亡,近言之,关乎亿万众之身家财产,其肯降心以相就乎"⑤? 他对宪政编查馆、外务部、资政院诸员剪发易服的行为非常愤慨,指斥其是"奉东洋之正朔","蕴蓄不臣之心"⑥。对支持剪辫易服的《帝国日报》馆力主封禁,"陈宝琛于剪发易服议案不甚赞成,该报诋之曰怪物,斥之曰狗彘不如","报馆一意媚洋,不自齿于人类,固无足怪,彼其祖若父独非辫发者乎?""彼不恤祖、父,将视我皇上为何主乎,又将置祖宗于何地乎?"⑦服制、发式是一个朝代的特征,

① 胡思敬:《请免江西加征并缓办地方自治折》,载《退庐疏稿》卷三。
② 胡思敬:《极陈民情困苦请撙节财用禁止私捐折》,载《退庐疏稿》卷一。
③ 胡思敬:《劾宪政编查馆妄拟行政纲目坏乱官制折》,载《退庐疏稿》卷四。
④ 胡思敬:《请禁止剪发易服诋言片》,载《退庐疏稿》卷三。
⑤ 胡思敬:《请查办奸人倡剪辫易服煽乱人心折》,载《退庐疏稿》卷四。
⑥ 胡思敬:《劾日党朋比卖国折》,载《退庐疏稿》卷四。
⑦ 胡思敬:《请封禁帝国日报馆折》,载《退庐疏稿》卷四。

是人心之所系,种类之所别。如轻易改变,不仅会导致人心惶惶,社会不安,而且也会使人们对清朝的感情慢慢淡化,招致天下大乱。"一代之典章服制咸与国运为终始,非独尊崇祖制",且"古所谓改正朔,易服色者,不过变易彩色,如夏尚白、殷尚黑、周尚赤之类","今并无易姓受命之事,忽而裂冕毁冠,断发而从勾吴之俗,天下不祥之兆,孰有甚于是乎?""今悉改易洋装,何啻驱而附敌,湘淮营勇簪辫发于顶,缠以大布,刀戟不能伤,未见其不便也,言其不便者,非喜新媚敌,即乱党耳!"①

任职两年间,胡思敬上疏四五十次,反对变法改革。但其主张多未被清政府所采纳,所有的努力最终换来的只是辞官离京。

第二节 胡思敬辞官南归的历史考察

宣统三年(1911年)三月,胡思敬在监察御史任上辞官离京,隐退南昌。这一事件不但标志着胡思敬宦海生涯的结束,是其人生经历的转折点,而且对当时的晚清政局也产生了一定的影响。这里拟对胡思敬辞官离京的原因、经过及影响做一较为系统、客观的历史考察,并就宣统时期台谏兴衰的变化历程略陈管见。

一、胡思敬保守的应变主张

胡思敬生于晚清,出身书香门第,受传统的儒家文化熏陶和教育,顺着"学而优则仕"的道路,怀着满腔的政治热情步入仕途,希望能够发挥自己的才能,对清王朝的统治有所裨益。然而,胡思敬却具有守旧的政治立场,在反对清政府新政改革上态度坚定。光绪三十二年七月十三日(1906年9月1日),清廷为保障其政治统治及皇位

---

① 胡思敬:《请查办奸人倡剪辫易服煽乱人心折》,载《退庐疏稿》卷四。

永固,①正式宣布"预备仿行宪政"。这在近代中国各社会集团中引起极强烈的政治反响:革命派抨击清廷是以立宪之名而行专制之实;在野立宪派充满期望,几次掀起大规模的请愿运动,明确而又具体地提出自己的立宪要求;守旧派则抱着传统的体道观和伦理价值观不放,反对政治变革。此类人物多为御史言官,如胡思敬、刘汝骥、陆宝忠、鲍心增等等,他们认为君主是受命于天的,是天道与人道的和谐统一。在其心理天平上,君主的权威等同于国家的存亡。因此,他们坚持国家大权必须由君主操权任势,乾纲独断,要求清廷谨慎从事,以防曹操、王莽之流篡权揽政。同时,他们猛烈抨击君宪政体,指斥责任内阁制不但违背清朝不置相的家法,而且会造成内阁总理把持朝局,紊乱朝纲,"挟天子以令诸侯"②的局面,而君主称孤道寡,"昔居其名,今受其实,芒刺在背,亦栗栗可危矣。"③

　　胡思敬是保守派中因清正刚廉、直言敢谏取得较大名声的代表性人物。在胡思敬的观念中,清廷吏治之凋敝,政事之萎靡,皆因任官者不得其人,"三代以来之治法,至宋而大明,至本朝而大备。"④这便从根本上否定了改变旧官僚体制的必要性。他声称中国乃是立宪之国,"我国立宪,在欧美未开辟以前,我朝立宪,在英、德、美、日未兴之先,"⑤且实为"环球中宪法完全无缺之第一国","欧美诸邦未能仿

① 清廷实行预备立宪的根本目的在于稳固清王朝的统治。预备立宪以日本为典范,颇有深意。考察政治大臣载泽从日本回国后,在奏请清廷实行立宪的密折中主要以日本的经验说明立宪可以使"皇位永固"。他认为,"大抵日本立国之方,公议共之臣民,政柄操之君上,民无不通之隐,君有独尊之权";"君主立宪,大意在于尊崇国体,巩固君权";"宪法既立,在外各督抚,在内诸大臣,其权必不如往日之重,其利必不如往日之优。"(见载泽:《考察政治日记》,岳麓书社1986年版)清廷在接受载泽等考政大臣的建议后宣布实行预备立宪,明确规定:"大权统于朝廷,庶政公诸舆论。"(见《宣示预备立宪先行厘定官制谕》,故宫博物院明清档案部编:《清末筹备立宪档案史料》上册,中华书局1979年版)可见清廷预备立宪的初衷。
② 胡思敬:《论阁臣署旨第一》,载《丙午厘定官制刍论》。
③ 胡思敬:《论阁臣奏事第二》,载《丙午厘定官制刍论》。
④ 胡思敬:《自序》,载《丙午厘定官制刍论》卷首。
⑤ 胡思敬:《谏改变官制疏》,载《丙午厘定官制刍论》。

佛万一也"①,企冀以此论证中国绝无改行西方君宪政体的必要,置改行君宪论者以无病呻吟的地位。胡思敬虽然对当时的各种社会弊病有所体察,但却将各种弊端产生的根源归结为"人心不古""正学不明"。他深信,"欲救今日之乱,必先变人心;欲变人心,必先正学术;欲正学术,必先明人伦。"②

身在谏台的胡思敬在任御史的两年间,上疏四五十次,用犀利的笔锋书写着自己的政治主张。宣统二年五月二十日(1910年6月26日),胡思敬奏上的《请罢新政折》可谓是全面声讨改革的檄文。该疏洋洋近万言,力陈新政扰乱天下,使民不聊生、盗贼纷起,恳请清廷停罢新政。理由是新政造成速贫之道六:即修建各衙署、部所、学堂等弥费过多;海军开支过大;农工商部及劝业道规划无方,使"土物不销,农业愈苦";邮传部、民政部、农工商部等新设部门铺张浪费;内外诸臣多借新政名目欺世盗名,徒费公帑;设立巡警毫无意义,且其敛派太重。速乱之道九:农民弃田从商、从工,导致"草野之人日寡而农业荒,市埠之人日多而风俗坏",此其一;新设衙署众多,新添官吏骤增,清廷势必因难以支付巨额官俸而陷入危机,此其二;地方官"日敝精神于联络衿绅筹画款项",而忽视其他行政工作,"不肖者或反勾结奸绅藉新政名目,侵渔入己,遂使冤抑不伸,民皆迫而从匪",此其三;报馆变乱黑白,摇惑人心,"劫持官吏短长",此其四;中央集权之说兴起后,学部、民政部、商部等部门皆欲分督抚之权,如"天下有变,欲以疆事责之督抚,而督抚呼之不灵",只能坐以待毙,此其五;皇族、亲贵"暴起领事",扰乱仕途,此其六;朝廷授留学生官职,既是将取士之大权"倒柄而操之敌国",又是给奸党以乱国之机,此其七;官场褒奖之风日盛,致使贿赂公行,尽丧仕途廉耻之心,此其八;度支部、学部、宪政编查馆等部门派人赴各省,徒以调查之名,实则扰乱生事,此其九。速亡之道五,分别是:法律馆所修订的新刑律是"欲化中原为左衽",

---

① 胡思敬:《论特简奏任奏补委用分四等用人第四》,载《丙午厘定官制刍论》。
② 胡思敬:《万载龙氏忠孝祠碑记》,载《退庐文集》卷三。

用夷变夏，破坏五伦；纸币发行过滥，导致虚币累累，汇兑阻滞；新军募不得人，操不得法，不但不能御敌，反"隐伏国家无穷之忧"；宪政编查馆轻信留学生之言，破坏祖宗之法，妄作横行；新政行，"天下君子少而小人多"，地方设商会、教育会、自治会等组织使"纪纲荡然"。① 胡思敬的保守言论在当时深为报界舆论所讥，如《广益丛报》第 209 号有文《胡思敬阻挠立宪之纰缪》，第 229 号有文《胡思敬又上参折》等。胡氏本人虽然也承认，"仆自知迂顽，为时论所怪"②，却丝毫不改初衷。

四个月后，胡思敬再次上疏，为清廷消除内外忧患筹献三策：上策，取消九年筹备清单，停办新政，"宽一切无艺之征，下诏罪己，收回各部用人行政之权，悉由宸断，访贤才，广言路，整军政，裁冗员，社幸进，复科举"，整顿吏治，取消国会，"治民情疾苦，许人民陈诉都察院，据情上闻。"中策，查办各省现行新政，凡"害已形而利未著者，一切次第罢去"，"徇资政院之请，许明年九月即召集国会，定国会为下议院，改资政院为上议院，毋使混杂，凡下议院议案必交上议院决，方许上达，摄政王暂负总理责任，两年后，国会无弊再设内阁，如实于国体有碍，民艰无补，即将两院一并遣散停闭，违抗者罪之。"下策，分别缓急改正九年筹备清单，以纾民力，缩短立宪期限，以塞资政院之口。③ 此时，胡思敬仍拘执于传统政治经验与历史经验相结合的治国之道，无视国内外局势的变化，显得很不合时宜。

针对胡思敬这种保守的应变主张，清廷虽然表面赐给胡氏"古之遗直"的褒额，但却对他反对新政的奏章多"留中不发"，不予采纳。为其奏章能够引起清廷足够的重视，他一再上疏，苦陈于摄政王载沣之前，"臣自入台以来，去年五月即奏'陈民情困苦请撙节财用禁止苛派'；七月又陈'学堂十弊六害请别筹办法'；今年正月又力请'裁抑幸进'；三月又奏'部臣侵夺疆吏守土之权请将盐务新章下政务处会议

---

① 胡思敬：《请罢新政折》，载《退庐疏稿》卷二。
② 胡思敬：《覆朱大令书》，载《退庐笺牍》卷一。
③ 胡思敬：《密陈立宪隐患折》，载《退庐疏稿》卷三。

以防专擅'。前后凡十余疏,皆寝置不报,而一二毛举细故者,时或交议发钞,苟以涂塞外廷耳目,此岂圣明广询刍荛之意,又岂先朝保存言路之心!"①宣统二年九月二十八日(1910 年 10 月 30 日),他甚至上疏《自请惩处折》,声称奏章均"留中未发",必是本人素行不端,或参劾不当,恳请清廷对其严加惩处,以为"冒昧进言者戒"②。无奈,胡思敬的种种努力均事与愿违,清廷仍以"封章留中"相待。这对胡思敬来说是一个巨大的打击。在他看来,"言职重在纠弹,钦定台规具在"③,"有言责者,不得其言则去"④,于是在宣统三年(1911 年)三月,他辞官离京。四月,抵达南昌。几个月后,武昌起义爆发。

二、台谏的兴衰变化与胡思敬的政治表现

徐珂的《清稗类钞》在谈到宣统时期台谏兴衰时有这样的评论:"德宗宾天,醇王监国,虚怀采纳,召见江春霖、赵炳麟两侍御。谏垣入对,绝迹已三十年,一旦复见之,台谏风生,海内动色。尝有七御史同日各递封奏,称极盛焉。其后陈事者撷拾肤词,弹劾过多,亦未能悉当,封章遂十九留中。即有措词激烈者,欲求步赵启霖、江春霖之后,亦不可得矣。"⑤从"虚怀采纳"到封章留中,反映出统治者对言官态度的变化。但是,台谏之盛并非仅仅因为醇亲王载沣的虚心求言,台谏之衰也不能简单地归咎于言官的弹劾不当。宣统时期台谏的兴衰是与当时的朝局密切相关的。

宣统元年(1909 年)是清朝权力格局发生急剧变化的关键年头。此前一年,光绪皇帝和慈禧太后相继去世,年仅三岁的溥仪以旁系入继大统,是为宣统皇帝,他的生父即光绪皇帝的弟弟载沣以监国摄政

---

① 胡思敬:《请将前奏交议以明国是折》,载《退庐疏稿》卷二。
② 胡思敬:《自请惩处折》,载《退庐疏稿》卷三。
③ 胡思敬:《自请惩处折》,载《退庐疏稿》卷三。
④ 胡思敬:《请将前奏交议以明国是折》,载《退庐疏稿》卷二。
⑤ 徐珂:《七御史一日七奏》,载《清稗类钞》第四册,谏诤类,中华书局 1984 年版。

王的身份总揽朝政。载沣缺乏慈禧太后的威望和驾驭能力，也缺乏光绪皇帝的革新意识，他主政后所做的第一件大事，便是将汉人实力派和改革的力倡者袁世凯驱逐回籍，[①]直接导致了清统治集团的重大分裂，朝局为之一变。袁是继李鸿章之后，中国最有权势的汉族官僚。他虽被罢斥，但影响却依然存在。以"小站旧人"为核心的袁氏心腹爪牙，文官如徐世昌、唐绍仪、朱家宝，武将如王士珍、冯国璋、段祺瑞等等，仍身任要职，对袁世凯惟命是从，"事无大小毕报"，尤其是武人，"心目中本来只知有他们的宫保"[②]，清廷中枢主政的庆亲王奕劻及在野立宪派首领张謇等人也常和袁世凯互通声气。

当时的社会舆论在评价驱袁事件时，多对新朝廷随意处置督抚大员的行为表示不满。这对载沣来说非常不利，如《中央大同日报》就曾以漫画的形式讽刺载沣驱袁是"一朝权在手，便把令来行"。袁氏党羽更"布散谣言，倾陷监国摄政王……谓监国摄政王实行排汉也，反对立宪也"。[③] 而满族官僚中素以"深明时务"著称的两江总督端方也在上奏的《敬陈管见折》中透露出对摄政王能力的怀疑及对新朝廷朝中无人的焦虑："参考东西各国历史，古玛西敦国主大亚利山德为太子时，有大博士亚立斯多德尔，常侍左右指陈得失；俄彼得大帝有瑞士国人勃发侍左右备顾问，惟不干涉行政权限；日本一国，则枢密院为天皇亲临咨询重要事务之所……臣区区之愚，欲于监国摄政王每日听政之暇，匀拨二三小时，令诸臣分班轮值，便殿进见，扬榷古今，综论中外，用资献替而广聪明。"[④]

面对这种"主少国疑""孤立于上"的局面，载沣迫切需要联合一

① 关于袁世凯被罢斥的原因，一般认为，由于袁在戊戌维新期间因叛卖行径为光绪皇帝所痛恨，载沣为了给光绪皇帝"雪恨"，以其患"足疾"为名，要他回河南彰德"养病"。(见李侃、李时岳等主编：《中国近代史》第四版，中华书局1999年，第372页)
② 张国淦：《北洋述闻》，上海书店出版社1998年版，第28页。
③ 赵炳麟：《谏院奏事录》，载《赵柏严集》第二册，沈云龙主编《近代中国史料丛刊》第三十一辑，台湾文海出版社1969年版。
④ 端方：《敬陈管见折》，载《端忠敏公奏稿》卷十五，沈云龙主编《近代中国史料丛刊》第十辑，台湾文海出版社1966年版。

切反袁势力以加强自己的力量。尤其是争取御史言官的支持,以此来正舆论、固根基,势必成为当务之急。从言官方面讲,他们向以特立清流自居,以维护传统制度和伦理纲常自任,对于一意揽权而又不知自敛的袁世凯早已是恨之入骨。在丙午(1906 年)官制改革期间,袁世凯力图设立责任内阁制的主张就曾遭到谏院的普遍反对。御史赵炳麟、陈田、赵启霖、江春霖等人对其交章弹奏,屡加抨击,声称"奕劻庸污,引直隶督臣袁世凯为心腹;世凯以组织内阁为名挟制朝廷,非将君主大权潜移于世凯手不止!"① 显然,在反袁及维护君权问题上,载沣与言官有着共识。当时在谏院之中,以赵启霖、江春霖、赵炳麟的声望为高,三人"同时为谏官,甚相得,号称敢言。京师人争目瞩之,因假上海洋商标记,共呼三御史为三霖公司"②。值得注意的是,三人都曾对权势显赫的奕劻、袁世凯指名弹劾,赵启霖甚至因攻击庆袁势力而被罢职。③ 载沣执政后不久,即重新启用赵启霖,召见江春霖、赵炳麟,复三十年前谏垣入对之旧例。其示好言官,以共同对付庆袁集团的用意是很明显的。而言官也不负期望,纷纷上奏,对驱袁表示赞同,并陈请摄政王"首重大权""乾纲独断",树立绝对权威。④ 事实上,御史的这些言论对于稳定局势、巩固载沣的地位的确起到了

---

① 赵炳麟:《光绪大事鉴》卷十二,载《赵伯严集》第二册,沈云龙主编《近代中国史料丛刊》第三十一辑。
② 胡思敬:《三霖公司》,载《国闻备乘》卷四。
③ 胡思敬在《赵御史参庆邸》(载《国闻备乘》卷一)一文中对赵启霖参劾庆、袁一事进行较为详细的记述:"袁世凯有妾与其仆通,事觉,自杀。仆窃藏而逃,久之不获。巡捕段芝贵为悬赏,募得之以献。世凯大喜,赞其才,令捐道员,密疏保荐甚力。丙午冬,贝子载振持节渡辽,过天津,留宴十日,悦歌妓杨翠喜,欲纳之,未有因也。次年奕劻七十生辰,芝贵进十万金为寿,并出重金购翠喜,媵以珠貂,献媚于载振。是时东三省初建行省,当设三抚帅,遂授芝贵为黑龙江巡抚。旨下,京员相聚偶语,皆不知芝贵为何许人也。翠喜在教坊有盛名,一旦为豪有力者夺去,凡与交好者根究,具得其实。芝贵又展转从人假贷,故其事浸浸播扬。御史赵启霖风闻入告,诏罢芝贵,命大学士孙家鼐查办。家鼐昏耄畏事,不敢开罪政府,复奏尽为伸雪,启霖遂以诬蔑亲贵夺职。陆宝忠、赵炳麟、江春霖连章争辩,不获伸。士大夫慕其直声,争置酒作为诗歌以宠其行。奕劻父子虽悍,固无如舆论何也。"载沣执政后不久,即启用赵启霖,令其以道员身份署四川提学使。
④ 赵炳麟:《谏院奏事录》,载《赵伯严集》第二册,沈云龙主编《近代中国史料丛刊》第三十一辑。

一定的作用。

从上述的分析中可以看出,共同的政治目标,即反袁与维护君权使载沣与言官走到一起,造成了宣统初期台谏的极盛局面。这种局面,是在"主少国疑"、君主"孤立于上"的情势下出现的,它实际上反映出清末皇权的衰落。自太平天国运动之后,督抚权力扩张,渐成内轻外重之势。此时,软弱的皇权亟须扶翼,这是载沣"倚重"言官的根本原因。

尽管皇权的衰落是载沣与言官都不愿看到的,但在解决这一问题上双方却有着不可调和的矛盾和分歧。随着袁世凯威胁的淡化,这些矛盾和分歧逐渐暴露出来,总其大要,有以下两点:一是双方对宪政的看法不同。以胡思敬为首的御史言官坚决反对君宪政体。载沣执政后,他们将取消新政的期望寄托在新的执政者身上,"今大憝已去,神器有归",希望统治者"乘此收拾人心,力图根本至计"。① 然而,载沣在罢斥袁世凯后,却采取了一系列迎合立宪潮流的举措,如诏令官员们认真筹办立宪事宜,开设谘议局、资政院等等,以稳固清王朝的统治。这一点使台谏与执政者之间不可避免地出现了政治裂痕。二是在皇族集权政策上存在分歧。为维护君权,载沣采取集中权力于皇室的政策:他编练禁卫军,由自己亲自统领,派胞弟载涛、皇族毓朗为禁卫军大臣;接着宣布,自代宣统皇帝为全国海陆军大元帅;设立军谘府,以载涛、毓朗为军谘大臣;设立海军部,以胞弟载洵为筹办海军大臣;调整各部院大臣,多以皇族亲贵充任。一时间,"行政大臣半王子王孙矣。"② 这种扬满抑汉的皇族集权政策使原已存在的满汉矛盾更趋激化,御史对此纷纷上疏表示反对。

江春霖首先发难,时"载洵、载涛尤嗜货,海军部及崇陵工程多以贿行",江春霖劾之,虽言辞隐晦,未指明攻击皇族集权政策,但却第一次公开表示对亲贵的失望和不满,其"语甚沉痛,谓天下解体,则国

① 胡思敬:《请罢新政折》,载《退庐疏稿》卷二。
② 赵炳麟:《宣统大事鉴》卷一,载《赵伯严集》第二册,沈云龙主编《近代中国史料丛刊》第三十一辑。

且不保,家于何在! 摄政王终不报"。① 胡思敬随即另具一疏《请裁抑亲贵折》,首次明确提出"用人为公",请"裁抑亲贵"的主张,称"今日稍示裁抑之心,他时即隐受保全之利"。② 胡氏措辞甚为激烈,"时亲贵争出用事,势倾中外,素称直臣者皆莫敢言。公(胡思敬)独抗疏,谓国家之事,大者为枢务,其次为兵权,为财政,一切悉委诸宗潢贵近之手,疑皇上以天下为一家私物,不信汉并不信满,各怀一自外之私,推卸仔肩,匿情而思遁,国家渐成孤立之势,而一二党徒或且布散谣言,煽惑人心,其关系于宗社民生者甚可畏也。"③ 疏上,举朝动容,使得清最高统治者无法再保持沉默,不久,即下谕旨指斥言官:"近来建言诸臣,其直言敢谏者,披沥忠忧者固不乏人,而怀挟私见及毛举细故、不知大体者亦尝有之……倘敢如前不悛,任意尝试,亦必予以惩处不贷!"④ 这是载沣执政以来,第一次斥责言官,双方的裂痕已经表面化了。

面对执政者的强硬态度,向以直言敢谏自诩的御史并不买账。江春霖、胡思敬、赵炳麟等仍屡次上奏,弹劾亲贵,反对皇族、亲王总揽朝政。从根本上讲,言官提出的"用人为公""不分满汉"的主张是为稳固清王朝统治服务的,但以载沣为首的满洲贵族对此却不以为然,或许动荡不安的晚清社会使其产生了过于强烈的政局失控之感和皇权旁落的隐忧。宣统二年(1910 年)正月,终因"江春霖参奕劻案"使双方的政治裂痕发展到几乎无可修复、即将分道扬镳的严重程度。徐珂的《江春霖劾奕劻》一文对此有较为详细的记述:

> 光、宣间,凡军机处及海陆军、财政、外交诸任,均以亲贵掌之。诸王贝勒皆少年寡学,偏树党援,排斥异己,勾通阉寺,广行贿赂。宣统初,闽县江侍御春霖特疏纠参奕劻,疏中所谓江苏巡

① 赵炳麟:《宣统大事鉴》卷一。
② 胡思敬:《请裁抑亲贵折》,载《退庐疏稿》卷一。
③ 刘廷琛:《胡公漱唐行状》,载闵尔昌撰《碑传集补》卷十,第 663 页。
④ 刘锦藻:《清朝续文献通考》(三),考八八七三,浙江古籍出版社 1988 年版。

抚宝棻,陕西巡抚恩寿,山东巡抚孙宝琦为其亲家;山西布政使志森为其侄婿;浙江盐运使衡吉为其邸内旧人;直隶总督陈夔龙为其干女婿;安徽巡抚朱家宝之子朱纶为其子载振之干儿,悉实事也。疏上,都下喧传,争为春霖危,谓恐蹈赵御史启霖覆辙,缘赵亦以劾庆而削职者,故群彦啧啧称二霖也。果奉旨命其明白回奏。及复奏,乃历数诸故实,谓:"人言藉藉,事非传疑,本可按图以索也。"末更谓:"臣非不知赵启霖劾奕劻罢官,仗马一鸣,三品料去,只以枢垣重地,汲引私人,恐或贻误大局,激於忠悃,冒死直陈。"旋仍奉旨切责,命回原衙门行走。[①]

奕劻曾与袁世凯勾结,因而与载沣为首的皇族亲贵矛盾很深。但奕劻也是满族亲贵,使得事情变得复杂起来。对于袁世凯,载沣是必欲去之而后快;对于奕劻,执政者的态度却一直十分暧昧。同时,言官一再上疏弹劾亲贵,早已使载沣十分恼火,在申斥江春霖的上谕中,他向言官公开声明"亲贵重臣"不应"任意诋诬"! 警告建言诸臣,"毋得莠言乱政,有妨大局",如若仍"怀挟私见及毛举细故,倘敢任意尝试"者,朝廷必予严惩![②] 由此可见,载沣去一江春霖以儆他人之心已经昭然若揭。谕下,台谏大哗。陈田、赵炳麟、胡思敬等先后上疏请收回成命,胡思敬言辞尤激,他说:

> 近来内外大臣名挂弹章者累累不绝,纵事无证据,查办者力为湔洗,亦以风闻置之,未闻谴及言者。独奕劻秉政十年,蒋式瑆一参之而斥矣,赵启霖再参之而罢矣,今江春霖三参之而又得罪矣,恐后世疑陛下独私其亲而示天下以不广,此一说也;东西洋各国以政府负责任,以民选议院监督政府,政府有过,议员得而攻之,所谓立宪政体是也。西人尝言中国虽无议院,尚有谏

---

① 徐珂:《江春霖劾奕劻》,载《清稗类钞》第四册,谏诤类。

② 《清实录·宣统政纪》,总第六十册,宣统二年正月甲子,中华书局 1987 年影印本。

台，颇近上下相维之义，江春霖前后章奏不下数十，今独以弹劾枢臣解职，恐以后言路诸臣无复敢牵及政府而太阿倒持之患由此渐生，尚欲援立宪公天下之说，牢笼四海，谁则信之，此又一说也；陛下初即位时，锐意求言，召见江春霖、赵炳麟等，勉以直谏，且令遍告同僚，当时凡有言责者，莫不感励奋兴思得一当以报国。未及一年，昔之以言被奖者，今且以言获咎，无知者或疑圣德鲜克有终，举将缄口结舌，摧刚为柔，渐成一壅塞不通之证，此又一说也；谓江春霖弹奏不实已无处分之可援，若加以莠言乱政之名，则两观之诛在所不赦，今顾夺其谏职，还以词林，科道与编检同为五品，清要重职，但欲箝闭其口，好官固自在也，罚不当罪，恐无以服该御史之心，此又一说也。总此四说，一人之进退虽微，其关系于政治纪纲者甚大。拟请稍霁天威，颁一激励言官明诏以策将来，或暂予优容，俾江春霖留任效用。①

奏上，载沣不予采纳，批曰"著毋庸议"。此举招致全台激愤，于是由御史忠廉领衔，连署者五十八人，公上《言路无所遵循请明降谕旨》一折。当时谏院共六十人，未参与者仅二人而已，可谓"自有御史台以来，固未有众情一致，争尚风节如斯之甚者"②。无奈，载沣仍固执己见，将江春霖遣回原衙门。江氏随即弃官而去，赵启霖预感"国事不可复为"，亦愤然辞官。不久，胡思敬以言不能用，挂冠离京，而赵炳麟终被载沣以修筑铁路为由夺去言职，他离京时，怅然赋诗云："孔范同盟忆昔年，扣镮痛哭冀回天。贞元旧侣纷纷散，翘首觚稜倍惘然。"③莆田江春霖、湘潭赵启霖、新昌胡思敬、全州赵炳麟，不仅趣味相投，惺惺相惜，而且皆以愤言时事、弹劾权贵著称于光、宣两朝。四御史落得如此"纷纷散"的结局，必然对谏院影响甚大，"于是老于

---

① 胡思敬：《请留江春霖折》，载《退庐疏稿》卷二。
② 徐珂：《江春霖劾奕劻》，载《清稗类钞》第四册，谏净类。
③ 赵炳麟：《柏严诗存》卷三，载《赵伯严集》第三册，沈云龙主编《近代中国史料丛刊》第三十一辑。

谏垣者若左绍佐、陈田诸人皆噤不发声。唯新进入台者锐欲以言自见，时一上陈，久亦稍稍厌矣。"①从"台谏风生""海内动色"到"噤不发声""久亦厌矣"，显然，宣统时期的台谏已不可避免地走向了衰落。

三、胡思敬离职对时局及其本人的影响

有清一代，言官遭斥，以致台谏喑哑无声的例子并不少见。其实，每当大权集于君主一身时，统治者往往是不需要言官在耳旁聒噪的。而宣统时期的情况则有所不同，执政者与言官关系的破裂却是在皇权衰弱，统治者尚未摆脱"主少国疑""孤立于上"的情势下发生的。尽管为对付庆袁势力，在载沣周围聚集了一大批皇族亲贵，但事实上，由于载沣并不能像铁腕人物慈禧太后那样成为一个权力中心，因而难以控制皇族亲贵，以至于形成所谓"政出多门"②的局面。对晚清政事颇知内情的金梁记叙道："王（指摄政王载沣）颇自励，思图治，章奏皆亲批阅，仿雍正朱批，示精核，而苦不得要领，往往辞不达意，又为诸贵要牵制，遇事不复能行其意，众皆失望。有入觐者，常坐对无言，即请机宜，亦嗫嗫不能立断。回忆太后训政，皇帝不敢擅语。太后或令指陈，亦匆匆一二言辄止，不敢及政要。而摄政王何所顾忌，乃如有禁格，识者早知朝政不能问矣。余尝遇事进言，王颔首者再，似颇许可。旋复茫然，如无闻焉。难矣哉。"③而曾寄望载沣能操权任势、乾纲独断的胡思敬，在其著作中，同样对载沣优柔寡断、作风拖拉的性格有过深刻的揭露，字里行间让人感到作者对摄政王才具有缺的失望及对清王朝前途的忧虑：

> 监国性极谦让，与四军机同席议事，一切不敢自专。躁进之徒，或诣王府献策，亦欣然受之。内畏隆裕，外畏福晋。福晋与

① 胡思敬：《言路盛衰》，载《国闻备乘》卷四。
② 胡思敬：《政出多门》，载《国闻备乘》卷四。
③ 金梁：《光宣小记》，上海书店出版社1998年版，第192页。

老福晋争权,坐视无可如何。载涛忿甚,操刀向福晋寻仇,几酿大变。载涛归自西洋,欲借国债,大张海陆军,并主张剪辫。廷议大哗。载涛呶呶不休,监国避居三所,兼旬不敢还家。其狼狈如此。杨士骧倚袁世凯以治事,世凯既罢,惧甚,阴贿张翼求解于醇府。后数日,北洋折上,大得褒奖,张翼力也。东三省总督锡良、湖广总督瑞澂以疆事同时入见,召对时只寻常劳慰,无他语。瑞澂欲有所陈,监国曰:"汝痰病尚未愈乎?"盖厌其烦聒也。出使日本大臣汪大燮屡疏密陈日本阴谋,皆不报。驰驿径归,请面对,词极警动。监国默无语,徐以时辰表示大燮曰:"已十钟矣。"麾之退。其倏来倏去,听其自便,不问也。予两参粤督袁树勋,皆不省。末一折指山东、上海两赃款,引载泽为证。次日,召载泽入见,以折示之,载泽不敢隐。监国曰:"既确有此事,则不必交查可矣。"载泽出,以为必有处分,越数日寂然,折仍留中。①

　　在清末政治舞台上存在清政府、立宪派、革命派三股重要的政治势力,其相互关系与势力消长决定了中国政治的走向。而清政府所主持的新政改革尤其是政治改革,作为一次权力与利益的再分配,无疑成为各派政治势力关注的焦点。随着改革形势的发展,其必然涉及到各派政治势力特别是各个既得利益集团的权势与利益的问题,因而矛盾、冲突在所难免。在这种情势下,如何有效地化解这些矛盾、冲突,对改革的成败而言颇为关键。显然,言官的纷纷离去与台谏的衰落,非但不是矛盾的解决,也不可能使新朝廷摆脱危机,而且还会加重舆论对统治者执政能力的质疑,从而导致本已尖锐的矛盾、冲突进一步激化:江春霖辞官抵沪后,十多个民间团体的几千名代表开会"欢迎江侍御"挂冠归来,而报馆则极力张扬,致使"朝廷丑声大播"②;胡思敬离京时,京中士大夫纷纷出城相送,互相褒重,作为诗歌,祖饯

---

① 胡思敬:《监国之黯》,载《国闻备乘》卷四。
② 胡思敬:《言路盛衰》,载《国闻备乘》卷四。

无虚日。当时的士绅心理可见一斑。事实上,正因为民众对清政府的信任度已降低至极点,才会出现武昌义军一起、全国各地响应的局面。诚然,清廷已失人心的事实并非仅仅是由言官的离职造成的,但不可否认,从本质上讲,言官与统治者根本的政治利益是一致的,即都是维护旧势力的根本利益。而一批向以专制制度和伦理纲常的卫道士自任的御史言官的相继离去,确是清廷人心大去的一个缩影,深刻预示着清王朝已途穷日暮,大厦将倾。

亲贵擅权自为,言官终究无力回天。在这场统治者与台谏的冲突中,胡思敬一直扮演重要角色。与江春霖、赵启霖、赵炳麟相比,以"弹劾端方而得名"[①]的胡思敬在台谏的日子并不算长,但他却因清正刚廉、遇事敢言而博得很大的声望,其言论在一定程度上左右着台谏的舆论方向。在保守派阵营中,他号为"真御史",称其有"古大臣风,不翘直,不沽名",是以"天下存亡为己任者"。[②] 时人有言:"胡子绍唐,补谏官未及二年,奏疏凡数十上,其所弹劾皆朝廷所倚畀,庶政之所从出,今之所谓良臣。其所论列诋诽,则皆中外百僚心知之且明见之。其忧祸至深且大,而不敢不行,不敢不言。上犯先朝之遗命,下为凶邪所切齿,中乃触童惛荒陋之大不韪。其疏十九留中,然敢言之

---

① 陈赣一:《新语林》卷二,"政事",上海书店出版社 1997 年版。刘慧在《胡思敬仕履及其心路历程研究》(江西师范大学硕士研究生学位论文,2005 年)一文中认为,"在胡思敬的极力弹劾下,端方终于被罢免"(第 25 页),据笔者考察,实则不然。1909 年 6 月 25 日,胡思敬上疏弹劾端方,奏上,"得旨,交两广总督张人骏查复"(《清实录·宣统政纪》,总第六十册,宣统元年五月丙辰,中华书局 1987 年影印本)。6 月 28 日,即杨士骧死在直隶总督任上的当天,端方便以在两江任内新政业绩突出为由,被"蒙恩擢授"直隶总督(《清实录·宣统政纪》,宣统元年五月己未)。端方获任遭到了此前一直渴望得到直隶总督实缺的陆军部尚书铁良的忌恨,双方从此冲突不断,形同水火。铁良甚至为此愤而提出辞职,赖载沣庇护而得留任。1909 年 10 月 4 日,张之洞病逝,端方失去在朝中的有力支持者,其在官场权力的争夺中顿显势孤。不久,御史李国杰奏劾端方在负责筹办慈禧太后"梓宫移葬山陵"之事过程中"恣意任性,不知大体"。端方随之被以梓宫之地架线、拍照和骑马冲撞神道为由解职。端方被革职,是清朝官员之间权力争斗的结果,胡思敬在其中充其量只起到推波助澜的作用,毕竟端方乃朝中重臣,"朝廷肯轻听一言官之辞遽行置乎?"(见胡思敬:《张袁相恶》,载《国闻备乘》卷四)因此,刘慧的观点不免欠妥。
② 王补:《退庐疏稿序》,载《退庐疏稿》卷首。

声播于天下,遂为谏官有名。"①的确,综观胡思敬所上之疏,"触刑辟久矣",但清廷并没有加罪于他,而仅仅是不采纳他的主张,以此来冷落他、疏远他。究其原因,胡思敬并不仅仅代表他一个人,而是代表与他有着相同立场的一批人,一群忠诚于传统社会文化秩序和政治秩序的保守派人士,他则充当着这一群体代言人的角色。

胡思敬的挚友魏元旷在记述其生平时说,胡氏入台谏之前,"未尝越其职而一言于众也,朝士之与公结纳者,不过以公为优于文事,未有许公为知政,登言路数月,公于是乃得真见知于天下矣。"②可见,两载的御史生涯在胡思敬的人生经历中留下了浓重的一笔。尽管其保守的政治主张常为持新论者所诟病,但他忠于职守、不畏强权的精神确实值得钦佩,很多学者对此给予高度评价,甚至在胡思敬病逝近二十年后,仍有学者评论说:"清光宣之际,政治黑暗,其朝廷已有瓦解之势,独于此时,特出名御史数人,皆敢撄龙鳞、捋虎须而无所回顾,是不独清史末叶之光,亦留数千年御史制度最后之佳话。"③

"终为物所忌,益见宠难居。报国频循发,忧时恨养疽。"④在经历了台谏的兴衰变化后,眼见奏疏皆石沉大海,胡思敬遂留下《七别诗》,怅然离京。此举标志着胡思敬宦海生涯的结束,是他人生经历的转折点。事后,他在与友人谈及这段往事时说:

> 仆之辞官而去也,事后论者皆推为先见。阁下视仆岂畏祸以求免者哉?仆入台不及二年,其苦陈于监国之前者,凡四十余疏,不啻泪尽而继之以血,盖久视性命如鸿毛矣。最后一疏,意欲仿吴柳堂故事,怀鸩入卧朝房,冀以尸谏。是夕检视生平存稿多未清理,模糊不能辨识,付托无人,逡巡而止,至今恨之,使当

① 魏元旷:《送胡绍唐致官南归序》,载《魏氏全书·潜园文集》卷十一,1933年刊本。
② 魏元旷:《副宪胡公神道碑》,载《退庐诗集》卷首。
③ 周维新:《胡思敬传》,载《江西文物》,1941年1月创刊号。
④ 胡思敬:《江侍御以弹劾庆邸解职》,载《退庐诗集》卷三。

时有一人效死于前,公等贾勇继之,天意倘回,未必灭亡如此
之速。[1]

为实现自己的政治主张,胡思敬甚至想到了以死相谏,其对清王
朝的一片愚忠溢于言表。"黄流一决无人塞,驿路愁听瓠子歌",[2]"重
过西州应一哭,春明梦录有微酸",[3]即为离京时心情的写照。胡思敬
的归去,在保守派阵营中引起不小的震动,朋友们纷纷撰文、作诗相
送,表达对仕途的感伤及对胡氏的不舍之情。其中赵炳麟有"胜友如
花散,闲愁似蔓缠"[4]之语。魏元戴赋诗云:"一掬新亭涕泪多,春云扶
梦过滹沱。还山日永书堪读,去国神伤鬓未皤。别意聊倾燕市酒,吟
情归傍楚江波。千秋无忝韩欧议,席藁其如负扆何。"[5]对于胡思敬去
职的缘由,魏元旷看得很明白,他说:

> 胡子书生也,行古之道,古之有言责者,不得其言则去。所
> 劾诸臣后亦有所罢斥,或阴是其言,然非以胡子之言而然,则终
> 以为不得其言,决然舍其职而去。去之日,犹连疏痛陈利害,是
> 则胡子之心,岂遽舍朝廷哉?昔商纣不仁而箕子囚,楚襄不明而
> 屈原沉,果愤痛而然耶?亦冀其君因其佯狂、投渊而庶几其一
> 悟。然则胡子亦欲朝廷因其去,而一思及其言耶?吾观其所疏
> 论,宜触刑辟久矣,乃莫不容焉,谓不知其言之当与直,是诬朝廷
> 也,独以一小臣之言,断然听从,大反先朝之所为,无以间执天下
> 悠悠之口,庸以胡子之不获谴示天下而招之,乃私议于下,则皆
> 曰必亡,必亡。公议于上,则涂饰附会之惟恐不及。今胡子且去

---

① 胡思敬:《覆刘幼云书》,载《退庐笺牍》卷二。
② 胡思敬:《七别诗·别僚》,载《退庐诗集》卷三。
③ 胡思敬:《七别诗·别东华门》,载《退庐诗集》卷三。
④ 赵炳麟:《送胡漱唐同年告身南归》,载《赵伯严集》第三册,《柏严诗存》卷三,沈云龙主编
《近代中国史料丛刊》第三十一辑。
⑤ 魏元戴:《送胡漱唐侍御南归》,载《沧江岁晚集》卷一,沈云龙主编《近代中国史料丛刊》
第九十五辑。

矣，益将藉口于其言之多且直而不见听，相率而遂其不言之私计，朝廷复何望耶。毋乃此一去，反负罪于朝廷也。吾君幼，他日复子明辟者，由胡子之疏思之，可为寒心已。易曰："介于石，不终日。"吾固勖之去，乃闻其同官所欲私留之，留之何焉，何不退思其去之之故，姑一言求免良友于罪耶。①

"书生"一词用在胡思敬身上甚为贴切。胡氏一生始终未脱书生气质，"怅然离京"更表现出书生参政的失落与无奈。鉴于此，我们可用"儒臣"二字来揭示胡思敬人生关怀的两个层面的意义：一是政治层面上"臣"的意义，即对清王朝统治存亡的关怀；二是文化层面上"儒"的意义，即对以儒家文化为代表的中国传统文化兴衰的关怀。这种政治与文化的双重关怀是胡思敬生命历程的真实写照。在两个层面之中，"儒"的意义更为重要。当两者不能兼顾，或者说其政治主张无法实现时，作为一介儒生，他便会自觉地致力于文化事业，以作为一种政治失意后的寄托。

对胡思敬的离去，其好友赵熙有诗云："一官无计补清时，眼见神州万事非。劫外将身藏书海，草间留命活山薇。"如前文所述，即便是在为官之时，胡思敬也同样致力于学，致力于书，赵炳麟在胡氏临行之际，一再叮嘱其毋忘"修史"之约，"漱唐工诗，喜藏书，尝与余约，欲广搜朝野间事，翔实记载，以为一代信史，今且归矣，漱唐毋忘此约。"②总的看来，胡思敬固然以清朝臣子自居，但他对清廷之忠，超过对最高统治者之忠；对旧道统和旧文化之忠，又超过对清廷之忠。这正是一名汉族儒臣完全坚持儒学传统思想、恪守旧的文化理念的典型代表。

① 魏元旷：《送胡绍唐致官南归序》，载《魏氏全书·潜园文集》卷十一。
② 赵炳麟：《送胡漱唐同年告身南归》，载《赵伯严集》第三册，《柏严诗存》卷三，沈云龙主编《近代中国史料丛刊》第三十一辑。

第三节　图谋复辟清室

1911 年 10 月 10 日,革命党人发动武昌起义。随后,革命在全国范围内飞速发展,仅在 1 个月内,全国已有 13 个省和最大的城市上海及其他许多州县宣布起义独立。各省的纷纷响应和席卷全国的群众自发斗争,融合成为民主革命的巨大洪流。在革命浪潮的猛烈冲击下,腐朽的清王朝土崩瓦解了。1912 年 2 月 12 日,清帝宣布正式退位,这宣告统治了中国 260 多年的清王朝的结束。此时,胡思敬已辞官回乡,闻知此事,悲痛欲绝。尽管他以一个史家特有的政治敏锐性早已意识到清朝的覆亡是不可避免的,但其却仍以历代孤臣孽子"拯救时艰"为己任,积极奔走,图谋复辟清室。

一、心怀旧朝、抗拒民国

1911 年 5 月,胡思敬回到南昌,定居东湖之滨。因其为官时清正刚廉、忠于职守而声名远播,在江西地方乃至全国享有较高的声誉,故而南昌地方政府有意延揽他,多次请他出任教育会会长一职。但胡思敬认为,"大局败坏至此,即学堂监督亦不过上守部章,下承院司命令,按月支领薪金而已。会长坐拥空名,代内外行文书,更何能于学子有丝毫裨益?"因此他以"资浅望轻"为由拒绝。[①] 在南昌,胡思敬早年曾建造藏书楼,将之命名为"问影楼"。回省后,他在楼旁新建"退庐",并自号"退庐居士",以表达其不涉世事、寄身书海之意。

得知"武昌乱作",胡思敬无法再静坐书斋,他心急如焚,密切关注时局的发展。胡曾密告巡抚冯汝骙,"购枪械、储粮饷、筹兵备",以抗拒革命势力,力言"当效陇西、钱塘故事,以保民为主",但"冯抚未

---

① 胡思敬:《再答教育会辞会长笺》,载《退庐笺牍》卷二。

之省也"。① 同年 10 月 23 日,驻江西九江的新军响应武昌起义,成立九江军政分府。31 日,同盟会会员蔡公时联合南昌各界在谘议局开会,准备拥冯汝骙宣布独立,冯誓死不愿叛逆清朝,次日,乘小船行九江,服毒身亡。胡思敬闻讯后,"大惧,尽丧辎重",举家"仓卒奔还新昌",②避居在距新昌县城三十里的曹溪。恰在此时,胡思敬又遭丧子之痛。"门祚随国运为盛衰,念之殊可痛也","豫让漆身难报主,荡阴溅血幸无儿"。其伤逝之情,不能自禁。③ 不久,闻"帝逊位诏,大恸"④,在《复刘幼云书》中,他哀道:"生离死别之悲,国破家亡之惨,并为一时尝之,其哀痛为何如耶!"⑤1912 年 2 月 17 日,除夕之夜,胡思敬赋诗云:

> 载笔当年人建章,含毫吮墨赋长杨。
> 毛锥今日知无用,聊写桃符贴粉墙。
> 漏鼓沉沉酒一瓢,今宵真是可怜宵。
> 不知世有王家腊,祀灶依然理黑貂。⑥

　　辞旧迎新之际,胡思敬的心中充满忧伤,萦绕其心头的亡国失子之痛一直挥之不去。无可奈何间,只觉"今宵真是可怜宵",自怜之情,哀世之叹,溢于言表。而一篇《哀武昌》更将这位孤臣孽子忠清室拒民国之情表现得淋漓尽致:

> 武昌地居天下中,上汇湘黔蜀豫之水,挟之以俱东。显皇当年重疆帅,亲以节授胡文忠。两城屹然镇江汉,发逆睨此不敢攻。艋艒峨峨蔽江下,曾侯藉以收全功。中兴耆宿垂垂老,作官

---

① 胡思敬:《与马孝先都督书》,载《退庐笺牍》卷二。
② 胡思敬:《亡儿骏台哀辞》,载《退庐文集》卷七。
③ 胡思敬:《致陈散原书》,载《退庐笺牍》卷三。
④ 刘廷琛:《胡公潄唐行状》,载闵尔昌撰《碑传集补》卷十,第 670 页。
⑤ 胡思敬:《复刘幼云书》,载《退庐笺牍》卷二。
⑥ 胡思敬:《辛亥除夕》,载《退庐诗集》卷四。

争说南皮好。敢以大言饰章奏,承平旧制都倾倒。黄金到手如泥沙,谬云富国先制造。学堂只重旁行书,未给文凭先罢考。沔襄税吏悍于贼,比户相携避水潦。水至犹可避,兵至谁能保?一夫发难军皆缟。传闻汉阳镇,杀人如杀草。白骨纵横塞大道,复以一矢葬以薰。瑞(澂)张(彪)鼠首不足殉,却恨南皮未及亲见其祸,死太早。长安贵人颟而髭,毂尘碌碌衣梁缯。忽惊健儿杀留后,急请下诏征王师。王师来敌大喜,深吾沟,固吾垒,不出一月师老矣。桓桓袁将军,自命为左李,一奉征书使倒屣。当时本初不勒王,坐视曹瞒收帝玺。此志不可测,此情诚可鄙。怒踢靴尖,大骂王公如骂婢。岳家背嵬坚如山,妖童一见皆披靡。可怜黄陂街,偏处遭残毁,火光连绵亘十里。弱者窜伏健者起,万货连骈如山积,弃之如敝屣。或云韩傀头,已试聂政匕,鹬蚌相持何日已。百瓮之醯败于蚋,千金之堤溃于蚁。天下有乱,楚人先起,三户亡秦已如彼。国人视君不如弈,胡越肥瘠何关己。我欲痛哭乞师西诣秦,同室自斗谁肯亲?曲突之谋既不用,何乃救火翻抱薪。宫中昨下罪己诏,仍以国会盅吾民。吾恨不能生啖王伦肉,死抉子胥目。北望崇陵空一哭,衣冠士族将奈何。坐视汉朝官仪尽,变为胡服一鹿走。百夫逐瞻乌,爰止谁家屋。已覆之水难再收,已输之棋难再覆。余生欲睹太平年,人寿几何将就木。渊亦不忍沉,居亦不忍卜,独抱遗经守残麓。世经怪我哀何深,我亦聊为正平之鼓渐难筑。[1]

正因为心怀清室,对辛亥革命充满憎恨,胡思敬拒不为民国之官也就在情理之中了。他在与友人的信中曾说:"我辈已矣。孀居寡妇岂犹抹脂涂粉,再醮事人?"[2]既然以清室喻夫君而自比孀妇,那么为亡夫守贞保节,便是理所当然的事了。况且,民国政府在胡思敬眼

---

[1] 胡思敬:《哀武昌》,载《退庐诗集》卷四。
[2] 胡思敬:《复喻庶三书》,载《退庐笺牍》卷二。

中,本来就不值一提。"今之乱党,醉梦生死于声色货利之中,不特无六朝五季僭窃之才,并无张角、黄巢之气势,累棋必坠,曾有几时,出而与之争利,何异分盗跖之赃;出而与之争名,何异涂娼优之面。"①"彼偃然以督军、省长自居,吾畏之不啻蜂虿;彼侈然以制作、改革自命,吾鄙之殆不啻蜣蜋之转丸也。"②1911 年 12 月,马毓宝担任江西都督后,力邀胡思敬出仕,被其以"自顾迂顽,久为时论所怪"③,婉言拒绝。显然,这只不过是托词罢了。后来,在写给张勋的信中,胡氏就以"前马都督屡贻书相邀,义不敢出"④之语来表明心志。在拒绝民国政府官员聘请延揽的同时,胡思敬还辞却了江西省长戚扬的修省志之邀,也不参与民国组建清史馆的修史活动。而他著史、编书,皆为个人的投入,着意与民国官方划清界限。

胡思敬不仅自己坚不出仕,而且还规劝同道故交不要任职做官。得知贺奉生入国民党,出任南昌地方官员时,他去信道:"民政一席,坚辞不获,不得不屈志就之,具见仁者维持桑梓之盛心",但"旧交不敢以寻常恭维之辞为君贺也",⑤委婉表达了批评之意。在与后学黄鹏的信中,他说,"贺奉生新入国民党,则荃化为茆矣,念之不胜惋惜,"并以此告诫黄:"勿稍存世俗之心,贬节求食。"⑥胡思敬还曾赠诗与魏元旷、喻兆藩,力勉二人要保持节操,勿入仕民国,诗云:

> 清溪在南鲁溪北,中隔曹溪山四塞。三溪避世兼避人,三人畏官如畏贼。鲁溪去年贻我书,问我眠食今何如。翠微险绝不

① 胡思敬:《答卢贞木书》,载《退庐笺牍》卷四。
② 胡思敬:《答王泽寰书》,载《退庐笺牍》卷三。
③ 胡思敬:《与马孝先都督书》,载《退庐笺牍》卷二。
④ 胡思敬:《与张少轩制军书》,载《退庐笺牍》卷二。
⑤ 胡思敬:《致贺奉生书》,载《退庐笺牍》卷二。
⑥ 胡思敬:《致黄子雅书》,载《退庐笺牍》卷二。黄鹏,字子雅,清末曾任礼部七品小京官,与胡思敬志趣相投,被其视为同道。

可到,谓当结宅邻崝庐①。清溪直言规我过,责我抛书计殊左②。狗偷鼠窃宁忍闻,不如径向东山卧。我交二君方少年,短衣跨马游幽燕。进士高科唾手得,保和大卷涂松烟。分曹作官资格浅,食肉只有印结钱。是时突厥甫就款,圣主侧席方求贤。吾侪自待不敢薄,宁为玉碎毋瓦全。辗侧风尘将廿载,归来瞥见沧桑改。六经一炬成秦灰,壁中幸有尚书在。沉渊蹈海吾何难,西望河汾身有待。幽谷无人兰自芳,好花岂必求人采。欲挽溪泉作断流,莫助狂澜注东海。③

　　胡思敬不但在出仕为官这样的大事上态度坚定,不与民国政府合作,而且在一些细枝末节上也处处表现出对民国的不屑及心怀旧朝之意。例如,他曾多次致函吴庆坻、吴士鉴父子④,指责《清宫词》妄用清号,有损臣节。"近贤所辑之书,如《皇清经解》、《皇朝经世文编》、《国朝先正事略》、《熙朝政纪》等类,名目甚多,无一人敢称本朝为清者,若大清果亡,民国果能成立,后世刻书自必改'皇清经解'为'清经解'、改'国朝先正事略'为'清臣事略'"。⑤ 他认为,不仅书名冠以国号,"非本朝臣子所宜",而且"篇中自序有'爱新觉罗氏入主中

---

① 崝庐在江西南昌西山,为陈宝箴所筑。陈宝箴(1831～1900),字相真,号右铭、四觉老人,江西义宁(今修水)县人。曾任浙江、湖北按察使,直隶布政使、兵部侍郎、湖南巡抚等职。戊戌变法失败后,他被革职罢官,回到南昌西山(今新建县境内),筑"崝庐"栖身。
② 就胡思敬以旧藏书籍捐作江西图书馆一事,喻兆蕃曾遗书诘问,胡氏在此予以解释。
③ 胡思敬:《辛亥乱后喻庶三居清溪魏斯逸居鲁溪余居曹溪因作三溪歌寄示喻魏两君》,载《退庐诗集》卷四。
④ 吴庆坻(1848—1924),字子修,号悔余生,晚号补松老人,浙江杭州人,同治朝进士。历任翰林院编修、四川学政、湖南提学使等职。辛亥革命后,移家至沪,与冯煦、恩施、樊增祥、沈曾植、陈夔龙、梁鼎芬等结超社、逸社,复与沪上诸名流结淞社。越二年归里,潜心著述,不问事世。有《补松庐文录》《悔余生诗》《辛亥殉难记》等著作传世,并手定《杭州府志》,参与续修《浙江通志》,未竟事而卒。吴士鉴(1868—1934),字䋲斋,号公䆘,一号含嘉,浙江杭州人,光绪进士,近代金石学家、藏书家。官历翰林院侍读、江西学政等,入民国后,任清史馆纂修。以评骘金石、考订碑板、精研史籍而名重一时,与父吴庆坻笃志藏书。著有《含嘉室日记》《补晋书经籍志》《清宫词》《商周彝器例》《九钟精舍金石跋尾》《含嘉室诗文集》等。
⑤ 胡思敬:《复吴侍读䋲斋书》,载《退庐笺牍》卷二。

夏'一语,辞涉谩骂,尤不可为训,古今载籍甚多,曾见有明人著书称其君为朱氏、唐、宋人著书称其君为李氏、赵氏乎?""若能削去序文,不著入关以前事,易名为'十朝宫词',此书或尚可存,不致招人讥议"。①

入民国后,在与旧友的通信中,胡思敬多以前清的官职相称呼,宣统年号更频繁出现在其诗文集当中,他甚至对地名的变更也很在意。1914年,因与浙江新昌县重名,他的家乡遂更名为宜丰。他则"自改称'宜丰'以来,从未涉笔,即邮局往来函牍,亦仍题'新昌'二字,无不达者"②。这种极端的做法,即便是在前清遗老当中,他的守旧程度也称得上极具典型,有很多同道故交不理解,觉得他是"小题大做,多费笔墨矣"。而胡思敬对此却并不在意,他从不掩饰自己守旧的行为,有时甚至是故意表现其身虽处民国,但心仍属前朝的心迹。在他眼中,民国充其量不过是大乱通向大治的一个过渡而已,"我辈处今日时势,与前明遗老不同。明革为清,国已定矣,今尚在黄巾、绿林时代,无所谓朝廷,更无所谓政府。"③既然仍处乱世,大局尚未定论,则龙旗重现还有希望。在这种心理的影响下,胡思敬积极参与复辟清室的活动,便在情理之中了。

二、胡思敬与张勋复辟

张勋复辟是图谋恢复清室江山的具体政治运作,当时著名的前清遗老几乎都参与此事,胡思敬也不例外。这里拟从胡思敬与张勋复辟的关系角度做一微观的个案考察,通过探讨胡思敬在从"癸丑复辟"到"丁巳复辟"的具体表现,来着重剖析其内心潜隐的思想变化,以管窥前清遗老——这群已处于边缘地位的特殊群体的政治心态。

1912年5月,国内时局稍定,胡思敬便与新建杨昀谷、丰城熊亦

---

① 胡思敬:《致吴子修学使书》,载《退庐笺牍》卷二。
② 胡思敬:《答王泽寰书》,载《退庐笺牍》卷三。
③ 胡思敬:《答王泽寰书》,载《退庐笺牍》卷三。

园远赴上海，寻访同道故交。到沪后，他即与李瑞清、陈三立等组织策划清室遗老的聚会活动。经过联系和准备，广州、南京、北京等地的遗臣故老趋之若鹜，纷至沓来，共计"二十七人，于四月十六日大会于愚园"①。这批人从全国各地赶赴上海，目的有三：一是联络情感，共抒亡国之恨。他们相对唏嘘，饮酒作赋，"怆念故物，缅怀旧京，饘于斯，粥于斯，即当歌哭于斯。"②二是交流信息，谈论时政。胡思敬曾记叙说："潜楼（即刘廷琛）于京朝变乱皆目所亲见，具能详其本末……谈及袁总统夺位事，呜咽不能出声。"③三是为复辟清室制造舆论。这群有着共同政治理念的所谓"有识之士"④，都反对民主共和，多方宣传"非复辟不能救中国"，并力图借助这次聚会的机会，扩大影响，赢得海外的支持，"使四邻闻之，知中国尚有人在也"⑤。通过这次上海之行，胡思敬遇旧交 24 人，得新交 6 人。他们同气相求，互相勉励，彼此都增强了复辟清室的信念。在与友人的通信中，胡思敬不无兴奋地说："自辛亥之变，巨盗倡共和以窃大清，内外百官同时失职，其栖留海上而不敢委贽以求伸者，岂皆慑于名义、羞贰臣而不为哉？亦逆料智伯之头必漆，董卓之脐将燃而屈伏以俟机耳！"⑥

胡思敬深知，当此乱世，仅凭一群遗臣故老之力，是难以复辟成功的。因此，他离沪不久，即起身拜访同乡旧识，徐州军阀张勋，以谋求其军事上的支持。张勋，这位以忠于清室而闻名的"辫帅"，得知胡思敬的来意后却借故避而不见。这令胡思敬很沮丧，赋诗云："绕树鸟飞欲觅枝，大川东去日西驰。贵人避客如新妇，狂士争名唤小儿。如此江山宜纵酒，恨无崔李与论诗。眼中何恨兴亡泪，洒向侯门总不知。"⑦其实，张勋也有苦衷，他在复辟清室问题上心存顾虑：一方面，

① 胡思敬：《吴中访旧记》，载《退庐文集》卷二。
② 胡思敬：《吴中访旧记》。
③ 胡思敬：《吴中访旧记》。
④ 胡思敬：《吴中访旧记》。
⑤ 胡思敬：《吴中访旧记》。
⑥ 胡思敬：《复毛实君藩司书》，载《退庐笺牍》卷二。
⑦ 胡思敬：《过江谒张制军不晤回至汉上大观楼呼酒独酌》，载《退庐诗集》卷一。

张勋对袁世凯逼清帝退位的行为非常不满；一方面，他又对袁世凯的知遇之恩始终念念不忘，况且，此时他也不敢公然与强大的袁世凯相抗衡。

　　虽一时未能如愿，但胡思敬并不气馁，他仍在寻找机会面见张勋，鼓动其复辟。1913 年，在李瑞清①的引荐下，胡思敬在兖州见到张勋。尽管从现存的史料中，笔者无法找到两人谈话的具体内容，但从事后胡思敬与友人的信中，可以看出双方对这次面谈都相当满意，"倾怀谈论"，"备极欢洽"，张勋特意留胡思敬在其公寓内居住多日，两人甚至还常常秉烛夜谈，抵足而眠。对于复辟一事，张勋"自觉其孤，欲求赞画之人，殷殷叩询"，胡思敬趁机向其推荐刘荼生、魏元旷等人，并修书与魏元旷，劝其前往兖州，助张勋举事。② 张勋大喜，表示："袁公的知遇之恩固然不能辜负，但是君臣之义更不能忘记。"③此后，张勋以兖州为老巢，全力扩充其"辫子军"，为复辟清室做准备。

　　为壮大力量，胡思敬还参与溥伟（清朝恭亲王）、升允、刘廷琛等人的策划，妄图利用"俄蒙之兵"与"宗社党""勤王军"的势力，分路入北京，"仍奉宣统皇上复辟"。④ 同年 4 月，张勋与胡思敬、溥伟、康有为等清朝遗老协商，决定秘密联络各地督军，在济南起兵，发动"癸丑复辟"，重推溥仪为帝。胡思敬对张勋抱很大希望，"天将悔祸，世实须才，海内翘首仰盼，所恃以旋乾转坤者，唯兖公一人"。⑤但最终，这次阴谋因兖州镇守使田中玉向袁世凯告密而成画饼。对于此次事件，袁世凯自然非常生气，显而易见，张勋要恢复清室江山，就是要推

① 李瑞清（1867—1920），字梅庵，江西临川人，乡、会、殿三试皆与胡思敬同榜，且系儿女姻亲，故交往甚密。他曾任两江师范学堂监督、署江宁提学使，兼办江南高等学堂、暨南学堂。后以师范学堂所聘日本教习多不合格为由，自请赴日本考察教育。辛亥革命之际，他以提学使署江宁布政使，助张勋守南京。城破易道装逃至上海，自署"清道人"，以鬻书画自给。后为复辟清室奔走，甚为卖力，1917 年张勋复辟时，授学部左侍郎。卒后，溥仪"诏谥"文洁，有《清道人遗集》传世。
② 胡思敬：《致魏斯逸书》，载《退庐笺牍》卷二。
③ 文长宗：《张勋丑史》，中华书局 1980 年版，第 12 页。
④ 刘锋辑：《升允复辟阴谋》，载《近代史资料》总第 35 号，中华书局 1965 年。
⑤ 胡思敬：《致魏斯逸书》，载《退庐笺牍》卷二。

倒他这个大总统，然而此时他正集中力量对付南方革命党人，无暇他顾，与革命党人相比，张勋毕竟是老部下，旧交难忘，而且袁世凯也十分清楚张勋的为人，此人头脑简单，鲁莽急躁，又憨厚重义、颇能知恩图报，袁自信可以应付。因此，对张勋只是采取诱之以利、严加防范等措施，而并未兵戎相见。

不久，"二次革命"爆发，袁世凯命张勋、冯国璋为主力，分兵南下进攻南京。胡思敬认为，革命党固然可恨，但决不能在复辟之前削弱实力，耽误大事，况且张勋已被当局所忌，更应谨慎从事，因此，他建议张勋"画地坚守，让他人收先发之功，而养精蓄锐以待"①。然而张勋却不以为然，为"复辛亥之仇"，他一路不惜代价，与革命党血拼。9月1日，率先攻破太平门，进入南京市区。张勋所为让胡思敬十分不满，在他看来，派张勋打南京是袁世凯煞费苦心的一着棋，其目的是让张勋与讨袁军拼个两败俱伤，借机以心腹冯国璋收功，将江苏都督一职授予冯。胡分析说："（张勋）初在徐州与冯华甫（即冯国璋）分兵南下，本规定：一出临淮关，直趋浦口渡江收南京；一由清河下扬州规复镇江。后冯军南下，即将徐州八属官吏尽行更易，用其幕客李某（指李庆璋）为观察使，并摊派兵饷二十万。收复淮安，又以万公雨为淮扬观察使，举措已不正矣。"同时，在张勋激战之际，济南、兖州、清河等要地均被袁世凯趁机掌控，"中央节节设防而少轩（即张勋）尚趋死不悟"，一味攘地贪功、虚矫用事，"恃众纯以血肉与炮火相搏"。②"少轩治军数十年，于此等机关尚不能晓……竖子不足与谋，言之可为伤心。"③

更令胡思敬失望的是，军纪松懈的"辫子军"入南京后，奉张勋"三日不封刀"的特许，烧杀淫掠，无恶不作。昔日繁华的石头城被洗劫一空，破败不堪，几成一座人间地狱。在与另一复辟主将刘廷琛的信中，胡思敬写道："城内淫杀纷纷，哭声载道，惨无人理，斗米千钱，

---

① 胡思敬：《与刘潜楼书》，载《退庐笺牍》卷二。
② 胡思敬：《复潜楼书》，载《退庐笺牍》卷二。
③ 胡思敬：《与刘潜楼书》，载《退庐笺牍》卷二。

求之不得"，此乃"仁者所不忍为"。① 字里行间，我们不难读出胡思敬对张军的反感和厌恶之情。为不使张军的逆行尽失人心，胡写信劝说张勋整顿军纪："近日京沪各报于公颇有微词，此必忌公者从中主使，不可不预为之防，南京残破之后，一切措置稍不得当，众论便嚣，江浙人好通声气，惯造谣言，急宜收拾人心，约束军士，无令群小得所藉口。"②而张勋却仍一意孤行，对所部不严加管束。当冯国璋迫于国内外舆论压力，下令逮捕数百位为非作歹的辫子兵，准备加以惩治时，亦遭到张勋的阻拦，结果两支部队持枪对峙街头，形势甚为恐怖。袁世凯得知后，担心张、冯两军在南京大打出手，不得不派人从中调停。

经过这件事，胡思敬对张勋的信心开始动摇。"张公威望已损，大为匪党所窃笑。既与华甫不和，又招中央之忌，恐此军从此不振，不足以图大事矣。"③虽然对其看法已发生了改变，但由于张勋的忠清之心和手握重兵，加上当时"诸将中可与谋者，唯张勋一人"，④这些因素最终迫使胡思敬还是选择以张勋为盟主主持复辟。对复辟清室的执着与现实的无奈，使胡的内心承受着极大的矛盾和痛苦。其有诗云："久旱非无故，佳兵定不祥。人心犹系汉，天意欲烹桑。转死民何罪，催科吏更强，责躬陈六事，流涕说成汤。"⑤"二次革命"后，胡思敬仍在为复辟殚精竭虑，联合遗臣故老、推荐复辟骨干入军阀幕府、拉拢各派复辟军事力量等等，都有他的身影。时人记述说："公逊于野，既乃与升允、刘廷琛、于式枚诸遗臣谋兴复之举，弗克，冯国璋督江宁，尝私于公，介之于徐，公以两镇合而事大可图。徐不以为信，□复间之，公犹岁出长江，不忘奔走其间也。"⑥"徐"即指张勋，不出胡思敬所料，尽管攻破南京以张勋的功劳为最大，但最终袁世凯还是任命冯

① 胡思敬：《与刘潜楼书》，载《退庐笺牍》卷二。
② 胡思敬：《答张少轩制军书》，载《退庐笺牍》卷二。
③ 胡思敬：《与刘潜楼书》，载《退庐笺牍》卷二。
④ 冷汰：《丁巳复辟记》，载《近代史资料》总第 18 号，中华书局 1958 年。
⑤ 胡思敬：《久旱》，载《退庐诗集》卷四。
⑥ 魏元旷：《副宪胡公神道碑》，载《退庐诗集》卷首。

国璋为江苏都督,对他则明升暗降,授予一个有职无权的长江巡阅使了事,张氏虽不痛快,但也不敢公开违抗,只好前往徐州上任。

1915年12月12日,袁世凯宣布承认帝位,并准备于1916年元旦登基。对此,张勋心怀不满。还在帝制未公开之前,他就多次写信给袁,让其"行周公扶成王之事"①,即想让袁世凯辅佐溥仪,重建清王朝,这当然无异于与虎谋皮。同时,袁的帝制自为也使其亲信感到失望,其心腹段祺瑞、冯国璋等,对建立袁家世袭王朝一开始就表示消极。同年12月25日,蔡锷在云南宣布独立,组成讨袁的"护国军"。随后,护国军迅速挺进,贵州、广西、陕西等省先后宣布独立。1916年3月,冯国璋联合江西、浙江、山东等省的将军共同压迫袁世凯取消帝制,并密电其他各省将军征求联合抵袁。此举使袁大感震惊,没想到自己苦心栽培的爱将会倒戈相向,在内外交迫的窘境中,他不得不于3月22日取消帝制。胡思敬认为,袁氏集团已分崩离析,这是复辟清室的绝佳时机,因此,他积极奔走,力图联合张、冯二人,共谋"大业"。

冯国璋觊觎总统之位已久,因此,在袁世凯自行撤消帝制后,他仍制造声势,逼袁下台。为在"倒袁"问题上得到张勋的支持,他通过胡思敬向张勋许诺,表示袁下台后,他会力助复辟清室。对袁世凯早已恨之入骨的胡思敬,欣然同意冯的主张,力劝张勋与冯合作,先赶袁下台,再徐图复辟大计。而张勋却并不买账,此时他已下定决心对抗冯国璋,扶保袁世凯。在他看来,袁世凯虽对他多有压制,但他不能趁人之危,做出"不义"之事,毕竟袁曾提拔重用过他:"兄受大总统(指袁世凯)知遇,虽糜顶捐踵无所足惜。"②可见,张对袁的恩情一直心存感激。与之相比,张勋对冯国璋却素无好感,且认定冯的"逼宫",是忘恩负义的"小人"所为。况且,袁世凯许给了张勋不少诱人的条件,包括暗示在排挤冯国璋后,授张为江苏都督,并督理安徽军

---

① 王致中:《辫帅张勋》,载《文史知识》1985年第1期。

② 《北洋军阀史料》,袁世凯卷,卷一,天津古籍出版社1992年版,第447页。

务。袁还派与张勋有师生之谊的徐世昌，[①]密与张及倪嗣冲等人协商复辟清室，"谓民党相迫至此，不如以大政归还清室，项城（即袁世凯）虽退位，仍得居总理大臣之职，领握政权。"[②]在这种情况下，无论胡如何劝说张勋，"公义重于私情，联冯抗袁，方能有济"，张则始终不为所动，在冯、袁二人中，他还是觉得袁更有价值。最终，在张勋、倪嗣冲等人的对抗下，冯国璋未能实现自己的总统梦，他只得暂时作罢，相机行事。然而，袁世凯的日子也已经不多了，6月6日，袁在北京病死。

袁世凯死后，张勋"顿觉失去靠山，惊惶无措，于是特发万万急电向树（指冯国璋）求助"[③]。此时，北洋军阀间的权力争夺更加激烈，在袁世凯策划帝制期间退隐西山的段祺瑞逐渐成为北京政府的核心人物，他以北洋派正统自居，企图由他来宰制天下。为与段相抗衡，冯国璋表示不计前嫌，愿与张勋联合复辟清室。张随即派胡思敬出使南京，商议具体办法。在与刘廷琛的信函中，胡思敬记叙说："大树（指冯国璋）一一研究，约一小时，当即慨然承诺，允拨一旅先行，并济饷四十万，后即随时接应。俟张抵京，亦带兵五千北上，帮同料理后路。又云：'要办即办，事无犹疑。临时如发生别项困难，亦不能过于多虑，只好冒险为之，随机应付。'其先后各种办法均经商定"。[④]见冯"如此忠诚"，胡思敬喜出望外，"欣慰不可名状"，"即乘胶济车来岛与日司令部接洽，此时弟等心理，请公思之，当如何踌躇满志也。"[⑤]然而，令胡思敬意想不到的是，此时张勋已改变决定，转而投靠段祺瑞。其实，为拉拢张勋，段祺瑞也是煞费苦心，他采取挑拨离间，恩威并施

---

① 袁世凯与徐世昌相交最亲，而张勋在北洋新建陆军为管带之时，曾专门投帖拜徐为师，徐自然愿意收为学生为北洋效力，而张也以投身翰林门生自感殊荣。后徐世昌为东三省总督之时，特命张勋为东三省行营翼长。嗣后以张勋剿匪有功上奏清政府请求褒奖，清廷授张勋为实缺提督，许其专折奏事，张因此对徐感恩不尽。参见李泽昊：《徐世昌与清末东北新政研究》，山东师范大学硕士研究生学位论文，2006年。

② 孙毓筠：《复辟阴谋纪实》，载《中华新报》，1917年7月17日。

③ 武志平整理：《胡思敬致刘廷琛函》，载《近代史资料》总第35号，中华书局1965年。

④ 武志平整理：《胡思敬致刘廷琛函》。

⑤ 武志平整理：《胡思敬致刘廷琛函》。

等手段,终使冯、张联盟胎死腹中。得知张的"背叛"后,胡思敬"气得手足俱冷,肝肺为摧","三四年来梦寐不忘,及十数同志所属望甚殷者,至此始揭开假面,复归泡影。天乎!天乎!尚何言哉!"[①]

"丙辰复辟"的挫败对胡思敬打击很大,他继而返回南昌,"遂与外情隔绝,只闭目枯坐而已"。胡对张勋的情绪也由不满、失望转为怨恨:"总缘我辈不能自立,认贼作友,将畜作人!"[②]然而,渴望恢复故国的中兴情结,是萦绕在胡思敬心中挥之不去的梦魇。在沉寂一段时间后,他又开始关注时局,在致刘廷琛的信函中,他一再勉励其"志不可馁"。对"丙辰复辟"虽不无遗憾,但仍劝慰刘不必操之过急,应暗中伺机而动:"丙辰机会既失,只好暗中布置,徐待其稔。不出半年,外交、财政两端必有变相。虽有镃基,不如待时,未可急遽从事也。"[③]同时,张勋及同道故旧也纷纷来信,在交流中,胡对张的态度有所缓和,尽管此时对其已无好感,并时常对军阀翻云覆雨的政治手腕愤愤不已,但当得知张勋复辟的"心迹始终不渝"时,他还是对其"往事俱有苦衷"表示了包容和理解。[④]

正在胡思敬苦等良机之时,张勋于 1917 年 6 月 7 日,以调停"府院之争"[⑤]为由,率军北上。此举令遗老圈兴奋不已,许多人迫不及待地联袂北上。当张勋还在天津观望形势时,已赶赴北京的陈曾寿、刘廷琛、沈曾植等人焦灼异常,屡次电催张尽快进京,陈曾寿致函有谓:"今日非断行复辟,更无立足之地……进有万全,退无一是,进有万世之功,退有不测之祸。"[⑥]沈曾植也认为:"在疾雷不及掩耳之时,仓促无从措手抗拒,稍缓则异说异计纷纷并起矣。"[⑦]7 月 1 日,张勋发动

---

① 武志平整理:《胡思敬致刘廷琛函》。
② 武志平整理:《胡思敬致刘廷琛函》。
③ 胡思敬:《致潜楼书》,载《退庐笺牍》卷三。
④ 胡思敬:《致陈贻重书》,载《退庐笺牍》卷三。
⑤ "府"即总统府,指黎元洪为代表的政治集团;"院"即国务院,指段祺瑞为代表的军阀政治集团。支持黎元洪的力量是国民党人和南方地方势力,支持段祺瑞的基本力量是研究系和亲段的北洋督军。
⑥ 冷汰:《丁巳复辟记》,载《近代史资料》总第 18 号。
⑦ 沈曾植:《致刘廷琛函》,载《沈曾植函稿》,《近代史资料》总第 35 号,中华书局 1965 年。

"丁巳复辟",扶溥仪上台,遗臣故老终于实现夙愿。张勋仓促发难,原因是多方面的,如帝国主义国家的怂恿、大小军阀间的尔虞我诈及张勋本人对事变艰巨性估计不足等等,但不可否认,弥漫着狂热复辟情绪的遗老圈对张勋的依赖,使其充满了对复辟前景的盲目乐观和自负,这也是其中的一个重要因素。郑孝胥曾在日记中写道:"张勋之无谋,刘廷琛之躁妄,皆足取败。"陈曾寿"由津浦到沪,略谈北方情形,毫无计画,妄举大事,使人愤恨"。[①]

与遗老圈的狂热和躁动相比,胡思敬的表现则冷静得多。鉴于以往的政治经验及对张勋为人的了解,他认为此事应采取谨慎的态度,否则事若不成,将对逊清朝廷极为不利。他致函张勋,劝其"沈机观变",先进京取得更多的政治资本后,再徐图复辟之举。当得知张勋只带三千人入京时,他甚为担心,"此次奉新(即张勋)以三千人入京而不顾后路,以为上下皆已厌乱,义旗一举即可坐收全功,是以一二君子之心理而谓天下小人皆有同然,何其易也。"[②]他建议,"务请增至三十营常驻北方,待时而动。彭城本属行辕,得一裨将守之,公但往来其间,如身之使臂,臂之使指,不患不联属也。"[③]此时,时局瞬息万变,就在函电的一去一返之间,"丁巳复辟"很快就宣告失败。7月12日,"讨逆军"攻入北京,张勋逃入荷兰使馆,溥仪再次退位。

胡思敬在被复辟朝廷授予督察院左副都御史之职时,即复电云:"无功不敢躐升,请据情代辞。"同时,他又以"贤奸杂进"、人心难测为由,"未敢轻身(赴京)"。7月7日,胡思敬才"至九江,则京汉、津浦两路业已不通,风声益紧。不得已折回新昌,拜别老亲,安顿眷口"。[④]胡的举动是颇有意味的,显然,他已经没有了"癸丑"时的兴奋狂热,也缺少了"丙辰"时的踌躇满志,取而代之的是对张勋能力的质疑及自身前途未卜的忧虑,作为保守派的典型代表人物,这种政治心态的

---

① 郑孝胥:《郑孝胥日记》,中华书局1993年版,第1625页。
② 胡思敬:《答华澜石书》,载《退庐笺牍》卷三。
③ 胡思敬:《致张少轩书》,载《退庐笺牍》卷三。
④ 胡思敬:《答华澜石书》,载《退庐笺牍》卷三。

变化,昭示了复辟前景的黯淡。

三、复辟失败后的胡思敬

"丁巳复辟"风波过后,黎元洪下台,段祺瑞任国务总理,把持中央政府大权。关于处理复辟祸首张勋的问题,牵扯较多,甚是棘手,且不久南方护法运动兴起,段祺瑞的主要精力转向南北统一战争。为保存北方实力,巩固北洋团体,段对张的部下采取安抚、分化的办法加以笼络、利用,对其本人则采取了宽大政策。张不仅保全了性命,而且获得了一定的自由。徐世昌任总统后,又对张实行"特赦"。此后,张勋便安度晚年,与政治绝缘,1923 年病死于天津。关于处理遗老参与复辟的问题,民国政府也多未深究。这群人离开津京后,在政治上,仍以忠清自居,以不仕民国相标榜。

通过这次事变,遗老们复杂隐晦的内心情感在一定程度上得以呈现出来。时人记述说:"张勋举事之始……自号清室遗臣,麋集京师,以俟新命,尚、侍、督、抚杂然纷出。及段祺瑞马厂兴师,同谋中乖,向之拜命君门者,多毁服行遁,甚且诬新命为仇人诬陷,以远牵连。"①当然,这里也有并非遗老圈中人,他们假借遗老之名,实则相机行事,捞取政治资本。这种人姑且不论,单就遗老圈本身而言,以遗臣身份作为谋求功利的手段,视事变的成败来决定进退者实大有人在。林纾就指责陈曾寿、刘廷琛等人,"假名复辟,图一身之富贵,事机少恤,即行辞职,逍遥江湖,此等人以国家为赌注,大事既去,无一伏节死义之臣";②王国维也对这类人深感不满,其在致罗振玉的信函中发出了"人心险诈"的慨叹;③沈曾植在事变后滞留天津,曾对家人说:"病山(即王乃徵)极力劝我北来,今渠南归,竟无一字通知我,患

---

① 章乃羹:《清翰林院检讨学部左丞宁海章行生行状》,载卞孝萱、唐文权编《辛亥人物碑传集》,团结出版社 1991 年版,第 637 页。
② 林纾:《答郑孝胥书》,载朱羲胄:《贞文先生年谱》卷二,世界书局 1949 年版,第 108 页。
③ 孙敦恒:《王国维年谱新编》,中国文史出版社 1991 年版,1917 年 7 月 14 日。

难之际,绝不相顾,可为一慨! 我不愿得尚书,亦病山与陈仁先(即陈曾寿)力阻我辞,留此话把,今渠等归,竟弃我老人不顾矣。"此时,同道而不同难的遭遇已使他对参与复辟心生悔意:"人或笑之,或怜之,或谓如此高年,何苦来此,干笑而已。"①尽管遗老们的种种隐衷并非一次事变能得以澄清,但正是具体的事件使其政治心态得窥一斑。

与之相比,综观胡思敬在复辟中的所作所为,几乎可以排除其图谋个人发展的动机。其实,对于他来说,如果要谋求个人发展,那么顺应时变、由清入民所需的成本要比逆时而动、图谋复辟的成本更低,几率反而会更高。胡思敬抗拒民国,是保守的政治立场决定的,其原动力来源于他人生关怀的两个层面,即政治层面上对"臣"的意义的关怀;文化层面上对"儒"的意义的关怀。图谋复辟清室,正是他以民间身份,用一种激烈的方式表达对所谓新朝及所代表的新文化的抗争。从这个意义上讲,他图谋复辟的动机更为单纯。同时,行为表现也更为顽固,更不易为世俗功利所改变。

复辟风波刚过,胡思敬便四处打听张勋的消息:"奉新(即张勋)脱险入津,曾通问否? 旧部倘不叛去,或能重新壁垒,但经此番蹉跌,恐亦无多豪兴矣。"②显然,字里行间所表现出的不仅仅是对张勋个人安危的关心,而更多的是对复辟前途的关切。当时,在所有具有复辟倾向的军阀当中,张勋最具实力,表现也最为狂热,他的政治取向和进退在一定程度上决定着复辟的成败。胡思敬最为担心的是张勋经此事变后,心灰意冷,一蹶不振,然而,事情最终还是发生了。当得知张勋已决心隐退,不再过问政事时,胡思敬心急如焚,他一次次致函张,希望他能再次出山,主持复辟"大业",但均被其以"一心做太平之民"为由拒绝。在这种情况下,他仍去信,表示:"一息尚存,未敢自诿,将来如有可以藉手之处,自当勉竭驽钝,用备驱策。"③希望有朝一

---

① 沈曾植:《沈曾植家书》,载《沈曾植函稿》,《近代史资料》总第 35 号,中华书局 1965 年版。

② 胡思敬:《致潜楼书》,载《退庐笺牍》卷三。

③ 胡思敬:《答张少轩书》,载《退庐笺牍》卷三。

日,张勋能改变主意。

张勋是遗臣故老最为倚重的军阀,是"翘首仰盼,所恃以旋乾坤"①的关键人物。随着他的隐退,遗老圈的颓废风气日益严重,这群人多以诗酒酬唱为生涯,深居简出,醉生梦死。胡思敬对此忧心忡忡:"重经国变,时局益非,仰视皇天,有怀莫白……海上诸寓公,自命为先朝遗老者,退不能处约,进不能任艰险,徒以文酒诗歌消磨岁月,泄沓自安,安能成事!"②在复辟之前,胡思敬还以为民国之乱很快就会过去,故清江山的恢复指日可待。面对这样的局面,他不得不调整自己的心态和政治目的,在他致友人的信中,可以看到其思想的转变:

> 一息尚存,志不敢懈,固知贤者将留其身以有待,不屑以硁硁之小丈夫自处。虽然西汉之亡自元始五年孝平遇弑,至建武讨平隗嚣、公孙述,前后历三十六年而乱始定;东汉之亡自中平元年黄巾贼起,至建安逊位,前后历三十八年而尚未大定。晋亡而为南北朝,唐亡而为五代,破碎分裂又甚于前,若以旧史之例推之,天未厌乱,来日方长……明年拟杜门不出,补过读书,或有寸进。③
> 论天地循环之理,天生一乱,必生一辈平乱之人以拟其后。有安史即有郭李;有洪杨即有曾胡;有六朝五季,即有唐太宗宋太祖。以今视昔,殊不然矣。仆去岁与培老书,劝其提倡程朱学说,专从躬行实践用功,藉以扶植人才,挽回劫运。培老自称儒名墨行,谢以不能。外此则散原、苏龛攻诗,古微攻词,病山攻医,梅庵笃嗜金石,各以一艺自专,更无进言之地。张子所谓"为天地立心,为生民立命,为往圣继绝学,为万世开太平",几成虚无缥缈之词,吾其何恃而不恐耶!执事以吟诗徒耗心血、增口过,谓当渐次忏除,所忏除者在此,则其所致力者可知,我辈不幸生今之世,为今之人,视天下生民饥溺如此,直当拓开眼界,立定

---

① 来新夏:《北洋军阀史稿》,湖北人民出版社 1983 年版,第 195 页。
② 胡思敬:《答华澜石书》,载《退庐笺牍》卷三。
③ 胡思敬:《答刘幼云书》,载《退庐笺牍》卷三。

脚跟,如杜陵野叟以稷契自许。①

在胡思敬看来,一次次复辟的失败,预示着"天未厌乱"。在平乱之人出现之前,这种乱世的局面必将还会持续下去。既然天意如此,那么即便勉强为之,恐也难逃失败的下场。有了这种想法,他在总结"丁巳复辟"的教训时就说:"五伦既破之后,彼父子且不知亲,更何有君臣之分?我辈不幸生值其时,但当从《周易》中讲求处困、处否、处屯之道,志不可馁,功不必急。"同时,直言不讳地指出刘廷琛的过失在于"自命过高,看事太易,推测人情物理未能极熟极精,经此一番蹉跌之后,时机虽失,学问必大有进境"。②"丁巳复辟"与前几次事变相比,带给胡思敬的不仅仅是一次失败,更有"同道益孤"的凄凉之感。而他对后者的慨叹似乎更大于前者:"丁巳同难,良莠不齐,当时纵侥幸有成,善后殊非易事。"③"今日之患,不患海内志士无惓怀故国之思,而患重见天日之后,无安民定国之才,重为革党所窃笑耳。"④

在政治抱负无法实现的情况下,胡思敬便寄身于文化事业当中。他说:"死所既不可得,留此明夷待访之身,为天地立心,为生民立命,为往圣继绝学,为万世开太平,不必在位始可有为也。"⑤他认为,"欲救今日之乱,必先变人心;欲变人心,必先正学术","论天地循环之理,剥极必复。然以夏少康、汉光武已事观之,时机尚早,未可急遽从事。今日吾党所宜毅然自任者,当先从克己二字,以明学术,以正人心耳。"⑥在此之前,他也曾从事各种文化活动与地方民间事务,如著书立说、编刻图书、修缮先贤祠庙等等,复辟失败后,他更将一颗向清之心及保守的文化理念寄托于斯,直至 1922 年 4 月 30 日病逝。

① 胡思敬:《答华澜石书》,载《退庐笺牍》卷三。
② 胡思敬:《答刘幼云书》,载《退庐笺牍》卷三。
③ 胡思敬:《致陈贻重书》,载《退庐笺牍》卷四。
④ 胡思敬:《答章一山书》,载《退庐笺牍》卷三。
⑤ 胡思敬:《致陈仁先、胡晴初书》,载《退庐笺牍》卷四。
⑥ 胡思敬:《答章一山书》,载《退庐笺牍》卷三。

第四节　致力桑梓建设

胡氏一门是新昌望族，累世均以儒学相传。作为地方知识精英，胡思敬的先辈不仅碌碌于求取科举功名，而且在地方社会中发挥着重要作用。辞官回乡后，胡思敬继承了这一传统，他说："我辈在国当为良臣，在乡当为善士。身虽隐遁，究不能绝物而逃，则其平时所与游处，皆吾父老子弟也。量吾力所能及，以求有济于人，无论出处何如，但期不负所学而已。"①本着这一理念，他从事于各种有益于乡梓、有益于社会的活动，如倡捐医局、设立书院、修缮先贤祠宇等等。在清末民初传统社会文化秩序及政治秩序受到重大冲击的情况下，他的所为，也有抗拒新思想、新文化，维护以传统礼教为基础的旧的社会秩序的目的。

一、倡捐医局

胡思敬身受中国传统文化的滋养，有着强烈的济世救民情怀。在为官之时，他就对国计民生十分关切，曾多次上疏陈述百姓生活的种种窘状，恳请统治者关注民情疾苦，减轻人民负担。辞官回乡后，他"于邑中公事一切悉屏谢不问，独于拯贫、课士两端，区区尚不能忘情"，"乡人以慈善来告，不能无惓惓于怀。"②关于医局，宣统年间，新昌乡绅曾开办过，"延请医师，遇病辄为诊视，并施种牛痘，活人良多，"但可惜举办未及一年，就因"入不敷出、浸以不支"而停闭，导致"贫者呼吁无门，甚为可悯"。③

胡思敬认为，"天下至不幸之事，莫痛于疾病死亡，莫惨于焚溺，

---

① 胡思敬：《与巢观察岐村书》，载《退庐笺牍》卷二。
② 胡思敬：《慈仁医局垂远录叙》，载《退庐文集》卷七。
③ 胡思敬：《慈仁医局垂远录叙》。

莫虐于凶荒。邑人向称好义,死而无以为殓者,有公善会施棺;荒而不能谋食者,有常平仓平粜;救焚则有御灾局;拯溺则有育婴堂。凡尽心于民者,可云至矣。独疾病一事,贫者无力延医,坐以待尽。闻者莫不动心,卒无人代为之谋。而泰西传教入境,反藉此以收拾人心,宁不愧欤?"①同时,他还想到,"民恃财以生,壅遏不流,则伤天地之和,久必生孽,处乱尤当自警。"②因此,他回新昌后不久,即联络乡绅,计划在原有医局的基础上,创立"慈仁医局"。

为解决开办医局所需要的资金问题,胡思敬不仅自己慷慨解囊,先后捐献达"一百五十缗",而且还积极奔走,鼓励热心士绅能以实际行动鼎力相助。他曾多次劝说巢岐村,希望其能念桑梓之谊,为医局捐款,"倘肯慨然倾囊,则造福于地方不浅"③,在致张东铭的信中,他更是陈辞恳切:

> 前所谈善堂事……阁下若依前诺,能稍事扩充,指日即可开办。君子有财而不思市义,以之市酒肉,则饮量不能过斗、健啖不能过斤;以之市服饰,则一头不能戴两冠,一身不能被数裘;以之营宫室,则足所履不过九寸,身所卧不过七尺;以之纵淫乐,则四十以后血气渐衰,一旬再游于房,久必成疾;以之遗子孙,我辈所亲见之大家巨族,如漆、张、蔡、李各家,皆可鉴也。此理甚明白易晓,而愚者往往执迷不悟,以足下之高明岂有不知,而俟鄙人之哓哓乎?所以不避嫌疑而为此说者,以足下与廉三皆慷慨好义,如古所谓任侠一流,仆甚敬之慕之。鄙怀蕴蓄未敢遽发,迟迟有待之事,将来欲求助于两君者为日甚长,然皆无损于己,有利于人,非敢有所私也。④

---

① 胡思敬:《慈仁医局垂远录叙》。
② 胡思敬:《与巢观察岐村书》,载《退庐笺牍》卷二。
③ 胡思敬:《与巢观察岐村书》,载《退庐笺牍》卷二。
④ 胡思敬:《与张大令东铭书》,载《退庐笺牍》卷二。

最终,巢岐村、张东铭等士绅均被胡思敬的诚意所打动,慨然相助,投资医局。此外,他还力劝"黄檗僧绍前于收回农会项内,助租四十石"。① 总之,在胡思敬的百般筹措下,1913 年,慈仁医局得以开办。为让医局能够持久地维持下去,使贫困的民众能病有所医,胡思敬还制定办局规章,选派德才兼备之人负责管理医局事务。其所作所为,可谓惠及乡里,功在国家。

二、创建图书馆

胡思敬生平嗜书,性好典籍。他离京时,将藏书全部带出,于南昌,"筑室湖滨,辇书二十万卷,尽纳其中"。② 辛亥革命爆发,继而民国建立,胡思敬利用房产和一部分藏书开办"江西全省图书馆",这是一件令人瞩目的文化举措。此后,他的藏书逐渐增添,终达四十余万卷之多,③为其赢得近代著名藏书家的名望,其藏书之富可与一代藏

---

① 胡思敬:《慈仁医局垂远录叙》。

② 胡思敬:《亡儿骏台哀辞》,载《退庐文集》卷七。

③ 胡思敬的藏书究竟有多少,目前学术界众说不一。归纳起来,主要有以下几种(以文章发表的时间先后为序):其一,以吴祥瑞为代表的三十余万册说(《胡思敬与"退庐"藏书》,《赣图通讯》1984 年第 4 期);其二,以熊步成为代表的四十余万卷说(《也谈胡思敬——兼与吴祥瑞君商榷》,《江西图书馆学刊》1986 年第 1 期);其三,以彭有德为代表的三十余万卷说(《江西近现代图书馆事业的形成与发展》,《江西省高等学校图书馆情报学论文集》,江西高校出版社 1990 年版);其四,以王书红为代表的十万余卷说(《胡思敬藏书综考》《江西图书馆学刊》1996 年第 3 期)。造成分歧的原因无外乎两点:一是讹传。如三十余万册说与三十余万卷说,均缺乏原始材料依据,因此不准确;二是所据文本的不同。如王书红主要依据胡桐庵《新昌胡氏问影楼藏书目录·跋》中的记载:"漱唐(指胡思敬)平生癖喜书籍,网罗搜集,计有十余万卷之多,宦囊为之倾尽",来说明胡氏的藏书量,并驳斥熊步成及其他人的说法。笔者认为,胡桐庵的说法,仅是孤证,不足以反映胡思敬藏书的全貌。并且,1927 年胡桐庵编辑《新昌胡氏问影楼藏书目录》时,胡思敬的藏书已遭兵燹,损失巨大。此时,胡桐庵很有可能是根据其统计的结果来推测胡思敬的毕生所藏。如果说胡桐庵是胡思敬的族兄,应对他的生平所藏有所了解的话,那么胡思敬的胞弟胡思义的记载则更为可信,笔者在其《陟冈集》看到这样的记述:"(胡思敬)性嗜书,购至四十余万卷,就南昌东湖边筑一楼藏之。"(《陟冈集》,卷首,江西新昌胡氏,民国铅印本,中国国家图书馆藏)此外,就胡思敬本人在《退庐笺牍》及《退庐文集》中的记载,其在离京南归时,已有藏书二十余万卷,且回乡后,他又不断购置,还多次亲自或者派人到外地抄书。因此,笔者认为,四十余万卷说更为可信。

书名家李盛铎相媲美。

江西全省图书馆的创办带有公私合办的性质。图书馆的正常事业费用,由省教育厅支付,其藏书由胡思敬提供(他仍是书籍的所有人)。馆舍从问影楼中辟出一部分,胡思敬按月收取租金,"以洋楼上下十四间归公,正房租与图书馆,月收租银二十八元。"[①]馆长人选,名义上由全省公选,实际上这一职位形同虚设,胡思敬对馆内大小事务均有决定权,负责料理图书馆日常事务的管理员,也由他安排。

江西全省图书馆的创立,在江西省图书馆界及中国近代文化教育史上都有着重要的意义。一方面,它开辟了近代江西省公共图书馆事业的先河,"本省之有图书馆,以宜丰胡思敬捐书创办为嚆矢。"[②]另一方面,它为文化知识的传播和普及起到了积极的推动作用。它的藏书量居全省之冠。1922 年,江西省公立图书馆建立,藏书仅为8740 册,与之相比,远远逊色。同时,一般图书馆都以平装铅印书为主,而胡思敬的藏书几乎是清一色的古籍线装书,其中不乏明清善本,甚为珍贵。此外,值得一提的是,这一时期,图书馆还配合《豫章丛书》的刊刻,做了大量的工作,对江西地方文献的保存和整理做出了突出贡献。

据《江西民报》1912 年 4 月 21 日记载:"据称新昌前清御史胡思敬,自愿将藏书十余万卷,新建书楼一大所,捐献作江西全省图书馆。"有些学者以此为依据,认为胡思敬创办图书馆是自愿的,[③]而其实并不然。武昌起义后不久,胡思敬便举家逃离南昌,回新昌避乱。这期间,他在南昌的房产被乱军占用,藏书也多有损失。胡思敬返回南昌后,为收回房产、保全书籍,曾四处奔走,多方求助,终无济于事。鉴于此,他利用房产和一部分藏书创建"江西全省图书馆",公开开放,供众阅览,以期借公众之力来保全自己的利益。"去年正月,蔡锐

---

① 胡思敬:《致贺奉生书》,载《退庐笺牍》卷二。
② 民国政治教育部编:《第一次中国教育年鉴》,丙编《教育概况》,开明书店 1934 年版,第825 页。
③ 吴祥瑞在《胡思敬与"退庐"藏书》(《赣图通讯》1984 年第 4 期)一文中,就持这种观点。

霆到省,即占据三君子祠。遭逢离乱,自知房产、书籍均难保全,不得已,始有捐办图书馆之举。"①"仆从省书物多被窃夺,三君子祠亦为人盗典。仲春,来省清理将近半月,陷入重险,几不能自有,乃将书籍、房产悉捐作江西省图书馆,冀藉众力保全。"②可见,胡思敬开办图书馆,不是出于自愿,而是在特殊情势下的一种明智的选择。

尽管如此,胡思敬此举还是遭到不少故清遗老的非难,认为他是在与民国政府合作,有失节操:"庶三贻书相责,谓不应出与民国交涉,心甚愧之而无辞以对也。"③为求得同道的谅解,胡思敬曾专门致函,解释说:

> 去秋兵变时,仆尽弃辎重,挈眷还乡。事后书籍、字画、什物多为人窃去,房屋亦被族人盗典。处乱世多一物即多受一物之累,本可置之度外,聊作达观。奈书籍为一生精力所聚,房屋题曰"新昌三君子祠",意在表彰先贤,一旦被人攘夺,未免耿耿在心。遂于二月初一日抵省,适值新旧两都督交代之际,孤身远□,事处万难,百计筹谋,始于月之二十日将典主逐出,然已受累不浅矣。山中新觅一行窝,誓将终隐,房产既难遥制,书籍太多亦不能挈以俱行,不得已捐作江西全省图书馆,由紫封等出名,业已批准。乱世以洁身为要,身外之物,浮沉聚散辗转不可知,付之天数而已。④

创建图书馆一途,虽然在很大程度上解决了房产、书籍的归属及保存问题,但毕竟带有与地方政治合作的色彩,在这一点上,即便同道旧友不相责问,着意要与民国官方划清界限的胡思敬,也不免耿耿于怀。1920 年,省教育厅计划将江西全省图书馆由原来的公私合办

---

① 胡思敬:《致贺葊生书》,载《退庐笺牍》卷二。
② 胡思敬:《覆刘幼云书》,载《退庐笺牍》卷二。
③ 胡思敬:《致贺葊生书》,载《退庐笺牍》卷二。
④ 胡思敬:《覆喻庶三书》,载《退庐笺牍》卷二。

改为完全公办,直属于教育厅,并呈报教育部备案。这当然遭到了胡思敬的断然拒绝,他一方面与教育厅进行周旋,一方面又利用这次机会,向故交、时任江西省长的戚扬求助,希望将图书馆收回自办。[①] 在戚扬的帮助下,胡思敬终于如愿以偿。对此,他颇为满意地说:"图书馆几被乱党据为己物,幸老戚出面调停,始克收回自办,不领公款。"[②]图书馆改成自办后,仍沿用江西全省图书馆的旧称,继续对外开放,"以饷江西同志,好古之士而脱身远避,不能枯坐郁郁以终也。"[③]

胡思敬逝世后,接办图书馆的胡氏后裔将其更名为"江西胡氏私立退庐图书馆"。后退庐图书馆为军阀所盘踞,藏书惨遭浩劫,损失巨大。1927 年 8 月,胡思敬的族兄胡桐庵回到南昌,时乱兵刚刚撤走,满楼书籍狼藉,胡桐庵用三个月的时间,加以整理,并编成《新昌胡氏问影楼藏书目录》,这时藏书只剩 96158 卷,40450 册。至 1933 年,藏书又减至 35248 册。[④] 此后,江西屡遭变故,在政权更迭之际,人民或不免于屠刀,图书文物更随时有遭毁弃和掠夺的命运。1953 年,几经辗转、已所剩不多的退庐藏书,终属江西省图书馆,经其清理编目,至今供读者参考使用。

三、设立书院

胡思敬在京为官时,就曾致函新昌乡绅,指斥学堂败坏朝纲:"学堂之害,何翅猛兽洪水!""国家岁费亿兆金钱以拼孤注之一掷,异时收效于学生者,诚能得无数攻金、攻木、攻石、攻革之匠师,以备一材一艺之使,犹可言也。并此而不可得,乃先得无数革命平权、无父无君、犯上作乱之狂童、汉奸,此何为者也?"在他看来,科举旧制的废除,必然导致"旧学老生浸抑郁憔悴以死,通都大邑之间,卖驴而能书

---

① 胡思敬:《答戚升淮省长书》,载《退庐笺牍》卷四。
② 胡思敬:《致陈伯严书》,载《退庐笺牍》卷四。
③ 胡思敬:《退庐留书记》,载《退庐文集》卷二。
④ 蔡仲和:《江西省会各图书馆概况调查表》,江西省立图书馆,1933 年刊印。

券者便称博士。男子胡服夷言,履声橐橐,心则兽而面则人;女子主自由婚姻,逢人而荐枕席。纵言及此,毛骨竦然。"因此,新式教育之兴,无异于将"数千年礼教之防,数百年内外相维之成宪,必欲划去无遗"。① 鉴于此,他向同邑士绅倡议建立奖学会,计划每年从乡里秀才中选出数十名研读儒家经典卓有心得者给与奖励,奖金则由他捐助,此外,再从新兴书院中提取一部分资金作为补充,"藉此一线之延,或斯文不至尽归澌灭,寒士得一二饮助于生计,亦不为无补也。"②

民国成立后,胡思敬将清朝灭亡的原因归咎于兴办新式学堂,"学堂之害,破坏人伦,解散纲纪,实为今日亡国之根。"③在其文集及信札中,随处可见他反对教育改革的言论:"自科举废,学堂兴,负笈东游者,破数十金购一文凭,归国遂靦然窃取高官,举累叶圣人抡才取士之大典,倒柄而授之异邦,驯至宣统末年,内外百官执事悉成私门拔擢之人,上下日益阂隔,君臣大义视若弁髦,读书不图报称,反吠主而操入室之戈,邪说横行而国变作矣。"④此时,他不仅在前清遗老中抨击新式教育,甚至在与江西民政长官贺羮生的通信中,也劝其废新政、停学堂,认为这样方能达到治理民政的目的:"大清以举行新政而亡,今民国则又甚之,新律不废,学堂不停,民政当何以下手,盖不能不为当局者惧矣。"⑤

为与新式教育相抗衡,他回到家乡后,自费开办了蒙学馆、耐寒馆、盐步书院等,专讲"经、史、宋五子书"。胡思敬此举,不仅是其政治主张无法实现后的不得已选择,也是其坚持保守理念的一种寄托:"此乱非三十年不能定,诚如尊旨计,其时我辈亦老且死矣。中间僭窃相寻,或分或合,或顺或逆,要不出朱温、刘裕一流,我不敢作敬翔,君岂肯为傅亮? 侧身天地,则唯有藉文字为娱老耳。"⑥1917 年张勋复

① 胡思敬:《致同邑诸公论学堂书》,载《退庐笺牍》卷一。
② 胡思敬:《致同邑诸公论学堂书》,载《退庐笺牍》卷一。
③ 胡思敬:《覆刘幼云书》,载《退庐笺牍》卷二。
④ 胡思敬:《跋元和师相先德澹成公大魁卷》,载《退庐文集》卷六。
⑤ 胡思敬:《致贺羮生书》,载《退庐笺牍》卷二。
⑥ 胡思敬:《覆刘幼云书》,载《退庐笺牍》卷二。

辟失败后,胡思敬更将恢复故国的情结,寄托于斯:"刻刻以扶持世教为心,时时以搜访人才为事……所望一二故家子弟,培养于危疑患难之秋,俟局势少定,徐出而图,天心好仁,不忍人类殄绝,既酿成一乱,必预储一辈救乱之人,以拟其后,古今殆一辙也。"①

在胡思敬设立的旧式书院当中,以盐步书院最为有名。"丁巳复辟"失败后,胡思敬认为,"世变由乱趋治,必托天下于人才……结纳英贤,扶持纲纪,当与二三同志共矢斯愿,生死以之惜。"②因此,他在周家坳设立此书院:"吾道益孤,将来有唱无和,虽有机缘,则亦无从措手矣……今岁在乡间设一义学,选少年纯朴子弟十二人,课以经、史、宋五子书。"③胡思敬对书院的教学非常关心,他不仅先后聘请邑中名宿熊苣丞、张杨廷等作为讲席,而且自己在闲暇时,也亲自授课,"先讲《小学》,次讲《近思录》"。同时,胡思敬对学生的生活也颇为关切。他规定,书院对学习成绩优异的学生免费提供伙食。此外,他对家境贫寒者也给予多方面的关照,如为解决邹来宾的窘困生活,他曾专门致函熊苣丞:

> 盐步学生,唯湾溪邹来宾景况最苦,年逾二十尚未议婚,孤守一毡,恐难终局。现从图书馆让出一席,每月有薪水四元,膏火三元,拟招集来省,典守书籍,兼从魏先生听讲,既可济贫又不废学,刻苦自励,或能有成。尊意如以为然,即嘱伊禀告父母,促装就道,迟恐魏公下乡过节,不能当面付托也。④

胡思敬诱掖后进的情深意切,可见一斑。正是在胡思敬的苦心经营下,盐步书院得以较快地发展,其在新昌及周边地区都负有盛名,许多外地学子慕名而至。书院在宣扬儒家学说的道德观、价值观

---

① 胡思敬:《复喻庶三书》,载《退庐笺牍》卷二。
② 胡思敬:《答陈筱石书》,载《退庐笺牍》卷四。
③ 胡思敬:《致潜楼书》,载《退庐笺牍》卷三。
④ 胡思敬:《致熊苣丞书》,载《退庐笺牍》卷三。

及维护以传统礼教为基础的社会秩序方面,起到了一定的作用。对此,胡思敬不无欣慰地说:"盐步书院开办三年,邻邑义宁、万载渐次闻风而至,藉此一线之延,读书种子或不至终绝。""我辈今日分所当尽力所能为者,只此一事,不必画分疆界,总期陶成二三人,上承西涧之规,下接易堂之绪,无论治乱穷达,皆期有以自立,虽未必遽如所愿,尽吾心以听命于天。"①

四、修缮先贤祠宇

1911 年 6 月,隐退南昌的胡思敬在东湖之滨、"退庐"之前兴建"新昌三君子祠","越百日,工竣事"。祀南宋状元、太子舍人姚勉,明兵部侍郎邹维琏,明户科给事中吴甘来。姚勉,为人正直、刚直不阿,宋理宗时,因弹劾奸相丁大全,复又针砭贾似道,遂被罢官;邹维琏,明万历年间进士,是与阉党抗衡的政治团体——东林党的一员,以弹劾魏忠贤被革职,投入大狱。崇祯继位后被重新启用,因在福建抗击海盗时立有大功,官至兵部侍郎;吴甘来,明崇祯时进士,为官刚正、不避权贵,为百官所称道,李自成攻陷北京后,他与起义军决战,战败自杀。胡思敬祭祀此三人,不仅仅因为他们是同乡,更重要的是传播其事迹,以激励世人报效朝廷,为国尽忠,"斯祠之成,岂徒慰三君子于地下,杀驵骖以祭踸死之士,而三军增勇,古人其知之矣。"②

商周易代之际,伯夷、叔齐隐居首阳山,不践周土,不食周粟,自托殷顽,成为中国历史上第一代遗民。同时,这两人也为后世遗臣树立了忠于故国的遗民典范。民国成立后,为表彰先贤,抒发自己的遗老情怀,胡思敬于 1913 年冬,招集新昌士绅"遭际既同、意趣相洽"者设立孤竹会,合力重修城北的新塘祠,并将其更名为"殷贤祠",以祀伯夷、叔齐。胡思敬还赋祠联云:"君父犹存,忍饥不敢即死;干戈未

---

① 胡思敬:《答蓝石如书》,载《退庐笺牍》卷四。
② 胡思敬:《创建新昌三君子祠记》,载《退庐文集》卷三。

息,唯让乃可止争",以示自己"身虽废退,犹有不能忘者"之意。① 修
缮殷贤祠后,胡思敬又约集邑中同道,"捐钱购李氏废园(旧名翠竹
园,在北门外周家坳,屋外有竹树山一片),创建两公祠堂",②祀西汉
末年南昌县尉、以诤言直谏而闻名于世的梅福,及晋末乱世隐士、以
高风亮节而名留史册的陶渊明。其实,乡中民众对胡思敬的心态并
不理解。祠宇落成后,择吉日酬神,"酬神之日,里人聚观,谓:'此辈
读书人素不媚神,今顾迷信若是,其有所祷耶?'皆掩口匿笑不止。"③
对此,胡思敬颇感无奈,进而发出"人心不古,匪风下泉"之慨:"晚近
习俗日偷,人心渐不如古,崇德报功之典寖变而为徼福求利之心,于
是媚奥灶者日多,而明德之馨香几绝,就此一端以验民情之好恶,世
运之盛衰,不禁有匪风下泉之慨,是不能不为来者惧矣。"④

　　1917 年至 1918 年,胡思敬在家乡重修陈节愍公祠,祀明代遗臣
陈泰来及与其同时死难的袁应梦、胡新民、刘之体三人。陈泰来,崇
祯四年进士,在抗击清军时屡立战功,被任命为吏科给事中。明亡
后,他继续率兵在江西反抗清廷。顺治二年,在攻打抚州时,兵败被
围。陈泰来避于黄氏宗祠内,清军放火烧祠堂,他不肯投降,壮烈牺
牲。胡思敬十分敬佩陈泰来,认为其为故国捐躯,死得其所,"害在目
前者,利及身后,纲常名教赖以长存;害及一身者,利且在天下万世
也。"⑤他重修陈节愍公祠,一方面是为表彰先贤,邑中原有生祠,"盖
报其保障之功,非奖节也",且"越时既久,墙室倾颓,香火断绝",生祠
"展转典质,再易其主,即陈氏子孙无有能道其详者"。另一方面,他
在张勋复辟失败后有此举动,也是对当时遗老圈的颓废风气不满,意
图借此宣扬"始终孤守一义,颠沛流离,不为外物所夺,不以生死祸福
易其心"的遗民精神,鼓励同道中人,"一息尚存,不可轻诿"。⑥

---

① 胡思敬:《答王泽寰书》,载《退庐笺牍》卷四。
② 胡思敬:《创修梅陶二公祠记》,载《退庐文集》卷三。
③ 胡思敬:《冬青园记》,载《退庐文集》卷三。
④ 胡思敬:《创修梅陶二公祠记》。
⑤ 胡思敬:《重修陈节愍公祠记》。载《退庐文集》卷三。
⑥ 胡思敬:《重修陈节愍公祠记》。

　　1920 年,胡思敬在南昌修建"明季六忠祠"。"六忠祠南面退庐,北枕南昌试院,左邻憩云庵,右临东湖,与苏堤遥遥相对。上下两栋,各六扇五间,东西庑各两间,四围绕以崇墉。自庚申三月兴工,八月告成,共用洋银三千二百番有奇。"①其祭祀的是姜曰广、袁继咸、杨廷麟、万元吉、揭重熙、陈泰来等六位在明亡后仍坚持抗清的江西籍先贤。姜曰广,明万历进士,魏忠贤以其为东林党人,罢黜不用。崇祯帝死后,他在江西抗击清军,兵败自尽;清顺治三年,清军进攻赣州,明兵部尚书杨廷麟偕同赣州守将万元吉据城坚守。城破后,二人均投水殉节;揭重熙,明崇祯进士,曾任福宁知州,忠于职守,不畏权势,深受百姓爱戴。后积极投入到抗清的斗争中,顺治八年,受伤被俘。清军劝他投降,他誓死不从,绝食七日,作诗歌数百篇以表明忠明之心,后被杀害,清乾隆时谥为"忠烈";袁继咸,明天启进士,崇祯七年提学山西,上疏抨击权宦,宦党诬陷其贪赃枉法,解京治罪。山西生员百余人追随入京,为之辩诬。朝野上下千余人联名为其伸冤,轰动京城。后出任兵部右侍郎,顺治三年,在抗清中被俘,拒降被杀。胡思敬兴建六忠祠时,财力已绌,但他始终不肯放弃。建成后,他又修书陈三立、喻兆藩、王龙文等友人,恳求他们作碑记。由此可见,胡思敬对六忠祠的重视程度。尽管在主观上,这仍是他坚持保守理念的一种寄托,但在客观上,也为保存民族文化遗产做出了一定的贡献。

---

① 胡思敬:《致陈伯严书》,载《退庐笺牍》卷四。

第二章　大变局中胡思敬的心态剖析

　　清朝的灭亡给中国带来了一个大变动、大分化的时代,各种思潮迭起,各式人物辈出,方生方死,令人眼花缭乱。长期以来,学术界对于这段历史的研究,不论是政治史还是思想文化史,都比较偏重于考察开新风、领新潮的先进人物与进步思潮,对保守人物及其思想的研究,则关注得很不够。那些已退出历史主流、淡出世俗视线的清室遗老,自是更少有人去注意,也觉得没有研究的必要。于是,这个特殊的社会群体被尘封起来,半由人为,半由时代。

　　学者罗志田曾指出,中国近代史研究中存在"倒放电影"的倾向,这种倾向导致不够"进步"的人与事常受忽视,缺乏研究。"'倒放电影'这一研究方式的优点在于结局已知,研究者容易发现一些当时当事人未能重视的事物之重要性;但其副作用则是有意无意中会以后起的观念和价值尺度去评说和判断昔人,结果常常得出超乎时代的判断。"其实,"不进步的一面形象模糊,会直接影响到进步力量的清晰和魅力。若能更多地关注过去研究中'失语'面相并予以'发言权',民国史的图像会更具'全息性'。"[①]的确,要客观、全面地诠释近代中国历史,除了要注意进步的一面,保守人物及其思想,同样应该择要剖析。在清末民初的社会转型嬗递期间,胡思敬的保守思想极具典

① 罗志田:《民国史研究的"倒放电影"倾向》,载《社会科学研究》1999 年第 4 期。《新旧之间:近代中国的多个世界及"失语"群体》,载《四川大学学报》1999 年第 6 期。

型意义。本章通过考察其思想特征、价值取向及文化关怀，对其心态做多方面、多角度的剖析，借以管窥遗老圈——这群已处于边缘地位的特殊群体更为原始的面貌，力图弥补近代史画面的"失语"部分。

第一节　思想与时代的落差

胡思敬思想的显著特点在于它的保守性。这种保守性在戊戌变法、庚子之变及清末改革等接二连三的政局激荡中表现出非常清晰的轮廓，并使他在民国成立后，仍逆时而动，图谋复辟清室，成为前清遗老中的代表人物。显然，胡思敬的保守思想与近代中国"向西方学习"的进步潮流相比，表现为一种守旧抗新的心态或取向，跟不上时代发展的步伐，从而形成了与时代的落差。本节首先探寻这种保守思想的成因，再具体分析它在大变局中的表现及命运。

一、保守思想的成因

胡思敬保守思想的形成，与他所承载的本土思想传统及其生存的时代背景、个人经历等诸多因素相关，下面略作讨论。

（一）华夏中心意识及"华夷之辨"的历史文化传统。在人类历史的早期，民族自我中心意识是世界上普遍存在的文化现象，它包括地理中心意识与文化中心意识两个层面的含义。古代埃及人、希伯来人、波斯人、希腊人等等，都曾以人类文明的中心自居，但随着地理屏障的突破、战争以及程度相当的不同文明之间的交流，上述文明古国的民族自我中心意识逐渐淡化以至消失。反观中国，由于地理环境的相对封闭，使得对其他程度相当的文明知之甚少。同时，华夏族在与文明程度较低的"夷狄"的冲突与交往中，也日益增强了自身的文化优越感。这样，夏夷之间的界限不仅没有消除，反而愈加分明。春秋时期，孔子就力倡"夷夏大防"，并明确提出了"内诸夏而外夷狄"的基本原则。此后,尽管历史上曾不断有外族入侵中原,但华夏文化从来就不曾中断,入侵的外族也在文化上逐渐地被同化,使得这种民族和文化上的优越感与日俱增,华夏中心意识日益强化。

"华夷之辨"源于华夏文化优越意识,它有三层含义:文野之分、人禽之异、内外之别。其中文野之分是主流,即以文化义礼作为量度进行人群分辨的观念。春秋时代,华夷之间往往可以互变,界限是对华夏文化的认同与否,认同并坚持华夏文化的视为"华",反之为"夷"。如秦、楚原为蛮夷,其后文明日进,中原诸侯与之会盟,则不复以蛮夷视之;而郑国本为诸夏,如行为不合义礼,亦视为夷狄。从这个意义上讲,"华"展示了对本土文化的认可与坚持;"夷"则代表了对非本土文化的否定与轻视,"华夷之辨"体现的是一种华夏文化中心观。与文野之分相比,人禽之异、内外之别则带有强烈的非理性色彩。当中国的政治一统和儒家思想的垄断地位确立以后,特别是当政治、军事形势不利于华夏或者中外文化发生冲突的时候,人禽之异、内外之别的主张便甚嚣尘上。如明末清初杨光先的"率兽食人",王夫之的"夏夷以疆域分",骨子里都是华夏士人对外来文化及异族入侵的仇恨。由此可见,糅合了这三层含义的"华夷之辨",不仅表明了文化上的优越与低劣,而且也暗示了种族之间的文明与野蛮。长期以来,由于华夏文化的主旨不曾发生大的变迁,使得这种思想观念日渐积淀于中国传统文化之中,成为一种悠久深厚的历史文化传统。

作为一位由传统文化培养出来的士大夫,胡思敬继承了华夏中心意识及"华夷之辨"的历史文化传统。此外,加之对近代西方世界了解甚少,使其与当时许多士大夫一样,对洋人统统以"夷人"视之。这其中便自然有了一种文化上的文野及种族上的优劣之分,从而衍生出一个想当然的预设:既然西方人都是些野蛮的"夷狄",那么西方文化肯定赶不上中国文化,"西人犬羊之性,未知礼义廉耻,又安知君臣上下?""自国变作而夷服夷言,东南各省尽犬羊窟宅。"[①]胡思敬认

---

① 胡思敬:《屠光禄疏稿序》,载《退庐文集》卷四。

为,中国文化重伦常,而外洋则重财产,"彼此相较,人格之优劣可见矣。五伦之教,男女婚姻之礼,此华夷中外之大防。用夷礼则夷之,非必限以疆域也。"①在这种心理的支配下,胡思敬将传统文化直接与"道"这个最高的哲学范畴划上了等号,进而发展成为"道历千载而不变"的观点。在他看来,"道"为本,"器"为末。"夷狄"固然在"器"的层面超过中国,"其最精而切要者,莫急于海军,其次如制造",但在"道"的层面,西方是无论如何也不能与中国相提并论的。②

近代以降,在由西方"新夷狄"引发的前所未有的民族危机和文化危机面前,中国人曾打出各种理论旗号,从"西学中源"说到"中体西用"论,再到中国精神文明与西方物质文明之争,无不流露出华夏中心意识与"夷夏之辨"的余绪。胡思敬曾说:

> 甲午援辽之役,叶志超、卫汝贵将陆军,丁汝昌将水军守旅顺,皆皖产也,一闻敌至弃甲而逃,枢府忽战忽和,举棋不定,割地输金,铸此大错,此李文忠好用小人之过,初非祖宗法制不善也;康有为奋三寸笔舌,鼓煽公卿,乘戊戌胶澳有事,持要人一书,交通近侍,内外剡荐,遂揽政权,旋因密谋不轨,党祸大兴,太后再出垂帘,母子之间各怀疑忌,此翁常熟、李苾园等轻信浮薄名士之过,亦非中国学术之不可用也;庚子拳匪乱起,以一国挑衅全球,无端围杀公使,辟阙左为战场,顽苗生番无此犷悍,先后死一亲藩、两宰相、五尚书、六封疆大臣,乘舆播迁,赔偿至五百兆,此端郡王载漪以私恨仇视使馆之故,非士卒之不能战、农工物力之不丰也。③

有这样的认识,胡思敬反对向西方学习便是很自然的了,况且,向西方学习,还会有"变于夷"的危险。"甲午用人不慎,丧师于辽,海

① 胡思敬:《请罢新政折》,载《退庐疏稿》卷二。
② 胡思敬:《刘幼云提学关中赠言》,载《退庐文集》卷一。
③ 胡思敬:《致同邑诸公论学堂书》,载《退庐笺牍》卷一。

内士大夫嘘助康梁余焰,群起而媚夷,学堂蛊毒人心,耗竭物力,决数千年礼教,大溃其防,于是君臣之礼废而谈革命,父子之礼废而主平权,夫妇之礼废而倡婚姻自由,此五季六朝未有之奇祸。沧海横流,未知埋骨何所。"①孟子曰:"吾闻用夏变夷者,未闻变于夷者也。"②"变于夷"意味着中国传统文化的沦亡,这是胡思敬最为担心的。"若尽决其防,轻用西人苟简之防,任其泛滥四出,巧便趣利之徒,尚复何所不至。"③因此,胡思敬始终极力维护着心目中的"夷夏大防"。诚然,华夏中心意识及"华夷之辨"的历史文化传统在维系中国传统文化延续及发展方面有着其存在的合理性,但时至近代,古老的中华文化只有吸收新的文化元素,才能驱动自身的进一步前行;同时,也只有超越华夷文野之分,跳出华夏中心意识窠臼,才能进入近代化。当然,由于历史的积淀,其步履是艰难而迟缓的。

(二)时代背景。这一点可以从两个方面谈起:一是清代的文化专制主义与反西化的历史传统;二是鸦片战争后,盲目的反侵略的民族主义情绪。

清王朝在不同的历史时期实行的文化政策虽然不尽相同,但就总体而言,它实行的是怀柔与迫害相结合的文化专制主义政策。为在思想文化领域内树立君主专制和满清贵族统治的绝对权威,统治者一方面注意对汉族知识分子进行笼络利用,并大力提倡程朱理学,积极进行思想诱导。李光地、魏裔介、熊赐履、魏象枢等一批理学家,被收罗到统治阶层中来,这些人纂修《性理精义》《朱子全书》等书,着力阐发理学中的"忠""孝""节"等伦理道德,以束缚人们的思想观念;另一方面,又通过大兴文字狱、大规模禁毁篡改图书,对不利于他们统治的思想言行,进行严厉钳制和残酷镇压。在统治者的文化专制高压下,脱离社会现实、穷经考古的考据学风逐渐盛行起来,同时,程朱理学也逐步丧失了其原有的学术性与创新精神,变为约束人们行

---

① 胡思敬:《论尊礼部为典礼院第十六》,载《丙午厘定官制刍论》。
② 《孟子·滕文公上》,载《孟子》,山西古籍出版社1999年版。
③ 胡思敬:《覆赵竺垣书》,载《退庐笺牍》卷一。

为举止的道德教条。如果说文化专制主义从内部控制了人们的思想，那么清政府长期以来实行的闭关锁国政策，则严重限制了人们与外部的联系。[①] 最终导致鸦片战争前夕，整个朝野士林，在思想上大多死气沉沉，顽固愚昧，正如魏源所说："皆徒知侈张中华，未睹寰瀛之大。"[②]

关于近代以来反西化的历史渊源的研究，已多为学术界所注意。早在 20 世纪 30 年代中期，著名学者全汉昇就曾指出："我国人反对西化的言论，在清末流行最盛，但却不始于清末，自明末利玛窦东来，介绍西洋文化于中国时始，反对之声即已四起。可见清末反对西化的言论的流行绝对不是偶然的，只是继续过去二百多年的潮流，再加以当日（清末）环境的刺激，于是达到空前的发展而已。"[③]自利玛窦死后，中西文化的冲突不可避免地公开化。明末南京教案与清初钦天监教案就是其中显著的两例，而持续近百年之久的天主教与儒学之间的礼仪之争，也以康熙帝的一纸禁教令而告终，导致天主教在华陷入绝境。[④] 此后，雍正、乾隆、嘉庆、道光历朝都多次颁布禁教命令。时至近代，明清之间传教士在中国传播科学文化的事情已逐渐被人们所淡忘，而"天朝上国"至善至美、无所不有的观念却深入人心。如胡思敬常谓"天朝上国，远过欧美一隅"，"四书五经为身心性命之根，半部论语可治天下"，因此，"魏默深之谈洋务、包慎伯之谈盐、漕、河，

① 关于闭关锁国政策的主要内容及其影响，参见朱绍侯主编：《中国古代史》（下册），福建人民出版社 1990 年版；戚其章：《中国近代社会思潮史》，山东教育出版社 1994 年版；王宏斌：《清代前期海防：思想与制度》，社会科学文献出版社 2002 年版。

② 魏源：《武事余记·掌故考证》，载《圣武记》附录卷十二，中华书局 1984 年版，第 498 页。

③ 全汉昇：《明末清初反对西洋文化的言论》，载包遵彭等编《中国近代史论丛》第一辑，第二册，台北中正书局 1958 年版。此外，台湾学者吕实强、大陆学者李细珠在各自的研究中也都强调明末清初士大夫的反教思想与后世反西化的渊源关系（参见吕实强：《中国官绅反教的原因（1860—1874）》，台北中央研究院近代史研究所专刊（16），1985 年版；李细珠：《晚清保守思想的原型——倭仁研究》，社会科学文献出版社 2000 年版）。

④ 关于南京教案、钦天监教案及礼仪之争的详情，参见朱维铮：《汤若望与杨光先》，载《走出中世纪》，上海人民出版社 1987 年版；李兰琴：《汤若望传》，东方出版社 1995 年版；李云泉：《中西文化关系史》，泰山出版社 1997 年版。

益粗疏不足道矣。"①同时，由于此时西方文化是伴随着西方侵略而来的，这就更强化了保守的士大夫抗拒西学东渐的意识。

一般说来，民族是"人们在历史上形成的有共同语言、共同地域、共同经济生活以及表现于共同文化上的共同心理素质的稳定的共同体"②。从这个意义上讲，鸦片战争以前，国人虽然没有产生近代民族国家的观念，却早已形成了明确而又根深蒂固的华夏民族观。随着西学东渐特别是民族危机的日益深重，传统的士大夫面对列强的侵略，激发出一种强烈的反侵略的民族主义情绪。这种民族主义情绪有向两方面发展的可能性：一方面，它成为开明的士大夫和新式的知识分子向西方学习的动力。这些人将对自己国家、民族的深厚感情演化为各种救亡图存、富国强兵的思想主张、措施行为，如魏源、徐继畲的"师夷"思想，曾国藩、李鸿章的倡办洋务，康有为、梁启超领导的维新变法等等；另一方面，它也成为保守派拒绝引进和学习西方先进事物的借口。鸦片战争时期的龚自珍、梁廷枬，洋务运动时期的倭仁，维新变法和义和团运动时期的徐桐、刚毅等等，可算是此类人物的代表。他们恪守中国传统文明，严守夷夏大防、拒斥外来文化，表现出一种盲目排外、仇外的民族主义情绪。

综上所述，清代的文化专制主义与反西化的历史传统是晚清保守思想产生的温床，而鸦片战争后，狭隘的反侵略的民族主义又助长了保守派对西方的盲目敌对情绪。在这种社会氛围中，谁主张向西方学习，都必然遭到朝野上下众多卫道士的攻击：正是由于林则徐、魏源所处的时代保守势力占据绝对优势，才使得他们初步适合时代要求的向西方学习的主张难以形成具体的社会实践，而只能仅仅停留在极少数人的思想层面，导致中国近代化在第一次鸦片战争后延迟近了 20 年光阴；同样是由于保守势力的钳制，致使洋务运动步履维艰，即使像李鸿章那样的权势人物在想为发展近代工矿企业而偷偷

① 胡思敬：《答赵芷苏书》，载《退庐笺牍》卷三。
② 中国大百科全书哲学编委会编：《中国大百科全书·哲学卷》，中国大百科全书出版社1987年版，第 255 页。

修建的铁路上，也不得不用马拉运货车，以抵挡舆论；而有以光绪帝为首的开明官僚集团支持的戊戌变法运动，亦在守旧势力的反扑下归于失败，最终在 20 世纪初，酿成了以盲目排外为特征，带有强烈狭隘民族主义情绪的"扶清灭洋"运动，为八个帝国主义国家联合发动大规模的侵华战争提供了借口，几乎造成亡国灭种的惨祸。由此可见，晚清守旧思想对中国早期近代化运动起到了阻碍与延缓的消极作用。不可否认的是，其之所以能产生如此大的消极作用，恰恰说明它在当时具有较为广泛的社会基础与较强的影响力。胡思敬毕竟不能脱离他的时代而存在，当时士林社会对传统文化的笃守与对外来文化的漠视，对其保守思想的形成具有较大的导向作用，这是不言而喻的。

（三）个人经历。有清一代，程朱理学得到官方的保护，成为占统治地位的显学。但此时，它作为儒学的一种理论形态已经僵化，其主要价值则是作为官方的意识形态而存在，成为清王朝文化专制统治的工具。这就导致清代程朱理学具有只重因循守道而缺乏学术创新的保守特征。因此，它很容易成为保守派士人的思想理论基础。时至晚清，尽管信守程朱理学者不一定都思想保守，但思想保守的学人却大多信奉程朱理学，如倭仁、徐桐、李鸿藻等等。19 世纪 70 年代，胡思敬出生于理学发达、科举旺盛的江西，其祖上三代皆为举人，他从小接受的是严格的孔孟道统教育，走的是一条由科举"正途"入仕的道路。[①] 这样的成长经历对于胡思敬保守思想的形成起到了重要的作用。

胡思敬主要的社会交往圈子是与其"气类相投"的江西同乡及以"道义相交谊"的乙未科同年，这些人几乎都是把程朱理学当作教条来崇奉，他们坚信"凡处己接物，事事体认天理，不杂一毫人欲之私，庶几人心可正，世变可弥"。[②] 借用冯友兰的话来说，他们讲程朱理

---

① 参见本书第一章第一节。
② 胡思敬：《致王泽寰书》，载《退庐笺牍》卷三。

学,可以说是"照着"宋明以来的理学讲的,而不是"接着"宋明以来的理学讲的。[1] 在胡思敬心目中,惟有程朱理学是"正学",其他学术流派都是"学文游艺之末"。他说:"我朝康雍盛时,凡在位大臣若熊(文端)、李(文贞)、二魏(魏敏果、魏文毅)、张(清恪)、杨(文定)、汤(文正)、陆(清献)、朱(文端)、蔡(文勤)诸贤,皆恪守经训,服膺宋五子,先治其心,后乃出而谋国。乾隆中叶以后,日中则昃,陈、蔡两文恭既没,朝宇无人,纪阮倡汉学以攻宋儒,驱天下聪明才智之士尽瘁心于考据、训诂,狺狺争胜求名,不复以躬行为事,此治乱一大关键。自是途辙益分,声韵、校勘、金石、舆地以及古文宗派四部分合源流、各擅专门,无非学文游艺之末。"[2]他认为,弥乱的关键在于"守道",而不是创新,即"守其不变者以待至变":"天下之乱由人心,人心之坏根于学术。仰观天道,俯察人情,历考本朝康雍全盛及同治中兴之由,非倡明濂洛关闽之学,更无挽救之方。"因此,"虽然世变无常,而吾心有定。但恨早岁沈溺词学,荏苒无成,以至今日。"[3]在这种思想观念的支配下,胡思敬排拒西学便自在其情理之中了。

从现存的资料来看,尚未发现胡思敬与任何外国人有直接交往。在京为官的十余年间,他虽然也阅读了一定量的洋务书籍,但却由于出发点不同,导致其对西方文明的认识助长了保守思想的坚韧性。这一点我们可以通过《论资政院》一文有更为清楚的认识:

> 天下未有无宪法而能立国者,秦、隋统一四方,暴起暴灭,是可为不立宪者鉴矣。今之谈新法者,吠声猖狺,皆以开议院为立宪,不开议院为专制,此大谬也。议院之法,东西洋各国行之则利,中国行之则害,吾得而详陈之。今夫无道主之虐民莫甚于横征暴敛,非尽取天下之民而屠杀之也。民之不获事上莫甚于分

---

[1] 冯友兰在《新理学》一书中称他讲的理学是新理学,因为他是"接着宋明以来底理学讲底,而不是照着宋明以来底理学讲底"(参见《新理学》,商务印书馆 1939 年版)。

[2] 胡思敬:《答赵芷荪书》,载《退庐笺牍》卷三。

[3] 胡思敬:《致孙蔚林书》,载《退庐笺牍》卷三。

种族、别良贱，亦不尽由于剥丧也。英人既得美洲，视同奴隶，连年构怨兴兵，倍征其税以充军饷。法俗习为奢侈，宫庭尤甚，赋入不充，广募国债，竭民力以偿之，其臣嘉龙总理度支时，议令世家、教士一体纳税，举国大哗，攻之去位。德意志弹丸小国，不及我一大省，三十九酋分裂其土，不相统辖，民之憔悴可知。日之国势似德，标置华族、士族，互相矜宠，平民不得与藩士通婚，不得衣丝乘马，重敛之外，别有借派，弱肉强食且数百年，压制愈甚，蓄愤愈深，一夫发难，海内潜起相煽，民穷挺走，不约而同。于是华盛顿始起叛英，血战八年，因以自立而成民主立宪。法人旋立国会，幽禁其主而成共和立宪，日废藩侯、德联合各邦而成君主立宪。大乱之后，收拾遗烬，各创设议院，与民更始，令上下公举议员而禁锢之势稍解，令议员筹画国用而征取无艺之政少衰。由犷野趋入文明，渐臻初级，法度尚未大备，智慧尚未大开，分别人数多寡以决从违，如村姬之问卜，如吏曹之掣签，虽规制简陋，流弊滋多，以视向时上惨下默，已不啻出水火之险而登衽席之安。乞人饥渴过甚，得藜藿而甘之，欲陈其余沥以夸于富贵人之前，则大惑矣。我朝圣训昭垂永不加赋，司农量入为出，虽乾嘉屡遭河患，咸同叠遇兵灾，未尝于常例之外，过事苛求，一闻偏灾，即颁给内帑赈恤，蠲租减赋，史不绝书，则待民之厚也。取士一由科举，下品寒门，但能发愤自强，转瞬即登华显，大家世族，再传之后，子孙不自振拔降为舆台皂隶者，往往而有，则用人之公也。本无疾病呻吟，忽贪求秘药奇方，败人脏腑。吾见资政院即立，各省广设自治局、所，左右言利之臣，乘时向用，专以朘削为能。此献一策，彼献一策，谓西法皆当仿行，谓国民应尽义务，每岁预算国用，付之议员，印花营业等税，次第筹办。劣绅贪吏，勾结相侵渔而穷民之生计绝矣。公举议员之法，王公由钦选，京员由会推，官绅士商由督抚保荐，夫力能得督抚荐章，必其人平时略具势位，又广通声气，善交游，类非惛惛无华者所及。自治局、所虽未明言若何用人，亦必二三豪势把持，以门阀相高，以流品相煽，攀援附和之风盛而寒畯登进之阶又绝矣。人之立宪，拼掷数百万性命，并力以脱牢笼，我之立宪，囚縻四百兆生灵，延颈以待锋刀，或云削夺君权者固非，或云能伸公论者尤陋也。编制者又以士气渐嚣，外省呈电沓至，欲以一院当舆论之冲，使政府得安，行其政策，本固拒而云周谘，欲盖而弥彰，肺肝如见。夫天下有道，庶人不议，诚知为辩言乱政，即宜早遏其萌，既设所招待，又拒绝之，此何为者？有僧道而后有鬼，陈败醢臭酱于前而后蝇蚋毕集，故外务部设而交涉愈多，巡警部设而贼盗益甚，是亦醢酱之类也。彼以民口为川，以资政院为堤防，不知水且旁溢四出，一决而不可遏止。始而诉于堂，已且阗于室，终且劫于途。五大臣登车而遇炸弹，此风一开，恐政府人人自危，尚得安行其政策耶？①

就历史表象而言，胡思敬注意到中外国情的差异并非完全迂谬，但他是戴着有色眼镜去体察西方文明的，这使得某些近乎合理的因素最终成为其反对新政改革的历史依据。

二、对清室"中兴"的企盼

清廷祚灭后，进入民国，留下一大批臣民在新旧嬗递之际面临选择。此时，尽管中国的社会背景已远异于前代，却依然没有改变传统意义上遗民的出现。所谓遗民，按朱子素所说，即"在兴废之际，以为此前朝之所遗也"，"故遗民之称，视其一时之去就，而不系乎终身之显晦。"②可见，对于传统的士人而言，"遗"之所以能发生，多起始于一种"易代"之际的政治情结。从商周之际的伯夷、叔齐到明末清初的顾炎武、黄宗羲、王夫之等等，仕或不仕新朝成为判定遗民身份最主

---

① 胡思敬：《论资政院第十八》，载《丙午厘定官制刍论》。
② 归庄：《归庄集》卷三，上海古籍出版社1962年版，第170页。

要的标准。同样,对前清遗老身份的界定也源于这一传统的政治标准。费行简就从这点出发,将赵尔巽、柯劭忞等曾供职民国清史馆的前清显宦一律排除在遗民之外。① 何藻翔更严格地认为,"在朝不锄奸,国亡不举义,未足为遗老也,"②即真正称得上遗老的人,应该是在朝锄奸的净臣及亡国后匡世勤王的前朝孤臣。从这个意义上讲,胡思敬堪称清室遗老中的典型。

在晚清光宣之际,新旧学说纷争杂呈,新旧人物之间的矛盾日趋激烈。胡思敬反对变法改革,更痛恨新派权贵倚借新政之名进行党同伐异、投机钻营的勾当。在不到两年的御史任上,他上疏四五十次,端方、载泽、徐世昌、善耆、袁树勋等疆臣贵戚均被指名摘罪。对此,时人陈赣一曾记叙说:

> 光宣之交,谏垣中首推二赵一江,有三霖公司之称。继起者以胡思敬为最有声,其劾"端涐阳(即端方)罔利行私、奸贪不法"一疏,能言人所不敢言。有句云:"自光绪以来,政尚宽大,上下师师,习为软热圆美,言路弹章必阴伺朝廷已厌之人而后敢发;疆臣覆奏必密揣政府私受之意而后敢陈。狐死兔悲,官官相护,无论如何,狼藉败露,弃此一官,了无余惧,水懦易玩,伤人实多。论今日疆吏之寄,莫要于南洋;论近时大吏之污,莫甚于端方,以至污之人膺极重之任"等语,可谓倔强矣。③

不仅如此,胡思敬甚至对摄政王载沣"唯满人是用"之举也敢拔龙须,直指其非。④ 这使其在保守派阵营中号为"真御史",可谓是在朝锄奸的"净臣"。辞官离京后,他仍刻意与新政划清界限,"自坚其

---

① 参见费行简:《当代名人小传》,《近代中国史料丛刊》三编第八辑,台湾文海出版社 1986 年版。
② 吴天任:《清何翙高先生国炎年谱》,台湾商务印书馆 1981 年版,第 102 页。
③ 陈赣一:《胡思敬之倔强》,载《睇向斋秘箓》,文明书局 1922 年版,第 68 页。
④ 详见本书第一章第二节。

节,画地坚守,不越雷池一步",甚至"数月未阅报章,虽住城市,亦不翅山中人矣"。① 尽管其守旧的言论常为时论所讥,但他却说:"君子论事,不贵苟同。""敬性情偏执,在今日几成峒溪猡獐,别为一种风气。"虽"久为时论所怪",但"笑骂由他,笑骂文章我自为之"。② 可见其性格倔强偏执,爱憎分明,且自视甚高。

辛亥国变对胡思敬来说如同天崩地坼,这种政治大转型给他带来极其不适之感,使他"未尝不一日思效忠故君"。③ 在他看来,"天下最惨毒伤心之事,莫甚于亡国。殷之亡也,以暴易仁,而麦秀、采薇二歌至今读者犹为之陨涕。我清历年三百,阅十一主,无大失德,监国虽昏,不犹愈于纣乎? 一夫作难,天下瓦解。士大夫身丁其厄,岂竟漠然无所动于中?"④所谓"大盗移国,讨贼无人,吾辈之辱也"⑤。因此,他念念不忘扶持名教,义举勤王。从 1912 年组织上海遗老聚会,到图谋"癸丑复辟""丙辰复辟",直至 1917 年"丁巳复辟",当中都可以看到他奔波的身影。⑥ 在联络张勋举事时,他曾有诗云:

> 土室余生望中兴,请缨凭轼渡淄渑。
> 兖州幕府朋从盛,同上南楼访杜陵。⑦

"土室"是一个被历代遗民经常使用而具有一定文化象征意义的词汇,遗民李颙曾说:"昔袁闳栖土室,范粲卧敝车,虽骨肉至亲,亦不相见。"⑧从与当道政治的关系角度来说,遗民正是身在"土室"、心怀故主而拒绝"新朝"的一群人。"中兴"是指同一个王朝从内乱中复

---

① 胡思敬:《复苏员外书》,载《退庐笺牍》卷二。
② 胡思敬:《致刘幼云论学堂第二笺》,载《退庐笺牍》卷一。
③ 魏元旷:《副宪胡公神道碑》。
④ 胡思敬:《吴中访旧记》,载《退庐文集》卷二。
⑤ 刘廷琛:《胡公漱唐行状》,第 671 页。
⑥ 详见本书第一章第三节。
⑦ 胡思敬:《登兖州南楼》,载《退庐诗集》卷四。
⑧ 李颙:《答张伯钦》,载《二曲集》卷十六,中华书局 1996 年版,第 426 页。

兴,"余生望中兴"反映出胡思敬企盼恢复清室的强烈愿望及对民国
存在的不屑。正如他在《咏雪二首》中所云:

其一

茫茫一白无昏晓,没尽田园掩尽关。

看汝飞扬能几日,朝曦隐隐露西山。

其二

落溷飘茵命不齐,洁身只合住河西。

君看古驿蓝关雪,尽化污泥衬马蹄。①

　　这两首诗同样写于辛亥国变后,显然不是单纯的咏雪诗,其中隐
藏着作者对现实社会的不满及对改变时局的期待。在胡思敬看来,
清朝的灭亡是清廷的让政,是孤儿寡母(即隆裕太后和宣统帝)经不
住袁世凯的诱骗与胁迫所致。而民国只不过是由乱到治的一个过
渡、一场"冬雪"而已,冬去春来,这场雪迟早要融化散灭的。受传统
的纲常伦理思想支配,他始终认为民国政府无论是在情感上还是在
具体操作上都亏欠清朝一筹。民国取代清朝,是对其既有的君臣人
伦关系的空前挑战和肆意践踏。因此,他积极为图谋复辟清室而奔
走,甚至在张勋复辟失败后,仍不忘勤王举事,认为"办大事在得人",
"故虽家居,间岁必出游历,访遗臣故老,阴以求天下奇士"。②
　　其实,对清朝中兴的企盼可以说是整个遗老圈共有的政治情结。
如在清末曾任安徽布政使的沈曾植,入民国后为重建清室而活跃异
常。时人曾记叙,其"自辛亥至壬戌没之岁,凡十二年,祷帝吁天,见
事有可为则喜,见事无可为则哭";③冷汰在1917年"丁巳复辟"时描述

---

① 胡思敬:《咏雪二首》,载《退庐诗集》卷四。
② 刘廷琛:《胡公漱唐行状》,第670页。
③ 谢凤孙:《学部尚书沈公墓志铭》,载汪兆镛编《碑传集三编》卷八,《清代碑传全集》,上海
　古籍出版社1987年版。

说:"五月十四日(7月2日——笔者注),予在城阅沪报,知复辟已宣布,急赴湖寓。小舟将至水门,仲兄倚门而望,遥问曰:'消息何如?'应曰:'佳。'登岸,予母坐廊间,出报观之,母喜极,泫然曰:'不图暮年得中兴'。"①在作者带有诗意的摹画下,不仅一位久乱之后盼太平的贤母形象跃然纸上,而且似乎整个社会都处于渴望重建故国的语境之中,如章梫所谓"民心固结,气脉绵长,天命仍眷顾于我圣清也"。②

虽然清室遗老站在旧朝(清朝)的立场上反对新朝(民国),但是民国政府对他们却未采取激烈的制裁措施,其原因主要有两点:一方面,当权人物多曾在前清为官,和遗老多属旧雨新知,而民国虽然以武昌起义为首功,但毕竟最后以和谈解决南北统一,和平过渡到所谓的共和国,其舆论并不乏民主与宽容的氛围。另一方面,从文化的角度来看,遗老们对旧朝的眷恋,更多的是一种对传统生活、固有的社会秩序的企盼。在新、旧文化激荡的民初社会,各种思潮迭起,整个社会都面临着选择上的困惑和迷茫。因此,我们在当时最激进的报刊上仍然可以看到前清遗老的酬唱"文宛"栏目。

1923年张勋病逝,这位在近代历史舞台上以复辟清室而留名的孤臣孽子,其死在当时成为新旧文化嬗递中特别具有表达政治倾向的述怀题材。除溥仪赐谥"忠武"外,不少民国权要也纷纷写挽联对这位数次发动复辟的民国罪人表达敬意和怀念。曾任民国总理的钱能训,赞美其"千载凛然见生死,九庙于今有死臣";同是民国总理的熊希龄,对辫帅也不乏好感:"国无论君民,惟以忠信为大本;人何分新旧,不移宗旨是英雄";当过大总统的徐世昌亦有"秋入风云气萧索,影摇星斗泪阑干"之语。③此外,南北军阀如陆荣廷、张作霖、倪嗣冲以及其他社会各界名流的祭文、哀诗、挽联等不计其数,后来张的家人及门生专门编

---

① 冷汰:《丁巳复辟记》,载《近代史资料》总第 18 号。

② 章梫:《〈纶旂金鉴〉后叙》,载《一山文存》卷十一,沈云龙主编《近代中国史料丛刊》第三十三辑。

③ 《〈奉新张忠武公(勋)哀挽录〉摘录》,载《张勋史料》,《奉新文史资料》第二辑,中国人民政治协商会议江西省奉新县委员会文史资料研究委员会 1986 年编,第 212 页。

了八卷长的《奉新张忠武公（勋）哀挽录》，读之颇耐人寻味。

张勋之死是当年轰动全国的大事之一，人们通过此事很容易联想到前清，进而将民国与清朝作一番对比。在北洋军阀统治下的民国社会，挂的是共和的羊头，卖的是军阀独裁的狗肉。连年混战，国事不宁，民怨沸腾。"新"夹杂着欺诈、虚伪和勾心斗角的面目立于世人面前，所谓"新"带来的竟是如此的局面，难免使人对其产生怀疑。这里不妨引用罗振玉在入民国十余年后的一段自述，其在一定程度上可以代表当时遗老圈共同的感受："在昔光宣之间，虽政治衰弱，然有苛税百出，不恤民命如今者否？有征缮不已，千里暴骨如今者否？有伦纪颓废，人禽不别如今者否？有官吏黩货，积资千万如今者否？有盗贼横行，道路不通如今者否？凡是之类，三尺童子亦能知之。"① 如果说罗振玉的论调成见太深，有失公道，那么曾激烈反对过帝制的章士钊的挽联则可以在一定程度上反映出当时存在于社会中的普遍矛盾心理："民主竟如何，世论渐回公已殁；斯人今宛在，党碑虽异我同悲。"② 或许，动荡的社会时局、整个传统文化的衰落和价值体系的崩溃，使在共和制度下的公民对王权制度下的臣民多了一份眷恋与怀旧。

三、胡思敬及其保守思想在大变局中的命运

清末民初是一个战乱频仍、大变日亟的年代。几千年专制体制从此走向灭亡，根深蒂固的传统文化观念也面临着空前的挑战，这使人们在新、旧之间的选择中充满了困惑、无奈甚至是痛苦。③ 在民初

---

① 罗振玉：《雪堂自述》，江苏人民出版社 1999 年版，第 60 页。
② 《〈奉新张忠武公（勋）哀挽录〉摘录》。
③ 众所周知，民国初年出现了共和与帝制交替的奇怪现象，除以遗臣自居的"辫帅"张勋外，升允、溥伟、铁良、善耆等人组织的"宗社党""勤王军""满蒙举事团"等复辟势力也曾在日、俄、德等帝国主义的怂恿下，多次策划复辟清朝的阴谋。康有为、劳乃宣等人亦怀着"亡国之恨"，反对民主共和，为清室复辟大造舆论。但因袁世凯正谋帝制自为，不容他们拥清倒袁，才使"清室复辟"的计划一再破产。袁死后，国内的政治环境更加复杂，大小军阀之间尔虞我诈，进而有张勋复辟，且旋即失败。

遗老圈中,有很多人曾是晚清著名的新派人物,如陈三立、林纾、康有为等等,在某一段时间里,他们也曾力倡向西方学习,执着地在新文化中为国家、民族寻找出路,成为时代翘楚。但是,面对民国的建立,这群人却大都拒不入仕"新朝",甘为遗民以终老。可见,"易代"之际的新旧嬗变并无常式。吴宗慈在为陈三立所作的传记中,对陈人民国后的政治取向评价说:

> 民国肇兴,先生卜居宁、沪、杭各地,时与数老话桑沧兴废,虽不少灵均香草之忧思,然洞察一姓难再兴之理,且以民主共和之政体,为中国数千年历史之创局,与历代君主易姓有殊,故与当时英杰有为之士亦常相往还,从无崖岸拒人之言行,其甘隐沦作遗民以终老,只尽其为子为臣之本分而已。①

诚如所言,在陈三立看来,民国取代清朝是大势所趋,无可挽回,他所能做到的只是坚守自身的君臣节义,对于民国的种种现象,更多的是一种惆怅与无奈。当然,也有些人在笃守"为子为臣"的本分的同时,仍不忘恢复前清的统治,胡思敬即是这群人的代表。清亡之前,他恪守儒家传统的政治伦理思想,反对新政改革;②人民国后,他不仅拒不入仕,甘为遗民,而且积极图谋复辟清室。然而,胡思敬所处的时代已是中国社会从中世纪迈向近代的时代,他的保守思想面临着西学东渐乃至中国社会近代化的严重挑战:清亡前,他"罢停新政"的应变主张没有被清政府所采纳,所有的努力最终换来的只是辞

---

① 吴宗慈:《陈三立传略》,载陈三立著、李开军点校:《散原精舍诗文集》(下),上海古籍出版社 2003 年版,第 1195 页。
② 在晚清七十年的历史上,清王朝为图存自强共进行了三次大规模的新政改革。第一次是洋务新政(又称"洋务运动""自强新政"),持续了三十多年,以甲午日本大举侵华、清政府战败为标志宣告失败;第二次是戊戌新政(又称"戊戌变法""戊戌维新"),雷声大,雨点小,由于守旧势力的阻挠并最终发动宫廷政变,以六君子血洒菜市口而悲壮收场;第三次是清末新政,从 1901 年 1 月 29 日清政府发布改革诏令起,至清王朝灭亡止,历时十一个年头,规模宏大,成效显著。在这次自上而下全方位的社会变革中,中国社会在政治、经济、军事、文化教育以及社会习俗各个方面,都发生了举世瞩目的巨大变化。

官离京;辛亥革命和 1915 年兴起的新文化运动,前者摧毁了旧制度,后者颠覆了传统的旧文化,到"五四"时期,"民主"与"科学"逐渐成为时代的主流。在这种社会背景下,胡思敬守旧的思想终将被时代潮流所抛弃,这是其作为一个保守的传统士大夫的人生悲剧之所在。

清末民初的社会变局,造就许多像胡思敬这样的人物,胡氏的友人刘廷琛、李瑞清、胡嗣瑗、喻兆藩、陈曾寿等等,都与他具有相似的政治立场。这群人入民国后,虽多以遗老自居,失去了以往的政治地位,但并未完全从地方社会中消失,他们仍在一定程度上影响着国内政局和地方社会变迁。殷海光曾指出:"近代中国的历史,从社会文化的变迁观点来看,简直就是保守主义对进步主义的一部抗战史。近百年来,保守主义和进步主义的拉锯战,从大的战场到巷战,从国族大事到个人婚姻自由小事,无时不在进行。筹办'夷务'对反筹办'夷务';学习洋人之所长对反学习洋人之所长;变法维新对反变法维新;帝制复辟运动对反帝制复辟运动……凡此等事件的对演,无一不是保守主义与进步主义冲突的表现。"①可见,以胡思敬为代表的保守思想在当时具有较为广泛的社会基础和一定的影响力。

随着图谋复辟清室的努力屡遭失败,尤其是 1917 年张勋复辟失败后,胡思敬这群人多郁郁不得志,有的甚至忧极而终。同道之死,往往在后死者心中产生极大的震动,友人喻兆藩死后,胡思敬曾赋诗云:

> 昔有鹔山樵,戏作五君咏。传诵曾几时,道士先殒命。方怀弱一悲,敢望二惠竞。清溪复告哀,朔至风惨劲。五君仅存三,未与陈况病。贱子虽归田,命托长钱柄。慨自国步更,如足陷深井。君能脱尘跣,当以吊为庆。独有伤逝情,泪落如泉迸。未能远赴丧,旅具携磨镜。有谬谁与纠,有过不闻诤。棋劫徒纷纷,坐观孰能竞。愧无柳州才,一表先友行。

---

① 殷海光:《中国文化的展望》,中国和平出版社 1988 年版,第 256 页。

　　萍西接长沙，学尚船山派。当君负笈初，固亦甘下拜。所交赵与罗，投好如针芥。嗣守紫阳规，兢兢利义界。晚工古文词，极力扫贩稗。有作必见贻，督我指其疵。去岁夏涉初，鱼书渐疏懈。适邮六忠诗，索和如索债。岂其罹兵灾，或则持佛戒。忽得小同笺，开缄意殊怪。谓言病少瘥，幸未成劳瘵。相越不一旬，遽闻绝謦欬。凛凛霜悴蕙，凄凄露沾莛。遗著恨无多，犹忧人理坏。十载搜猎勤，何时青可杀。

　　戊戌君乞外，我方入吏曹。官味略咀嚼，正如剥蟹螯。西巡未返跸，君适来转漕。相逢月河寺，忧乱心忉忉。孤灯耿深夜，未暇谈风骚。嗣闻君领郡，执义驯桀骜。北上再握手，语切气不挠。临行赠以序，自愧格未高。沉浮又十载，彼此将二毛。丰熙变新法，狂吠声嗷嗷。抽簪各谋退，敢望栗里陶。乱后交益寡，恃子以自豪。东游兴未尽，约泛耶溪舠。咫尺尚千里，况敢狎海涛。灵兮汝暂息，生者亦徒劳。①

　　伤逝之情，款款流诸笔端，读之使人动容。此时，胡思敬还连遭亲人之丧，这使他颇为伤感，甚至感到生无所趣。在他与友人的信函中，我们可以看到其内心的悲痛："敬自国变后，先丧子，次丧母，再丧父，今又丧弟；其外戚之极关切者，丧梅庵父子；朋旧中往来至近至密者，去岁连丧庶三、扶常，孑然一身，了无生趣"；②"月内连接鲍润潆、唐元素两讣，来鸿去雁都无好音"，"梅庵愤亡，其中原因复杂，哀不忍言，长小女以一嫠妇提携两孤，顿失所依，尤增悲痛"；③"敬自国变后，两行泪血，内哭亲而外哭友，桑榆渐迫，余景无多。昔黄户部作五君咏，乡人争传诵之。今户部已逝，五人只存其三，孑然孤立，何以为怀？"④令胡思敬倍感伤心的是，"盐步书院有上舍生两人，一蔡一邹，

---

① 胡思敬：《挽喻庶三方伯》，载《退庐诗集》卷四。
② 胡思敬：《答潜园书》，载《退庐笺牍》卷四。
③ 胡思敬：《致潜楼书》，载《退庐笺牍》卷四。
④ 胡思敬：《唁喻相平书》，载《退庐笺牍》卷四。

皆年少可造,两年中先后萎化,提倡后学亦渐灰心。"①"论天地循环之理,剥极必复,至今日人禽相去无几,岂犹未极而终无一线来复之机,此在何理耶?海内耆旧以次凋零,敝邦入秋以来,未及二月而梅庵、庶三相继淹化,再阅数年,吾侪即觍然在世,窃恐无一投足之地、通音之所,心口相语,有何生趣?三十以上后生已毒重不可救药,意欲从庚子夷祸以后所生人委曲接引,藉了心愿,顷虽稍有区画而一传众咻,恐难终局。"②可见,其内心确已凄凉至极。

1922年,胡思敬带着无限的悲戚与一颗向清的耿耿之心病逝。身在津门的张勋得知后,念念不忘昔日的交情,在所赠的挽联中写道:"忆见交在徐兖之间,伤哉十年真长别;虽一去为朝野所惜,自足千秋有立言。"或许,胡思敬的挚友魏元旷赠送的挽联是合理解读其一生的正论:

> 痛生民沦丧彝常,浩劫难回,又使斯人归大化;
> 忆旧日商量谏草,明知无补,要留正论在千秋。③

第二节　胡思敬的价值取向

价值取向是指一定主体在面对或处理各种矛盾、冲突、关系时所持的基本价值立场、价值态度以及所表现出来的基本价值追求。本节围绕胡思敬最敏感的几个问题——节义、生死、伦理,来考察其行为方式,探讨其人生价值取向,以求更真实全面地展示、还原他在大变局下的心态特征。

---

① 胡思敬:《致潜楼书》,载《退庐笺牍》卷四。
② 胡思敬:《答孙蔚粼书》,载《退庐笺牍》卷四。
③ 胡思义:《陟冈集》,卷上,江西新昌胡氏,民国铅印本,中国国家图书馆藏。

一、笃守节操大义

节操大义,历来都是遗民圈最敏感的字眼。遗民对自身生活方式、价值立场的选择,以及"易代"之际种种之所"遗",无不是围绕节操展开的。因此守节,或是失节,成为他们最为关注的话题。

作为清室遗老中的典型代表人物,胡思敬自然对节操更为重视。和前代有所不同,身处民国的遗老们多了一层处世的艰难——前代遗民即使受到当道迫害,但本身所体现出来的士大夫节气,在世俗舆论中也还是受到普遍的赞扬和欣赏。而20世纪初,民族主义、共和革命之说风靡一时,此时作前清遗民,一有被视为旧制度余孽之恶,二有为异族守节之嫌,是与整个社会的潮流为敌,这是前代所未有的。在这种社会环境中,从不掩饰自己的守旧行为,有时甚至是故意表现出身虽处民国、心却仍属前清的胡思敬,自然很容易成为持新论者攻击的对象,但他对此却并不放在心上,在他看来,"易代"之际,是对士人立身处世最严峻的考验,也是最能体现士人节操立场之时,"末世之乱,如洪炉之火,大火所以试金,大乱所以试才,今之士大夫能经此煅炼者曾有几人?"①此时,他几乎将笃守节操大义当作为人处世的法则,所谓"节也,义也,天地所藉以立心,生民所藉以立命"。② 他认为,复辟若成功是清朝的命数,不成功则更应体现臣子的气节。虽然辛亥国变在胡思敬的思想世界中是一个必然要到来的结局,但这个结局却又仅被当作一场"冬雪"而已。因此,他将每次复辟失败的遭遇都凝固于一种忠于先朝的"岁寒然后知松柏"③的自励心境之中,虽然成为当时京沪报界笑骂集矢的迂儒,但对他来说,则是为国守节,忠贞不渝。

为在社会变局中寻求内心的平衡,胡思敬常常借助历史上的特

---

① 胡思敬:《答赵芷生书》,载《退庐笺牍》卷三。
② 胡思敬:《蔡童两节母寿序》,载《退庐文集》卷五。
③ 胡思敬:《与张少轩制军书》,载《退庐笺牍》卷二。

定人物,来强调所谓"大节不亏"的评价标准,并以此作为他与同道互相勉励的精神支柱。如他的《六忠祠落成》便是抒发这种胸臆的样本:"自染霜毫题木主,岁寒愈见松柏坚,吾乡节义古所重,失足一蹶羞前贤,呜呼人生不百年,稍惑即为物所牵。"①在对当代人物是非功过的评价上,他也把节义作为一条衡量的重要准则,所谓"君子之论人也,观其大节而已"。② 如江西巡抚冯汝骙原是胡思敬弹劾过的疆臣之一,梁鼎芬也是他所不齿的人物。但冯殉辛亥"国难",梁入民国后对前清忠贞不二,因而胡对此二人的看法有所改变,在《和邵莲士挽冯忠愍诗》及《寄怀梁节盦》诗中即表达了"破家今始见孤忠"③的赞赏与谅解。

其实,民初诸遗老多与胡思敬有着相似的经历和心态。这群人以不仕民国自居,以节操大义相标榜,顽固对抗所谓"新朝"。对于他们来说,最能体现节操的是继续认同前清的原有身份,不承认民国,甚至根本无视民国的存在。因此,入民国后遗老圈内依然等级分明,以前清的官职互相称呼,宣统年号也频繁出现在这群人的诗文集当中,这都是所谓"守节"情感的表露。

当然,清室遗民之"遗"并非是"易代"之际必须要走的道路。之所以为"遗",除了客观现实所迫外,在很大程度上是人为刻意营造出所谓的"遗民人生"的。当时,也有很多前清官员鉴于形势发展,顺应时变,由清入民。对此,胡思敬的好友魏元旷曾描述说:

> 宣统三年十二月二十五日,帝逊位诏曰:"朕钦奉隆裕皇太后懿旨,古之君天下者,重在保全民命,不忍以养人者害人。现将新定国体,无非欲先弥大乱,期保乂安。若拂逆多数之民心,重启无穷之战祸,则大局决裂,残杀相寻,势必演成种族之惨痛,将至九庙震惊,兆民荼毒,后患何忍复言。两害相形取其轻者,

---

① 胡思敬:《六忠祠落成》,载《退庐诗集》卷四。
② 胡思敬:《与刘幼云辨夏伯定谬论书》,载《退庐笺牍》卷一。
③ 胡思敬:《寄怀梁节盦》,载《退庐诗集》卷四。

正朝廷审时观变，痌瘝吾民之苦衷。凡尔京外臣民，务当善体此意，为全局熟权利害，勿得挟虚憍之意气，逞偏激之空言，致国与民两受其害。"于是仕于民者，皆以亲奉诏旨为辞，谓之昔于臣异姓者有别也。①

这里，魏元旷是以忠于清室的遗民身份自居，对那些出仕民国的前清臣子提出批评。在他看来，出仕民国与古时出仕异姓并无区别，而以宣统帝的逊位诏为借口，更是有失气节之举。对于这种"失节"的行为，常常会引起遗老圈的普遍痛恨和鄙薄。如赵尔巽、柯劭忞等人，曾自诩为遗老，后又接受袁世凯的聘任，入清史馆就职。遗老圈对赵、柯的所为就颇有微词。郑孝胥曾言："今日所见者只有乱臣、贼子及反复小人三种人而已。乱臣之罪浮于贼子，反复小人之罪又浮于乱臣"②；罗振玉在给缪荃孙的信中说："再都中亦有招玉入史馆者，垂白老妪，不胜粉黛，已谢媒人矣。"他还将民国政府的聘书焚烧于池塘中，名为"洗耳池"，以示对应聘者的愤慨；③章梫更将变节的遗老斥为禽兽："国变以来，四海鼎沸，士大夫或始相恩义而终为仇敌，或忽为仇敌而忽相恩义，其苟合苟背曾犬羊豺虎之不若，无耻故也。"④而对于许多"失节"者来说，无论其在民国官职的大小、任期的长短如何，他们身后的墓志铭或小传，都常冠以前清的官职。这也许因为惟有刻上前清官职的墓碑和其一起入土，方能真正做到入土为安。

胡思敬对"失节"者是极端憎恶的。他不仅在仕与不仕这样的大事上爱憎分明，而且在一些细枝末节上也处处留意：闻好友黄鹏改自号为"更民"，胡思敬觉得不妥，他认为此号有摒弃清朝、服从民国之嫌，建议其改之："国变后，执事别号为更民，鄙意殊不谓然。昔洪稚存由伊犁放归，自号为更生，更生即再生也。执事弃官而归，犹是大

① 魏元旷：《蕉庵随笔》卷一，载《魏氏全书》。
② 郑孝胥：《郑孝胥日记》，第1507页。
③ 罗振玉：《雪堂自述》，第41页。
④ 章梫：《戴母王孺人墓表》，载《一山文存》卷九。

清之民,何更之有? 更字有服从民国之意,似宜酌改。"①王式通在未经胡思敬准许的情况下,擅自改动其文章,把"国初"改为"清初",将"大清"称为"有清",并登载于报刊,这令胡思敬十分恼怒,去信诘问他说:"执事亦本朝臣子,炎凉之态,一反覆间,施之朋友,尚非所宜,况君臣乎!"②在胡思敬看来,王式通的改动意味着承认民国取代清朝这一事实,是对旧朝的不忠,有失臣节;而喻兆藩去世后,胡思敬则一再叮嘱其子说:"尊公志节皎然,所与交皆一时名隽。治丧当从大清通礼,依次而行。讣文仍旧式,不可妄用'前清'、'民国'等字。"③胡思敬情感之细腻及对节操的无比看重由此均可窥一斑。

二、追求"有待而为"

生死问题是一个时时困扰着遗老圈的话题。对于遗老们来说,"遗"于"新朝",虽可体现士大夫的气节,但毕竟成仁取义才是"易代"之际士人的最高境界和追求。姚永朴就曾以欣赏的口吻描绘了武昌起义后,湖南嘉禾县知县钟麟"舍生取义"的血淋淋的场面:

> 钟麟顾夫人曰:"汝将若何?"夫人曰:"死耳!"夜仰药,未即死……趋火中死。钟麟冠服佩印,坐堂皇召二子,命各杀其妻,二子从之,手皆颤。钟麟厉声曰:"易而毙之!"于是长子毙弟妇,长妇亦就叔求死,枪发仆地,又杀婢。钟麟瞠目视曰:"嗟乎! 若女子则皆死矣,岂有男子不能引决邪!"手枪击二子死,复呼三孙,则众仆已拥之走,乃自吞金,久不决,更觅刀刺胸,仆,血淋漓

---

① 胡思敬:《劝黄子雅戒酒书》,载《退庐笺牍》卷二。
② 胡思敬:《与王推事书衡诘国史凡例书》,载《退庐笺牍》卷二。王式通(1864—1930),字书衡,山西汾阳人,清末曾任大理院推事御史、大理院少卿等职,民国后任司法部次长,因反袁称帝,遂辞职。
③ 胡思敬:《唁喻相平书》,载《退庐笺牍》卷四。

满地。①

值得一提的是，姚永朴并非遗老，但在这位旁观者眼中，钟麟手
刃亲人的残酷，竟也成了忠烈的壮举，似惟此方显"易代"之际士大夫
的真面目。胡思敬对这种"慷慨赴死"的行为十分赞赏，对于这位以
扶持传统纲常礼义为己任的遗民来说，所谓世风日下、人心不古皆源
于"易代"之际士大夫对生的苟求。他曾用"昔贤忧乱唯祈死，身死犹
存耿耿心"②的诗句来抒发心志，而其在清亡后仍"忍辱偷生"的主要
原因则是要追求"有待而为"。所谓"有待"，即是对传统文化秩序及
政治秩序的企盼，在胡思敬心目中，前清旧朝正是这种旧的社会秩序
所依托的载体，因此"有待"凸显的是清室复辟的渴望。值得注意的
是，这种"有待"不是消极的、默默的等待，而是要有所为，要努力争取
理想的最终实现，并在实现过程中保持"为子为臣"的节操。这种价
值取向我们可以从入民国后，他对李瑞清的评价上有更进一步的
理解。

李瑞清在辛亥革命之际，曾协助张勋死守南京、抗击革命军。胡
思敬对此评价甚高，曾专门作《李布政守江宁记》一文歌颂其事迹。
该文尤其着力对李在被俘后所表现出来的视死如归的气节进行了
褒扬：

　　十二月贼兵从太平门入，全城皆树白旗，贼将林述庆至公
　所，问主者安在，左右惧不免，瑞清挺身独出，自认其名，以两指

_____

① 姚永朴：《湖南嘉禾县知县钟麟传》，载卞孝萱、唐文权编：《辛亥人物碑传集》卷十二，团
　结出版社 1991 年版，第 620 页。姚永朴（1862—1939），号仲实，安徽桐城人，光绪朝举
　人。历任广东起凤书院山长及山东、安徽等省高等学堂教授，曾去日本留学，毕业后回
　国，在燕京大学教授国文、经史。辛亥革命后，参加纂修《清史稿》，1919 年在秋浦周氏创
　设的宏毅学校掌管教务，1926 年参与筹办安徽大学，被聘为校长，1935 年因年迈返乡，
　抗日战争爆发后避居桂林。他一生撰著丰富，有《群经考略》《史学研究法》《文学研究
　法》《蜕私轩集》等。
② 胡思敬：《赋长句奉慰》，载《退庐诗集》卷四。

叩其额曰:"我李瑞清,藩司是我,财政公所总办亦是我,我畏死
早逃矣,今城破无以谢江南百姓,请就死。"述庆曰:"子毋然,公
在江南声名甚好,雪帅(指程德全)慕公久矣,尚欲烦以职事。"瑞
清曰:"我朝为大清二品官,暮即毁节事人,人将不食吾余,请枪
毙我,毋缓须臾!"……后(程)德全迎之上坐曰:"君何厚于安帅
而薄于我,我两人交情与安帅何异? 君佐安帅于危难之时,今日
事平,乃不肯相助,为何理耶?"瑞清曰:"士各有志,岂能相强,我
受事之初,即准备一死。大帅杀我,我当从文天祥、史可法游于
地下;大帅释我,不杀,我当学大涤子、八大山人卖书画以自活。"
左右露刃环立……(徐)绍桢调之曰:"汝满肚子臭历史,全不著
题。文不事元、史不事清,元、清皆夷狄也;大涤子、八大山人皆
姓朱,明之宗室也。君非觉罗种族,安得援以自比? 我劝君不必
学此四人,但学吴梅村耳。"……瑞清曰:"女子为强暴所污,何能
自白? 先生误矣。"①

胡思敬虽然对李瑞清大义凛然的气节推崇备至,但对于他离开
南京后,在沪鬻书画自给、"假道号以自娱"②的做法却不以为然:"闻
梅庵亦改道装,自称李道士,江西李都督两次电聘不至,卖书画自活。
伯严、昀谷、康伯等均寓沪,涚假贷以给食,立一江西讨论会,三五相
聚,亦极无聊。"③尽管胡思敬曾有过"大隐在朝市"的想法,尝谓"天下
无道则隐,不必山林也呼"④,其在与友人的信函中也屡屡表现出对世
俗之外生活的向往,"鄙意宜先遣眷还家,书籍字画载以俱南,孤身不
留一累,蓄发改汉装,时而山林,时而城市,时而海滨,鸿飞冥冥,弋人
何慕。范蠡遁越,自称陶朱,又称鸱夷子皮,梅福变名为吴市门卒,皆

① 胡思敬:《李布政守江宁记》,载《退庐文集》卷二。
② 蒋国榜:《临川李文洁公传略》,载李瑞清:《清道人遗集》,1939 年铅印本。
③ 胡思敬:《覆刘幼云书》,载《退庐笺牍》卷二。
④ 胡思敬:《与李梅庵书》,载《退庐笺牍》卷二。

此志也,鄙人近日颇欲仿此而行"①,但他很快就调整了自己的心态和政治目的。胡思敬认为,"我辈虽处困厄,当留其身以有待,未可遂托物绝俗而逃。"如果用他在《冬夜不寐》中"闻鸡起舞平生志,无奈刘琨不肯从"②来作注脚,那么其对清室复辟的渴望可谓一览无遗。

事实上,在"易代"这一特殊的历史境遇里,受各种主、客观因素的制约,遗老群体必然有其松散性和不稳定性,他们并非都像胡思敬那样执着,一成不变,"当时标榜遗老者甚众,而临财则又往往变易面目,自解为不拘小节矣。"③时人曾记叙说:"上海壬子以来,故有超社十人,轮流诗酒;甲寅一年,出山者半。王子戬观察存善戏谓:'超字形义本属闻召即走,此社遂散。'"④可见,随着时间的流逝,遗老圈不断发生着分化、蜕变,"有待"面临着严峻的考验。胡思敬对上海和青岛的遗老们日日流连诗酒、醉生梦死的生活方式颇为不满,对其"闻召即走"的萎骨则更为鄙薄。在他看来,遗民既身有亡国之恨,理应洁身自爱,做到所谓"土室牛车,言必先朝"。而耽溺于酒,"好纵淫乐者,天必报之","此非独伤财,实废吾事。"⑤

可以说,追求"有待而为"是胡思敬生命的一种支撑,即使在张勋复辟失败后、复兴大清的希望已非常渺茫的情况下,他仍"仆仆道途,有时下乡,有时入城,有时赴省":⑥一方面劝勉张勋韬光养晦,争取时机"恢复社稷";另一方面劝说李瑞清、刘廷琛等遗老回乡扶持名教,固结人心,伺机再举。"元人入主中夏,兵力之强过今日英、德、俄、法远甚,徒取一时胜负判优劣、定从违,世俗人势利之见,非我辈所宜出也"。"我辈年齿俱壮,潜移默化于无形之中,初不藉登高一呼之势,

① 胡思敬:《复刘幼云书》,载《退庐笺牍》卷二。
② 胡思敬:《冬夜不寐》,载《退庐诗集》卷四。
③ 刘成禺:《世载堂杂忆》,中华书局1960年版,第125页。
④ 章梫:《答金雪苏前辈同年》,载《一山文存》卷十。民国成立后不久,瞿鸿禨、陈夔龙、沈曾植、樊增祥等遗老在上海成立了超社、逸社,以表现自身不问世事,不与当道合作,甘作遗民以终老的态度。
⑤ 胡思敬:《劝黄子雅戒酒书》,载《退庐笺牍》卷二。
⑥ 胡思敬:《与李梅庵书》,载《退庐笺牍》卷二。

而后可以有为也"。① 为"示身虽废退,犹有不能忘者"②,他在家中筑感旧台、北望亭。在与友人的信中,他写道:"我辈身虽在野,不宜妄自菲薄,设有顾我于草庐、从我于河汾者,茫然无以为应,岂不愧死?孔子所谓'不患莫己知,求为可知也'"③;"要其淡泊明志,崭然有难进易退之节,不汲汲于富贵者必其能静观天下之变,而肩异时之巨任也。"④正是怀着这样的心境,胡思敬才会在新、旧社会的夹缝中苦苦坚持。然而,尽管他可以选择自己的生存方式、价值立场,但却无法选择历史的安排,种种的期待与追求最终只能随着他的凄凉离世而"衔悲以入地"。

三、捍卫纲常伦理

如果说胡思敬所追求的"有待而为"更多体现的是一种政治情结,那么其捍卫纲常伦理则凸显的是对中国传统文化的坚守。在由传统到近代的社会转型过程中,思潮的激荡,文化的递嬗,观念的变迁,必不可免,在对旧有文化的不断质疑、反诘声中,人们对于传统伦理道德失去了敬畏,传统伦理道德本身逐渐失去了原有的尊严,胡思敬对此深感忧虑。作为一位毕业于南昌经训学院,并以奉行程朱理学为宗旨的正统士人,他自觉地充当了传统的卫道士,成为维护中国传统伦理道德的一个坚实堡垒。

胡思敬承继了宋明理学中的价值理念,他以道德法则作为价值判断的标准,并将这一标准施诸经验世界。如他对倡言新政变法者,多以奸佞小人视之,"国家办一新政,则必添无数之官,筹无数之款,小人贪鄙嗜利,谁不乐之";⑤选举"多由营求而得,单选则范围更广,

---

① 胡思敬:《答华澜石书》,载《退庐笺牍》卷四。
② 胡思敬:《冬青园记》,载《退庐文集》卷三。
③ 胡思敬:《答卢扶常书》,载《退庐笺牍》卷三。
④ 胡思敬:《介石山房记》,载《退庐文集》卷三。
⑤ 胡思敬:《复朱大令书》,载《退庐笺牍》卷一。

人格更卑,彼喜事好乱之徒、朝夕祷祀以求之者皆如愿以偿"。① 这种用道德上的是非、善恶、好坏之类的二分法思维模式来判断经验世界中具体而复杂的事物,常常被人视作迂阔之见。他有时只能落得个"曲高和寡"的尴尬境地,不免发出"天下能自坚其节者寡矣"②的慨叹。

在清末民初的社会转型阶段,胡思敬坚守着非功利的道德观,一再力倡重义轻利,常谓"汲汲于名者犹汲汲于利,人性之趋利,犹水性之趋下,趋之者众则必争,争之甚则必乱",③这显然与近代商品经济社会的极端功利主义价值观念相冲突,面临着西学东渐的严峻挑战,其却仍沉浸于道德体验与道德实践的世界中,"举世波靡,滔滔不返,虽不能转移风气,要当不为风气所移,天不变道亦不变,四夷交侵,何代蔑有。"④可见,胡思敬所关注的不是物质生活,而是精神生活。他认为,人生中有比功名富贵更重要的道德价值和理想信念,一个儒家君子应该努力追求超越物质欲求的道德精神境界。常谓"谋道不谋食,忧道不忧贫,君子不患贫而患不均",⑤"俗皆趋巧而我独守拙,人皆争利而我独安贫,以一身一家作之,则人心虽坏,直道犹存。今人以身殉利,解此者绝少,飞蛾扑火,濒死不悟,亦大可悯矣。"⑥

当然,胡思敬的非功利主张不仅在于个体道德修养,更重要的是寄望以"德"治天下。在他的心目中,传统伦理道德乃是立国之本,道德重于甚且决定政治,政治不过是道德的延伸与外化,传统的政治文化、道德规范,成为其政治思维的前提与藩篱。他认为,一切错误都是违背道德规范的结果,一切社会弊端都是由于"人心不古"。因此,治国的根本就在于倡明正学,重整传统的伦理道德规范。鉴于对远古盛世的倾心向往和对现实人心的忧虑,胡思敬特别钟情于伦常名

① 胡思敬:《与刘幼云辨夏伯定谬论书》,载《退庐笺牍》卷一。
② 胡思敬:《复喻庶三书》,载《退庐笺牍》卷一。
③ 胡思敬:《请严治脏吏开单汇成乾隆历办成案折》,载《退庐疏稿》卷一。
④ 胡思敬:《复赵竺垣书》,载《退庐笺牍》卷一。
⑤ 胡思敬:《曹溪避乱记》,载《退庐文集》卷二。
⑥ 胡思敬:《复喻庶三书》,载《退庐笺牍》卷一。

教。他说：

> 三代以前之学专在明伦，伦既明矣，举凡人与人相处之道，国与国相接之礼，无论上下、远近、亲疏，皆厘然各得其当，天下有不治乎？伏羲画卦之初，仰观俯察已默会其理，而未尝明言。舜使契为司徒，始举君臣、父子、夫妇、长幼、朋友五教以示天下，自夏商以迄于周，卒由其道不改，上以是教，下即以是学，志定心专，初无他歧之惑，故其力不分而才易成。孔子之教弟子也，先孝悌谨信而后学文。孟子举庠序之教两告齐梁二君，皆云申之以孝悌，修于身者在是，齐其家者亦在是，所谓人人亲其亲，长其长，而天下平，不在求诸远也。盖统论生人分伦求治之理，非五教不足以尽之；而就五教分别重轻，至亲者莫若父，至尊者莫如君。①

作为传统伦理道德核心的伦常名教，被胡思敬视为是天经地义不可违背的，如"日月经天，江河行地"。他认为，"天下之乱由人心，人心之坏由学术"，"学问之道无他，小之在辞受取与，大之即在纲纪伦常②"。胡思敬尤其强调"忠、孝、仁、义"诸道德，认为这应是为学做人的道德准则。

"忠"即忠君报国，在传统社会中，君与国具有等同的意义。因此，胡思敬的"忠"，即是对清王朝的尽心报效。要做到事君以"忠"，必须具备"仁""义"的品性："明知事不可为，虽历九死、冒白刃，必委曲周旋以求补救于万一者"，是为"仁"；"明知世不我与，虽积毁销骨、窜斥流离，不肯迁就其说，苟为容悦以媚世者"，是为"义"。③ 胡思敬还将这与女子殉夫守节联系在一起，常言"国将乱而后有忠臣，家门

---

① 胡思敬：《万载龙氏忠孝祠碑记》，载《退庐文集》卷三。
② 胡思敬：《答庐贞木书》，载《退庐笺牍》卷四。
③ 胡思敬：《送喻庶三出守宁波序》，载《退庐文集》卷五。

不幸而后有贞女烈妇。"①他在入民国后,为大量的烈女节妇作传,就是为"表其大节,树之隧道,以示后人","俾后之研求妇学者知所轻重,不为邪说所摇,亦世道人心之一助也②"。当然,我们现在看来,女子为名教守节殉身的传统观念无疑是传统伦理思想的糟粕,不能与志士仁人舍生取义的精神相提并论。然而,在传统社会中,这两者都是天经地义的。

"孝"是中国传统伦理道德中处理与父母关系的重要伦理道德范畴,父慈子孝,兄弟友爱,夫妇相敬如宾,家庭成员间能相互理解、尊敬、宽容,方可尽享天伦之乐。胡思敬强调,以"孝"齐家,是治天下的基础,因此,"居今日之世而能讲亲睦、享天伦,此余所乐闻也"。"君子必先治己而后可以治人,必先谋家而后可以谋国","实以节义为天下之倡,必本忠孝养其根"。清末民初,随着各种西方思潮进入中国,传统的礼教秩序受到极大的冲击。在胡思敬看来,"盖吾国所藉以维持人道者实赖宗亲之法,积家而成族,积族而成乡,孝友姻睦固结不解,有无相济,患难相依,所谓百足之虫至死不僵也。"③他认为,"自辛亥国变以后,纲常伦纪埽地无遗,觇国者料其祸之所至,必较烈于五季六朝,而偏郡遗黎累更兵火,重以掊克,犹依恋乡井,能食其所耕、衣其所织、弗死问生、往来以私情相恤、不尽沦为禽兽者,宗族维持之力也。"④因此,他从事各种有利于加强宗族建设的活动,如办善堂、建宗祠、修族谱等等,以宣扬传统的伦理纲常,维护以传统礼教为基础的社会秩序。众所周知,传统的伦理道德既有精华也有糟粕。正如张岂之所指出的,"中国传统伦理道德不能全部用来振兴民族精神"。⑤ 中国旧有的伦理道德中,哪些是浊流、糟粕,哪些是清流,即具有生命力的珍品,我们应当有选择地加以继承。

---

① 胡思敬:《送赵侍御罢官南归序》,载《退庐文集》卷五。
② 胡思敬:《赵母蔡太淑人墓表》,载《退庐文集》卷七。
③ 胡思敬:《复毛实君藩司书》,载《退庐笺牍》卷二。
④ 胡思敬:《灵源姚氏族谱序》,载《退庐文集》卷四。
⑤ 张岂之、陈国庆:《近代伦理思想的变迁·序》,中华书局2000年版,第10页。

第三节　胡思敬的传统文化情愫

　　1927 年 6 月，当国民革命军北上之时，著名学者王国维拖着清代的一条辫子，留下"五十之年，只欠一死，经此世变，义无再辱"的遗书，在清代的皇家园林——颐和园投水而死。关于他的死因，学术界众说纷纭，笔者则赞成陈寅恪的说法，王国维不是死于政治斗争、人事纠葛，或仅仅是为清廷尽忠，而是死于一种文化："凡一种文化值衰落之时，为此文化所化之人，必感苦痛，其表现此文化之程量愈宏，则其所受之苦痛亦愈甚；迨既达极深之度，殆非出于自杀以求一己之心安而义尽也。"①

　　王观堂以自沉踏上了一位文化遗民抱贞殉道的不归之路。其实，与他所受传统文化程量不同的守旧人物，同样遭遇着沧桑易代的历史变故，同样承受着文化衰落的沉重苦痛，并以各种方式抗拒着他们难以接受的社会现实。早在民国建立之初，胡思敬就曾向新世界发出痛恨的呐喊："冉冉鬓华增客感，涔涔血泪向谁倾。愁闻杜宇啼亡国，忍看蟾蜍蚀太清。闲坐瓜棚谈旧史，海枯石烂恨难平。"②此时，空前的文化震荡、文化转型给他带来的精神上的痛苦几乎成为其精神状态的主流。在胡思敬的遗民情结中固然有着强烈的恢复清室的政治意味，但前清旧朝在他心中更是旧文化所依托的载体，政治意味中浸透着一种浓浓的文化情感。可以说，在大变局中，他所表现出来的政治情结同时也是对中国传统文化关怀的一种表达。

一、时代背景

　　鸦片战争的炮火震惊了沉睡着的大清帝国。在伴随列强武力侵

---

① 陈寅恪：《王观堂先生挽词序》，载《陈寅恪诗集》，清华大学出版社 1993 年版，第 10 页。
② 胡思敬：《次刘京卿静寄轩夜昏韵》，载《退庐诗集》卷四。

略而来的西方文化的冲击下,中国几千年的传统文化面临着前所未有的危机。就近代中国历史来看,文化危机确因民族危机的爆发而得以呈现出来,但即使不发生民族危机,传统文化也依然面临潜在的危机。早在明末,西方文化即开始传向中国。当时,虽然中国已落后于西方,但统治中国的明王朝仍不失"天朝上国"的威严,而西方诸国也暂不具备武装入侵的实力。因此在这种背景下的西学东渐,并未打上殖民侵略的烙印。然而,当时中国对西方的了解,主要依赖于传教士的叙述和西方商品的输入,所感触到的西方文明是较为肤浅、片面的,因此,这种文化交流,是不可能改变国人固有的文化优越感。

当利玛窦在肇庆挂出世界地图时,士大夫对于地图不是将中国放在中央、而是推到东方一角上,不能接受。为迎合中国人的观念,以有利于其传教活动的开展,利玛窦不得不把中国本部十五省绘在地图中央,并将中国版图放大,把周围国家缩小,此举使"中国人十分高兴而且满意"。对此,在华生活近 30 年、被后世称为"西学东渐第一人"的利玛窦不无感慨地说:"中国人把所有的外国人都看作没有知识的野蛮人,并且就用这样的词句来称呼他们。他们甚至不屑从外国人的书里学习任何东西,因为他们相信只有他们自己才有真正的科学知识。"[1]可见,尽管明政府并未将西学视为洪水猛兽加以隔绝,但传统士人心中的文化优越感及对外来文化的漠视已为西学东渐设置了难以突破的关卡。相比之下,清初西学东渐的程度还不能与明末同日而语。其所取得的成就,无论从翻译西学书籍还是从引进西方科技的价值来看,都远远不及明末。

在此后的两个世纪中,西方资本主义开始凸现于人类历史的发展进程。至 19 世纪 30 年代,在世界范围内基本上形成了代表时代新潮流的资本主义体系。而正当西方资本主义迅猛发展、在世界范围内大肆侵略扩张的时候,中国却是另一番景象:在经历王朝更替后,

---

[1] 利玛窦、金尼阁:《利玛窦中国札记》,何高济、王遵仲、李申译,中华书局 1983 年版,第181 页。

中国依然在男耕女织的自然经济状态下安眠,清政府闭关锁国,妄自尊大,根本没有而且也不可能认识到自己所面临的危险。统治者推行文化专制高压政策,迫使作为社会进步桥梁的知识阶层不问现实,或埋头在故纸堆中做学问,或碌碌于求取科举功名。这是当时知识分子的悲哀,也是清王朝乃至中华民族的悲剧。时至十九世纪中叶,中国在经济、政治、文化等各个方面都已衰败颓废,江河日下。在这种情势下,当中西方再次相逢时,中国已不得不面对坚船利炮与丧权辱国的现实。

随着长期关闭的国门逐步被打开,中国社会不得不面对来自西方的侵略性与先进性兼而有之的挑战。这种前所未有的挑战,无疑对旧生产方式的灭亡和新生产方式的出现,以及旧文化的衰落和新思潮、新学说的兴起,起到巨大的作用。在回应挑战的过程中,作为旧文化载体的传统士大夫蓦然发现,传统文化已处于危险的境地,这使他们不得不思考传统文化的前途与命运。从林则徐、魏源等经世派提出的"师夷"主张,到李鸿章、郭嵩焘等人的倡办洋务,中经康有为、梁启超领导的维新变法思潮与运动,至八国联军之役后清政府大规模全方位自上而下的新政改革,实际上都表现出一种向西方学习的进步的社会思潮,并在这一方向上的深入与扩展,从而构成了近代中国社会发展的主旋律。

在由传统向近代的社会与文化转型过程中,传统文化势必要吸收新的文化元素,才能驱动自身的进一步前行。然而,其对自身的缺陷由认识到克服的历程却是痛苦而漫长的。事实上,在晚清社会浓厚的保守思想氛围中,"洋务"的声名并不好:奕䜣因热心洋务而被称为"鬼子六";①徐继畬历数载而撰成的《瀛环志略》,就被守旧势力批评为"轻重失伦,尤伤国体",终使其"奉旨议处,书版饬令毁销";郭嵩焘因在出使日记中有客观公正评价西方文明的字样,便遭到朝野上

---

① 徐一士:《一士谭荟》,载荣孟源、章伯锋主编:《近代稗海》第二册,四川人民出版社 1985 年版,第 389 页。

下众多卫道士围攻,指目其为"汉奸",生前备受摧折,死后清政府亦不准赐谥,不予立传。① 保守思想势力之强大,还在于其渗透到某些开明人物的思想里:龚自珍愤然揭露时弊,呼唤"更法""改图",但从其所设计方案观之,大多是往回更,向后图,正所谓"药方只贩古时丹"。他的《罢东南市舶议》《送钦差大臣侯官林公序》,很能说明他对外来事物和维护传统纲常名教的态度;魏源对明末清初杨光先的"反教卫道"思想很青睐,他的《海国图志》便辑入了杨的《辟邪论》上、下篇;夏燮的《中西纪事》对杨光先的《不得已》也摘引较多,并称赞杨的反教言论"词严而义正";②梁廷枏的《海国四说》,比较全面地介绍了英、美等资本主义国家史地、政教、民俗等情况,其中不乏称道西方工业文明之语。然而,称道归称道,骨子里对西方事物也还是深闭固拒,一心要守护旧的社会秩序。如他对鸦片战争时期"师夷长技"的说法和做法就表示出极大的愤慨,指责"以夷攻夷""师夷长技",是莫大"失体"之举;宣称"求胜夷之道于夷"乃"古今无是理"。③ 由此可见,在社会转型过程中,近代化的趋势是明显的,但不可否认,传统的保守因素仍然起着重要的作用。

由此可见,就近代文化危机的根源而言,与其说是缘于伴随西力东侵而来的西学东渐的冲击,不如说是由于传统文化本身的封闭性与保守性以及由此所导致的工具理性的落后与薄弱。因此,向西方学习是解决文化危机的必由之路。李时岳、胡滨曾指出:"向西方学习是近代中国社会面临的重要课题。主张学习西方还是反对学习西方,成为评价近代中国历史人物或历史事件的重要试金石之一。"④当然,我们不能因此落到这样一个公式:认为凡是宣扬西方新思想、新学说的,就对历史起正面的推进作用;凡是株守中国传统文化的,则对历史起消极的促退作用,这样的不成文的公式是很不科学的。蔡

---

① 李慈铭:《越缦堂读书记》,中华书局 2006 年版,第 481 页。
② 夏燮:《中西纪事》,岳麓书社 1988 年版,第 226 页。
③ 梁廷枏:《夷氛闻记》卷五,中华书局 1959 年版,第 155 页。
④ 李时岳、胡滨:《论洋务运动》,《人民日报》,1981 年 3 月 12 日。

元培就极力反对完全抛弃中国旧有学术和传统文化的主张,他在讲到传统伦理道德时曾说,"君臣一伦,不适于民国,可不论。其他父子有亲,兄弟相友(或曰长幼有序),夫妇有别,朋友有信",则应当加以肯定,对于旧伦理中的"言仁爱、言自由、言秩序、戒欺诈"等道德观念,"宁有铲之之理欤?"①的确,解决文化危机不是取消传统文化,完全照搬西方文明不能适应近代中国的国情,如陈独秀曾发表文章纠正著名学者钱玄同所提出的废除汉字改用外国语的主张,认为这是"以石头压驼背"②的做法。不过,在这个时期,对中国近代国难关切的忧患之士,还来不及对中国传统文化与外来文化进行细致的分析和取舍,毕竟,民族生死存亡始终成为最急迫的问题。

冯桂芬提出的"以中国之伦常名教为原本,辅以诸国富强之术"③的理论,是近代"中学为体,西学为用"的文化原则的最初表述。时至戊戌维新运动期间,张之洞还在鼓吹"五伦之要,百行之原,相传数千年,更无异义。圣人所以为圣人,中国所以为中国,实在于此"。④ 毋庸置疑,这一主张是含有双重矛盾的复合体,即属于中国传统文化的"伦常名教"与西方近代文明的"富强之术"之间的矛盾;"伦常名教"中包含的旧礼教和优秀文化因素之间的矛盾。人们往往反感其维护纲常名教或君主政体的一面,然而,这两对矛盾的并存实际上却反映出近代一个重要的课题,即对传统文化和西方文化必须进行分析和鉴别,吸取优长,抛弃糟粕,可惜当时的士大夫未能对传统文化做"扬弃"的工作。但不可否认,这其中已蕴含着一定的文化省察意识,应对文化危机,恰恰需要站稳中国文化的本位立场,坚持与发扬文化本身的民族性。传统文化经过历史的锤炼,已成为中国和中华民族的共同心理素质和文化品格,有其稳定性、可继承性,因此解决文化危机的出路只能采取"扬弃"和逐步改造的方法,即既要借鉴西方文化

---

① 蔡元培:《致〈公言报〉并答林琴南君函》,载《公言报》,1919 年 4 月 1 日。
② 陈独秀:《〈新青年〉罪案之答辩书》,《新青年》第 6 卷第 1 号。
③ 冯桂芬:《采西学议》,载《校邠庐抗议》,上海书店出版社 2002 年版,第 25 页。
④ 张之洞:《劝学篇·明纲》,两湖书院光绪二十四年刊本。

之所长——向西方学习，又要加强传统文化自身的反省与检讨，从而通过自我调整以达到自我重建的目的。我们从中国近代历史中可以看到这种状况：有很多思想家，早年宣扬西方进步思想，晚年又转回到中国传统文化体系之中。这种现象表明，如何构建新文化，以解决传统文化所面临的危机，的确是一个十分复杂、艰巨的时代难题，任何简单化的答案都不能解决这个问题。胡思敬作为一名对传统文化的前途与命运十分关切的忧患之士，正是在这一历史背景下，开始其文化探索活动的。

二、守旧倾向中的趋新因素

借用梁启超"过渡时代"①的提法，鸦片战争爆发到中华人民共和国成立这段漫长时期的中国也可称得上是"过渡时代"：它是从以皇权为主体的君主专制制度向以民主、平等、自由为主体的共和制过渡的时期，它既是盘踞在国人心中的皇权神威逐渐走向解体的时期，同时也是人们自主意识、个性解放思想由萌发到逐步建立的时期。梁任公将"过渡时代"的中国人分为两种：其一"老朽者流，死守故垒，为过渡之大敌"；其二"青年者流，大张旗鼓，为过渡之先锋"。② 事实上，在"老朽者流"与"青年者流"两极之间的过渡地带是相当宽广的，在社会的变革和转型时期，历史人物的政治立场、思想演变、价值取向都会发生复杂的分化，"变"与"不变"相交替，开明与保守相碰撞，造成不同程度的与时俱进和不同程度的保守顽固交织在一起，使得社会生活异彩纷呈。从文化的角度来看，"过渡时代"的社会场景往往促使文化的多样性发展。这个时期的文化，既保留了传统文化的民族性成分，同时也增添了文化的时代因素，因而使得文化既有继承也有发展。

---

① 1901年，梁启超在《过渡时代论》一文中曾写道："今日之中国，过渡时代之中国也。"（参见梁启超：《饮冰室合集·饮冰室文集之六》，中华书局1989年版）
② 梁启超：《过渡时代论》，载《饮冰室合集·饮冰室文集之六》，第30页。

从胡思敬的学术背景和学术取向,尤其是对待文化的态度上来看,他是一位的文化保守主义者。我们这样认为,并不是说胡思敬"抗拒西化"的思想始终是一成不变的,而是说他思想中保守的成分一直占据主要地位。其实,在传统文明与近代文明既斗争又相融合的纷杂局面中,他的思想还是有一定变化的。

胡思敬在京为官之时,恰值中国内忧外患、烽火处处之际,"予来京师,七年之间,经甲午、戊戌、庚子三大变。"①受西学东渐潮流的影响,怀着浓重的民族忧患意识和强烈的经世思想的胡思敬,提出了"将何以立国"的问题,体现了他对传统文化前途与出路的忧虑与关怀,同时,他确也认识到代表现代科技文化的"西学"在某些方面是有优长之处的,鉴于此,他曾"手抄政治、舆地、洋务书不下数十百种"。②光绪三十二年(1906 年),清政府任命刘廷琛为陕西提学使。胡思敬在给刘的临别赠言中写道:"癸卯奏定章程,乃南皮(指张之洞)梦呓,垂死气索不自觉其语言凌乱也。事已决裂,欲罢不能,不得已而商补苴之法,只有寓科甲于学堂,急请于学部设各省毕业出身,定额如乡会试,旁省不得侵占,由是整饬一方,别成关陕学派,未为不可。"他建议,新式学堂应以"正经正史为主,周秦诸子宋五子为佐,别增舆地、掌故、兵政、财政、理化、算术、东西洋历史、异域语言文字八门,除洋文外,七日一讲,十日一课"。胡思敬认为,"西人最精而切要者,莫急于海军,其次如制造(以船政、枪炮为本),如矿冶,如铁路工程,皆专门绝业,未可视为缓图,力能优聘西人设专校,大善;或财力窘乏,选拔少年诚悫子弟,分赴欧美,以二十人计,岁破二万金,尚非虚掷;东瀛游学,公私过万人,遁逃渊薮,每念使人心悸,徒贪其更程近、学费廉、勉徇虚名,衔尾东渡,是聚而坑之也,亦何忍哉?"③

由此可见,在这一时期,胡思敬的思想处于趋新与守旧之间,具有开明与保守共存的特点。作为一位有一定时代感的士大夫,他注

---

① 胡思敬:《自序》,载《国闻备乘》。
② 胡思敬:《答赵芷荪书》,载《退庐笺牍》卷三。
③ 胡思敬:《刘幼云提学关中赠言》,载《退庐文集》卷一。

意到了社会的变化,愿意从洋人那里吸取某些长处,以弥补中华之不足。当然,在中国传统文化优越意识已积淀于他的头脑中,并成为其观察、理解事物的思维定势的情况下,他所主张的"师夷",是有限度的。他说:"今日天下之大患,不在法制之不善……祖制未堕以前,国无非常之变,民无思乱之心,未尝不可有为……谓交通不便,铁路既已开矣;谓器械不精,极力讲求制造可也。列国新法已仿行殆尽,所欠者只国会耳。国会既开,图穷匕见,当更无救药下手之方。"①可以看到,在胡思敬心目中,趋新与守旧的份量,并未突破"中体西用"的框架。如他所言:"凡事有可通者,有不能通者。今日借人钱财而明日偿之,此可通者也;今日借人姬妾明日还之,此则万不能通矣。人用枪炮,我相率而弃弓矢,通其可通,谁得而非之?人重工艺,我相率而弃道德,通其所不通,纵今日靡然从风,后世是非明、风潮定,纷纷集矢于一二人,必有执其咎者。"②

在伴随着列强入侵而来的西方文化的冲击下,中国社会面临严重危机,传统文化遭遇有力的挑战。能否成功地应对这场挑战,扭转危机,是摆在每一个对近代国难关切的忧患之士面前的重大现实课题。为解决这一课题,胡思敬提出了整顿道德、归复人心的主张,并对政治的黑暗腐败加以激烈抨击,对王朝末世道德沦丧、伦常败坏、世风日下的状况极为忧愤。从这一点来讲,他的思想是求变的,即要改变清王朝的贫弱的现状,理顺伦常关系,整肃社会道德。然而,胡思敬的"变",不是改弦更张,标新立异。他虽然对当时的各种社会弊病有所体察,但却将各种弊端产生的根源归结为"人心不古""正学不明"。因此,胡思敬的眼光总是向内、向后看,力图从中国传统经典中找到救时应世的武器,通过复古礼、立宗法,整顿礼崩乐坏的伦理秩序,来挽救日益腐败黑暗的清朝统治。在他看来,西方的优长之处在于"器术工艺",而这些不过是治国的末节。中国传统伦理道德、纲常

---

① 胡思敬:《密陈立宪隐患折》,载《退庐疏稿》卷三。
② 胡思敬:《致刘幼云论学堂第三笺》,载《退庐笺牍》卷一。

名教才是"本"，它们至善至美，国人不应该"骛其末而遽忘其本"。
"伍廷芳学西文最早，为美国法律专家，及为侍郎，不能阅刑曹之稿；
严复译《天演论》发明物竞天择，译孟德斯鸠法意发明民权、自由，既
已中毒于民。后起者未必青胜于蓝，充其伎俩亦不过伍、严之续
耳。"①胡思敬思想中的这种变与不变相交替、开明与保守相混合的现
象，既是他思想复杂性的表现，也是近代中国社会形态过渡性的表现。

其实，同时代的很多士大夫官僚都具有与胡思敬相似的思想特
征，他们仍在"以中国之伦常名教为原本，辅以诸国富强之术"的理论
命题范围内寻找传统文化与西方文明的结合点。如邵作舟所说："择
泰西之善修而用之，尽地利、盛工贾，足以为我之富，饬戒备、精器械，
足以为吾之强。以中国之道，用泰西之器，臣知纲纪法度之美，为泰
西之所怀畏，而师资者必中国也。"②这也是用不同的语言表达了相同
的思想。这种思想之所以产生，一方面是由于他们对西方文化的认
识水平受到时代的局限，其所看到的西方文化主要是"百工杂艺之
巧，水陆武备之精，贸易转输之盛"，③诸如此类的器物性形态，因此，
他们认为洋人之所长不在其"本"，而在其"末"。另一方面，他们本身
的政治倾向性和民族性要求他们不能把西方文化当作"本"，置于传
统文化之上。他们必须保护传统文化，以维系民族的生存。从这一
点来说，"以中国之伦常名教为原本"，包含一定的民族意识，具有强
化民族凝聚力的整合作用，因为"中国之伦常名教"并不都是腐朽的、
反动的，其中有一部分是可以继承的。

虽然当时胡思敬已经接触到了"如何处理传统文化与西方文化
的关系"这个问题，但他对此还谈不上进行科学的分析与研究。他对
中西文化的认识水平，实际上是在魏源的"师夷长技以制夷"思想与
后来的早期维新思想之间徘徊。而当西方文化一旦突破"用"的界

---

① 胡思敬：《指陈学堂十弊六害请另筹办法折》，载《退庐疏稿》卷一。
② 邵作舟：《纲纪》，载《邵氏危言》，中国近代史资料丛刊，《戊戌变法》（一），神州国光社
　1953 年版，第 182 页。
③ 邵作舟：《纲纪》，中国近代史资料丛刊，《戊戌变法》（一），第 181 页。

限,威胁到"体"的时候,他便会本能地起来捍卫传统的伦理道德、纲
常名教:如他对张之洞废科举、兴学堂的主张就坚决反对:"学章捣乱
至此,必败坏天下无疑,后世操史笔者追原乱始,南皮一老实难逃斧
钺之诛"①;得知刘廷琛出任陕西提学使时,他在与魏元旷的信中写
道:今日学堂之害,"何翅猛兽洪水! 幼老由山西学使入领太学,遵守
部章,替人任过,心尝恨之,然犹出自朝命也"。② 既然是"临以王命,
势不得恶此而逃",因此他多次致函勉刘廷琛,希望其寓科甲于学
堂,"守其不变者以待至变,保一隅之风俗,即以维系天下之人心";③
而当有人保举他出任学部谘议官④及大学堂掌故教习时,他均以"深
恨南皮废科举、专办学堂之议"⑤为由,贻笺力辞。

三、对传统文化的全面复归与坚守

与以往"易代"不同,清王朝的崩溃已不再是简单的王朝更替,而
被赋予了更多的文化象征意义。几千年的君主专制制度从此走向灭
亡,根深蒂固的传统文化也面临着空前的挑战。在这种时代背景下,
前清遗老具有以往任何一代遗民所不具备的特殊性。即从文化的标
准来看,他们称得上是一种真正意义上的文化遗民。所谓"文化遗
民",是指对遗民做文化意义上的诠释与理解。当然,任何一代遗民
都无法脱离某种特定的文化背景,但以往"易代"之后,新王朝在政治
体制、价值结构、文化体系等方面往往与前朝十分相似。从这个意义
上说,以往历代遗民还不能算是一种真正意义上的文化遗民。我们
可以借用陈寅恪的语言,对文化遗民做出这样的描述:当一种文化衰
落之时,必然会有一种新的文化兴起,那些为旧文化所"化"之人,在

---

① 胡思敬:《致刘幼云论学堂第二笺》,载《退庐笺牍》卷一。
② 胡思敬:《与魏斯逸笺》,载《退庐笺牍》卷一。
③ 胡思敬:《刘幼云提学关中赠言》,载《退庐文集》卷一。
④ 胡思敬:《致戴、林二参议辞学部谘议官笺》,载《退庐笺牍》卷一。
⑤ 胡思敬:《与王推事书衡诘国史凡例书》,载《退庐笺牍》卷二。

即将兴起的新文化环境里,因无法融入其中而深感痛苦,必然想尽一切办法去维护或传承即将衰落的旧文化。由于自身文化情结的根深蒂固,不仅使他们的存在更具复杂性,而且也使其所有的表达都富于一定的文化内涵。

基于清末民初历史环境的特殊性,使前清遗民具有了比以往历代遗民更为丰富的文化内涵:他们所要确立的不仅仅是一种个人化的生存方式和生存态度,也不仅仅是在"易代"之际的一种政治选择,而是要借助"易代"这个特定的历史时段,以强化甚至极端的方式,表达自身的信仰追求、价值取向及对中国传统文化的理解。这种文化情结一方面会直接与旧朝故主相联系,突出地表现在对作为"五伦"之首的君臣关系的格外看重;另一方面会寄托在一些具体事物上。比如留辫,虽然民国政府曾以法令的形式明令剪发,但自诩为遗老者却拒不剪发,以示与"新朝"的区别。民初混乱的社会政局与思想界的普遍迷茫,造就了许多具有这种情结的人物:如在清末已名满天下的林纾,入民国后怀着"一日不死,一日不忘大清"的情怀,十一度拜谒崇陵(光绪帝陵墓),谓"沧海孤臣犯雪来叩先皇陵殿,未拜已哽咽不能自胜,九顿首后,伏地失声而哭,宫门二卫士为之愕然动容"[①];精通 9 国外语、获 13 个博士学位、被孙中山誉为"中国第一",与泰戈尔同获诺贝尔文学奖提名的辜鸿铭,却也长袍马褂,蓄发辫,言行举止俨然遗老;以敢言直谏而著称于晚清政坛的梁鼎芬,辛亥后为光绪帝守灵三年,并取崇陵松柏下的雪水封入瓶中,称为"圣水",继而在京师奔走呼号,募得万金,种松柏万株于陵旁;学贯中西的一代宗师王国维也是一显例,他在清亡十二年后,仍留发辫,接受逊清小朝廷的封赏,忠心耿耿地做溥仪的老师。

对于这些具有较高文化修养的人物来说,他们不会不知道满清统治者曾以"留发不留头,留头不留发"作为屠杀汉人的借口,不会不知道王夫之、黄宗羲、顾炎武这些大学者的慷慨行迹,他们也并非认

---

① 林纾:《谒陵图记》,载《畏庐续集》,《民国丛书》第四编第 94 号,上海书店出版社 1989 年版。

识不到中国现存价值结构与文化体系有进行改革的必要。但在情感上他们仍然向传统倾斜,他们承受不了一种非中国化的价值与文化在现实社会中成为普遍思想观念的中心。或许,这些人在历经人生的阅历和沧桑之后,回到传统是他们自认为最好的归宿,而清朝作为既有文化所依托的载体,自然成为他们寄寓情感的落脚点。

与之相比,"在朝锄奸、国亡举义"的胡思敬,对既有文化的情感更为炽热。如果说在晚清时期,他的思想是保守中尚蕴含一定趋新因素的话,那么入民国后,其思想则发展到一种更为保守的地步。民国取代清朝,是对胡思敬根深蒂固的伦理道德观念的空前挑战和肆意践踏,进而他将传统文化的衰落归因于一切外来事物的渗入。这导致其仇视西方文明,憎恶民国发生的一切变革。图谋复辟清室,正是他以捍卫旧道统、旧文化为使命,用一种激烈的方式表达对所谓"新朝"及所代表的新文化的抗争。

面对传统价值体系的崩溃和西方各种观念的渗透杂进,胡思敬预测"人心败坏","五十年大乱不止","祸变至此,而新政犹不能罢,余生几何,恐及身不复见太平矣"。[①] 在摆脱困境的方式上,胡思敬坚持从传统文化所提供的人生模式中去寻觅精神出路,这反映出他对传统的深深依恋。《九朝新语》(附《十朝新语外编》)是胡思敬入民国后,为转移"世道人心"而作,他在此书的《序》中写道:

> 首尚志,安贫、苦读,盖初学入德之门。继以儒行,途辙既正,他歧不能惑矣。继以孝友,钟情、笃交,父子、兄弟、夫妇、朋友之间了无惭德。由是出而致君,幸备位于朝,为奇遇、为宠眷,可谓荣矣,然不可苟食也。当其治则为公忠、为方正、为謇谔、为清俭、为藻鉴、为爱才、为礼贤、为循良、为明断、为将略;及其乱则为风棱、为义烈、为恬退,此虽脩于己者有素,举措可以裕如,是亦有命存焉,非可强也。不幸而沈屈在下,常则竭其聪明才力

---

① 胡思敬:《与李梅庵书》,载《退庐笺牍》卷二。

为文誉、为风雅、为著作、为师资、为艺能、为材武、为耆宿；变则
苦其心志为混迹、为艰贞，其超然出乎是非荣辱之外者为高蹈、
为韬晦，或激而为孤愤、为放诞、为奇诡、为孤僻、为狂傲、为褊
隘、为通脱、为争名、为标榜、为蹇厄、为病困，伤其遇者莫不悲
之。虽然人具五常之性，因物而见，随所感而生，不尽关乎穷达
也。性之近于知者为早慧、为好学、为先见、为明达、为机敏、为
智谋、为博通、为谙练、为旷达、为悔悟、为风趣、为诙谐、为癖好、
为虚心；近于仁者为长德、为慈惠、为感化、为宽容、为谨畏、为坦
率；近于刚者为严切、为谠直、为豪迈、为嫉恶；近于义者为气节、
为耿介、为高谊、为任侠、为扬善、为好客。品汇虽有不齐，要皆
性情之正，人性皆善不诚信欤？史迁好谈异禀，左氏间涉神怪，
存而不削，藉广见闻，呜呼！天不能有治而无乱，人即不能有君
子而无小人，小人之毗于阴者为鄙陋、为巧黠；毗于阳者为骄纵、
为谬妄、为奸邪，间存一二，俾后人知儆，亦楚名梼杌之意也。[1]

正心、修身、齐家、治国、平天下，这是中国传统社会中士人尊崇
的信条。胡思敬又将"穷则独善其身，达则兼济天下"的达观态度与
之相补充，并突出强调纲常名教及仁、智、刚、义等思想的作用，从而
为世人绘制了一幅理想的人生模式图，可见其用心之良苦。在胡思
敬看来，世运的衰落是由于奸邪当道，人才枯竭；人才枯竭则由风俗
败坏引起；风俗败坏是因为人心的痼弊；"治心为处乱之道"，而人心
的败坏实根源于学术，在这一"学术→人心→风俗→人才→世运"的
逻辑链条中，学术是根本。因此，他抱定从学术救起的宗旨，这是一
项非短时可以见效的长远事业，但胡思敬却把它当作自己责无旁贷
的使命，对其孜孜以求。在与友人的通信中，他说：

　　魏默深之谈洋务、包慎伯之谈盐、漕、河，益粗疏不足道矣。

---

[1] 胡思敬：《九朝新语·序》(附《十朝新语外编》)，南昌退庐，1924 年刊本。

发捻之乱使非李文清、倭文端、曾文正、罗忠节、何文贞、唐镜海一流人起而矫之,学术既乖,人心愈坏,革命之祸宁待辛亥耶?……治心为处乱之道,心既治矣,由是身修、家齐、国治而天下可平。此诚一线剥复之机,当益加培溉,令其潜滋暗长,推己及人,凡朋俦中资质较纯,可引为吾道之助者,多方劝诱,毋急功,毋近名,举历圣相传心法,所谓为忠、为信、为恕、为诚、为敬、为公正、为中和者,身体力行,要使字字皆有著落,但期无愧于己,不必求白于人,但尽吾力所能及,不侥幸于天之不可知,如是则世不我用而天之用我,与我之所以自用者,初无穷达之分,一任世变离奇,鬼怪百出,但一笑置之,有悲悯而无愤疾,何其坦也。仆四十以前亦为功利所误,手抄政治、舆地、洋务书不下数十百种,今皆视同刍狗。月课一经,如远游飘泊初归,家室完好,喜出望外。①

由此可见,胡思敬寄望以倡明正学来挽救世运危机的耿耿之心。他认为,"昔时主张新法者,若张孝达(即张之洞)、盛杏荪(即盛宣怀)、吕镜宇(即吕海寰)诸人,今日已觉顽固","近时士类大败,少年粗解阅报,拾取一二名词,哆然谈经济,一时风气所趋,虽老生宿儒莫敢自坚其说,盖欲避顽固之名,不得不进调停之说。"②因此,治乱必须守住学术根本以"明道"。他深信可以从传统儒学经典中寻到救时应世的理论武器,"致治之理莫备于经","义理根于六经"。"专一其心志,以趋道德之途,得寸则寸,得尺则尺,矢志勿移,庶几有济。"③他说:"余始好文词,继谈掌故,中更忧患,谢去人事,归卧山中,闭门读易,乃知四书五经为身心性命之根,深悔前此玩时愒岁,邻于驰骛者流……道明而达诸用,则半部论语可佐太平,吾知其不待他求矣。"④

为与新学相抗衡,胡思敬把持宜丰全县的"兴贤堂"学产,用租谷

---

① 胡思敬:《答赵芷荪书》,载《退庐笺牍》卷三。
② 胡思敬:《与李梅庵书》,载《退庐笺牍》卷一。
③ 胡思敬:《留书后记》,载《退庐文集》卷二。
④ 胡思敬:《退庐留书记》,载《退庐文集》卷二。

收入来倡办旧式书院。并规定：凡就读新式学堂者一律不予津贴；自家的子弟不准进新学堂，由其亲授经义伦常；新学堂毕业生不准进祠堂，而入旧式书院者就可以上祠堂。此外，他还通过著书治经、表彰前贤、栽培后进等形式来实现救世、救民的使命。"故前在省城既建新昌三君子祠、创立图书馆，近又编刻《豫章丛书》、增建明季六忠祠；在县城既修辑《盐乘》、创建梅陶二公祠、重修夷齐庙、陈节愍祠，近又倡设盐步书院。"①时人曾记叙说："（胡思敬）晚遭世变，乃潜心宋五子书，以上溯六经，每贻书朋好，必以讲学挽回世道相劝。"②

值得一提的是，胡思敬对康有为倡导成立的"孔教会"颇不以为然。这一方面是由于在胡氏心目中，康是动摇清朝统治根基的罪人，他对此人甚为憎恶；另一方面立孔子为教主，也与胡氏"正名教之学"的治学宗旨相悖。在胡氏看来，康有为不是要真正继承孔子的思想，而是借孔子之名"行其私"，是"灭圣经""乱成宪"的叛逆行为。因此，尽管"孔教会"在客观上是为复辟帝制造舆论，张勋、沈曾植等一批遗臣故老也参与其中，但胡思敬对此却并不买账。他说："此非崇教，实以衰孔。孔子述而不作，信而好古，所传之道皆尧、舜、禹、汤、文武、周公以来共由之道，愚夫愚妇与知与能之道。反其道而行之，虽与之天下，不能一朝局，今日固明效大验矣。世衰俗敝，异学争鸣，各是其是而非其非，乃著书传教。孔子删诗书、订礼乐、赞周易、因鲁史旧文而修春秋，并无所谓传教之书，鲁论则群弟子记善言耳。若视孔子别为一教，尊为教主，则杨墨、老佛、耶稣、天主、天方皆得起而为敌，宜其有今日之变矣。"③由此可见，胡思敬被旧文化所"化"程度之深。

小结

综上所述，我们可以用"儒臣"二字来揭示胡思敬人生关怀的两

---

① 胡思敬：《答湘乡曾仙停书》，载《退庐笺牍》卷四。
② 刘廷琛：《胡公漱唐行状》，第 671 页。
③ 胡思敬：《复王书衡书》，载《退庐笺牍》卷二。

个层面的意义：一是政治层面上"臣"的意义，即对清王朝统治存亡的关怀；二是文化层面上"儒"的意义，即对以儒家文化为代表的中国传统文化兴衰的关怀。这种政治与文化的双重关怀根源于胡氏对旧道统、旧文化的忠诚与捍卫，是其生命历程的真实写照。在中西文化激烈冲撞的时代，作为一名完全坚持儒学传统思想、恪守旧的文化理念的典型代表人物，胡思敬自觉地成为了传统社会文化秩序和政治秩序的卫道士。

毋庸置疑，在清末民初的社会变局中，胡思敬思想的意义和影响是以保守的形式呈现出来的，这种保守思想具有较为广泛的社会基础与较强的影响力。鲁迅曾不无感慨地说："可惜中国太难改变了，即使搬动一张桌子，改装一个火炉，几乎也要血；而且即使有了血，也未必一定能搬动，能改装。"①当然，我们不能因此将保守思想的历史存在意义一笔抹杀掉，作为社会历史变迁中的一种重要的社会势力或文化力量，其存在的本身就有不容忽视的历史影响。把它呈现出来，将有利于我们更加客观、全面地诠释近代中国历史。

孙广德在《晚清传统与西化的争论》中曾指出："以现代眼光来看，大概多数人都会认为倡导学习西洋船炮者的见解对，而反对学习西洋船炮者的见解不对。但我们实在不应该下这样笼统的断语。"他认为，"反对者以为西洋船炮不必学习，甚至认为西洋船炮不如中国船炮，实在是固陋之见；但他们认为仅学习西洋船炮仍不能富强，当时尚有许多重于船炮的事应该讲求，的确很有见识。"就整个晚清社会大趋势、大潮流而言，"反对学习西洋船炮者，终是阻碍了中国西化的步伐，对中国现代化的迟缓难辞其咎。然而在他们反对的言论中，却为倡导学习西洋船炮者，提供了值得考虑的问题与作妥善筹划的线索，如果倡导者能平心静气地慎审思辨的话，对中国西化的进行，未尝没有好处"。②

---

① 鲁迅：《娜拉走后怎样》，载《坟》，《鲁迅全集》第一卷，人民文学出版社 1981 年版。
② 孙广德：《晚清传统与西化的争论》，台湾商务印书馆 1982 年版，第 24 页。

的确,以胡思敬为代表的保守思想中也有值得"慎审思辨"的地方。如他所一再强调的伦理道德、社会秩序、风气人心、吏治清明等等因素对治理国家的重要作用,无疑都是中国近代化道路进程中应该注意的地方。近代以降,在西学东渐潮流的影响下,人们对西方文明日益崇拜,相比之下,在对既有文化的不断质疑、反诘声中,人们对传统文化则逐渐失去了敬畏和尊重,甚至有的学者提出全盘否定中国传统文化的主张,这种对待文化的态度是不科学的。传统文化经过历史的锤炼,已成为中国和中华民族的共同心理素质和文化品格,有其稳定性、可继承性。它是我们民族繁衍生息的基因密码,也是民族演化进步的精神旗帜。没有对既有文化的敬畏和尊重,就不会有现有文化的存在与繁荣;没有对传统文化的敬畏和尊重,就没有当代文化的创新与发展。因此,要实现中华民族的复兴,需要我们站稳中国文化的本位立场,在倡导向西方学习的同时,坚持与发扬文化本身的民族性,重视对传统文化的科学分析与研究,去其糟粕,弘扬精华。

入民国后,为旧文化所"化"的胡思敬,仍跳不出"旧朝"的自我界定和"旧文化"的传统情结。其在即将兴起的新文化环境里,因无法融入其中而深感痛苦,但却仍执拗地维护传统的价值理念和生活方式。图谋复辟清室,正是他以民间身份用一种激烈的方式表达对所谓"新朝"及所代表的新文化的抗争。辛亥革命后的社会政局,造就了许多像胡思敬这样的人物,胡氏的友人刘廷琛、魏元旷、胡嗣瑗等等都与他具有相似的心态。这群人因仇视西方文明、抗拒社会变革、甘为遗民以终老而被视为时代的落伍者,在近代化潮流的冲刷下,大多很快被边缘化乃至被逐渐遗忘,而胡思敬则是此类人物中因文化活动取得较大名声的代表性人物。他除了从事倡捐医局、设立书院、修缮先贤祠宇等社会活动外,还致力于学术创作,撰写、编辑了大量有一定影响力的史学著述。通过对他心态的剖析,我们可以更为深入地理解其所代表的中国最后一批传统意义的士大夫文人所蕴含的独特的文化现象,并从另一种视角来解读"易代"之际所呈现的人物心态的纷纭、社会文化的多元及生存空间的歧异。

第三章　胡思敬的史学活动(一)

胡思敬生平最大的嗜爱就是"书",即读书、购书、著书。居官北京的十余年间,他不仅流连于京城书肆,阅读和购买了大量的书籍,而且留心搜集时政掌故,注意了解官场内部情况,确立了"广搜朝野间事,翔实记载,以为一代信史"①的撰史志向。本着这一理念,胡思敬撰述、编辑了许多有一定影响力的史学著作,为其赢得了当时杰出史学家的声望。但是,由于他的思想守旧,在政治上顽固地抵抗历史潮流,导致其本人很快被边缘化乃至被逐渐遗忘,其著述也大多被人们所忽视,没有得到学界应有的关注,这不能不说是学术研究中的一件憾事。对此,乔治忠曾指出:"清末民初在社会动荡与转型时期,历史人物的政治立场、思想演变、价值取向发生复杂的分化。与此相应,士人的史学著述与活动也呈现多姿多样的状态,不同程度的与时俱进和不同程度的保守顽固交织一起,构成19世纪末、20世纪初缤纷的史学文化风景线。关注开新风、领新潮的史学著述,固然应为史学史研究的重点,而保守人物的史学撰述,仍是这一阶段史学发展的组成部分,同样应该择要剖析。"②的确,在清末民初的社会变局中,造就了许多像胡思敬这样的思想保守的人物,我们不能因为他们政治立场的落后,就摒弃和否定其史著的史学价值。笔者认为,胡思敬是保守派当中因文化活动而取得较大名声的代表性人物。他的史学著

---

① 赵炳麟:《送胡漱唐同年告身南归》,载《赵伯严集》第三册,《柏严诗存》卷三,沈云龙主编《近代中国史料丛刊》第三十一辑。

② 乔治忠、李泽昊:《胡思敬撰述〈国闻备乘〉初探》,载《史学史研究》2008年第4期。

作是保守人物历史撰述的一个典型,是一种史学思想的标本,在中国史学史和思想史上具有一定的意义和价值。因此,本章将对其在清末时期撰写、校刻的史著择要进行深入考察。

第一节 胡思敬笔下的晚清政治与社会

胡思敬早年治学之时,即已形成很大的政治抱负。然而,为官十六载,其所任官职却多为无权且较为清闲的小官,①这自然使“慨然有志于天下”②的他时常抱有“所怀之志日以荒”③的感叹。为寄托自己的政治理念,表达对时局的看法,胡思敬格外留心时政,注重对当代史的编纂。在其撰述的与时政有关的书籍中,以《戊戌履霜录》《国闻备乘》《驴背集》三种最为有名。在写作过程中,作者将强烈的经世思想、浓重的民族忧患意识与传统的史学价值观融入撰写内容当中。因此,这三部著作可充分反映出胡氏的史学思想、政治立场、文化心态,且不乏史料参考价值。时人曾称赞这三部著作,“于光宣两朝事实剖析无遗,言之最为深切著名”;④“所著书多关国闻史实,足供后世觅览”⑤。目前,除《戊戌履霜录》稍稍引起学界注意外,其他两部著述

① 尤其从 1895 至 1909 年间,胡思敬宦途迟滞,久无提升,这其中的主要原因是由于其专注于读书向学,不巴结上司,不结交权贵所致。此外,也与官场中重籍贯、党援的风气有关。《国闻备乘》卷一《江西京官风气》中曾载:“江西人向无党援。道、咸之交,陈孚恩、万青藜、胡家玉同时在高位,皆被人挤陷,一仆不再振。青藜既长六卿,与户部尚书董恂皆有协揆之望。李鸿藻后起而秉枢政,忌两人资望在先,嗾清流党攻之。遂沈滞,累年不任。家玉奉使按事湖南,过武昌,官文以公款三千金为赆。曾国荃后为巡抚,与官文不协,暴其事,家玉遂出军机。江西钱粮多浮冒,巡抚刘坤一尤苛,家玉出死力纠弹。坤一与争不胜,遂擿其请托私函以告。朝廷两罪之,实阴庇坤一,降坤一三级留任;家玉由左都御史降通政司参议,旋即退休。以家玉之刚直使气而败,以青藜之硁硁自守而亦不振,孚恩浮沈于两党之间,宜其更负时谤矣。自家玉罢后垂三十年,江西无三品京官。(詹事朱琛祖籍贵溪,亦休致不用)”
② 刘廷琛:《胡公漱唐行状》,载闵尔昌撰《碑传集补》卷十,第 663 页。
③ 胡思敬:《刘淑人墓表》,载《退庐文集》卷七。
④ 刘声木:《苌楚斋随笔、续笔、三笔、四笔、五笔》,中华书局 1998 年版,第 289 页。
⑤ 周维新:《胡思敬传》,载《江西文物》,1941 年 1 月创刊号。

尚无人研讨。笔者不揣浅陋,拟从不同角度对这三部书分别做较为系统的探讨,愿就正于方家。

一、胡思敬与《国闻备乘》

胡思敬的《国闻备乘》一书,不是一部系统的历史撰述,它以笔记的形式分条记载清季掌故、轶事,并且穿插作者评述史事的札记,各条皆有题目,是作者在京为官期间随时记载、陆续撰写的,"书中称太后、上者,光绪朝所作;称孝钦、称德宗者,宣统时所作。"①宣统三年(1911年)三月胡思敬携书稿辞职出京,隐退南昌。十月此书方才定稿。1924年,胡思敬的至友魏元旷整理胡氏遗著,将《国闻备乘》付南昌退庐刊印。这当是此书最早的刊本。

(一)《国闻备乘》的史料价值

《国闻备乘》分为4卷,157篇文章,计约7万余字,记载清末掌故、轶事179条。② 书中于清末政治,言之最详。议论政治改革得失和记述人物的政治活动这两项内容约占全书篇幅的93%,从这一点来看,此书确实可称得上是一部"清末政治闻思录"。《国闻备乘》虽刊刻于胡思敬逝世后的1924年,但却是他亲手编纂而成,书前写于宣统三年(1911)的自序即为明证。

胡思敬在《国闻备乘·自序》中说:清朝"史官失职,起居注徒戴空名。历朝纂修实录,馆阁诸臣罕载笔能言之士,但据军机档册草率成书。凡一切内廷机密要闻,当时无人记述,后世传闻异辞,遂失是非褒贬之公。"这里凸现出这样的见解,即清朝政治的要事、秘闻,很多无缘写入官修史书,也不存于档案,应当由亲历者、知情人叙述和补充。胡思敬自觉地做了这件事工作,其友人魏元旷记述他的生平说:"尤留心先朝熙雍之政,所以为宾服远迩之道,复多交当世有闻之士,

---

① 胡思敬:《例言》,载《国闻备乘》。
② 其中包括能够独立成文的156条(1卷45条,2卷47条,3卷30条,4卷34条,每条均拟有标题以申明主旨),篇幅较短不能独立成文的23条(统收入一篇,以"琐记"命名)。

以故中外得失,大吏之贤否,近之而宫禁,远之而边陲,皆若得之耳目之前"。① 因此,《国闻备乘》的载事特点,就是记述官方史籍缺少的内容,虽来源有自,但往往难以寻求其他史料予以核对。人们鉴于胡思敬逆潮流而动的政治思想,对其所撰史书不加重视,这种因人废言的态度是偏颇的。实际上,《国闻备乘》包含很多特色,其史料价值大致可从以下几点予以分析:

第一,关于清朝宫廷秘事与官场隐情的记述,是本书十分显眼的内容。此乃胡思敬在京为官时期的见闻,不能等同于民间的无稽谣传。例如卷三"刘张优劣""荣相谲谏"两条,记述戊戌维新失败后,慈禧太后欲废除光绪帝,荣禄建议先透露给各地督抚大臣,"觇四方动静,然后行事未晚",意欲阻止其事。但在收到两江总督刘坤一反对废立的电报后,他仍未敢奏闻,而先从慈禧笃信的关帝庙及算卦人抽签、占卦,得"大意皆云不可妄动,动则有悔",将这一预示进献。致使慈禧太后"默然"无语,"既越二日,始以坤一复电进,废立之意遂解"。这场政治危机的发生和解决,其他史籍有所记载,但缺载这样的细节,揆之局势和当事人的处境,荣禄的特殊做法完全合乎情理。胡思敬当时在京为官,记述的来源应为知情人的透露,有很大的可信性。

《国闻备乘》中的宫廷秘事,涉及慈禧太后者甚多,卷一"文宗遗命得人""慈安防患之密"、卷二"文锡"、卷三"宫闱疑案"等条,都说到慈禧太后暗地害死慈安太后的传闻,其事令人骇异。卷一两条记述为"西后忌慈安久矣,无疾暴崩,宜外言之啧啧也","烛影斧声,遂成千古疑案"。卷三"宫闱疑案"称"孝贞显皇后(即慈安太后)、孝哲毅皇后、德宗景皇帝、醇亲王奕𫍽、珍妃五人之死,外廷皆有异言……孝贞暴崩,群臣临视,十指甲俱紫,疑有变,然无敢言者……",虽仍存疑,已有信从倾向。而卷二"文锡"条则详述情节:

---

① 魏元旷:《副宪胡公神道碑》,载《退庐诗集》卷首。

……一日，东宫传旨召西佛，西佛嘻嘻而往。入门，见孝贞盛服珠襦，宫人佩刀森然，侍列左右，大骇。孝贞指御案遗诏示之，默诵一过，伏地痛哭请死。孝贞仁而寡断，略责让数言，下席引与同坐，勉以好语，随取案上遗旨引火焚之，示毋[无]他意。□□回至宫中，五日夜不寐。李连[莲]英进密谋，越数日，孝贞暴崩。廷臣入临者，见十指俱紫黑，不敢言……

这里的记述远比其他野史的说法合乎情理，而且还特别交代内务府大臣文锡原是慈禧之倖臣，其子崇光被慈禧养为义儿，"今吏部侍郎兼内务府大臣"，暗示这件秘闻乃是崇光所透露，来源有据。这实际上是慈禧暗害慈安之说的一个有力佐证，其史料价值应当予以重视。关于慈安太后之死，众说纷纭，但惟独无人顾及胡思敬的重要记述，因此，这件疑案理应重新考辨。

《国闻备乘》记述清末官场状况，如卷二"商部捷径"、卷三"北洋捷径"言这两处官员升迁要职，十分快捷，卷三"宦途异数"讲清末官员任命，已经很不规范，虽意在维护旧制，但所举事例属实，也确为吏治弊窦。其他若卷一"贡献"，揭露慈禧假意不收地方官"贡献"，惟待权臣劝取，对最高统治者颇带讥讽。卷二"同罪异罚"条列述袁世凯、荣禄、奕劻等官贪赃受贿情况，足见官场腐败一斑。卷四"军机处不胜撰拟之任"条，列举生动实例，披露清末朝廷对奏议不看内容，而随笔批示"依议""允行"之类，得出"十余年来，朝政不纲，直视枢务为例行公事"的结论。诸如此类的记述甚多，均有研究清史的参考价值。

第二，涉及政制变动的记述，思想保守，而反映的史实则不可尽弃。《国闻备乘》卷二"科目盛衰"一条中，作者以翰林回乡为例，对科举停废前后社会对科举功名的全然不同的态度进行了较为详细的记述。此文不仅表现了以胡氏为代表的守旧士子，对"停科举、兴学堂"的强烈抵触情绪及文化心理的失衡，而且为考察科举停废对士子命运与乡村社会的实际影响提供了生动的史料。卷二"保案之滥"、卷四"保荐人才"两条，都是记述保举官员的腐败，其结论乃强调科举制

度的优越,思想守旧,体现了他反对改革的立场。但记述、列举许多
大臣"以私情相徇者十之七八""各援其子弟、幕宾得官"的事例,则对
清末官员选任体制的研讨,很具有参考价值。卷二"部费"条揭露清
末朝廷各部院向地方征收、摊派各种杂费,例如:因为刑罚停笞杖而
改罚金,刑部"遂摊派各州县,岁解二百金,悬为定额"。翰林院聘请
俄国教习,即奏准"各省岁解学费银,大省五百,小省四百"。"钦天监
颁发黄历,每本责州县缴银二两"。这里,胡思敬不免又怀念"祖宗旧
制",但我们不能因为他的守旧思想,就否认他所述史事的史料价值。
清末以来,旗、民两重行政体制已落伍于时代。优养旗人的结果,反
而造成了旗人生计的日益贫困。现存的档案和正史材料多只对广大
中下层旗人的贫苦生活有所记述,对上层旗人的生存状况的介绍则
相对较少。是书"宗人贫乏"一条对此有所补充:"(宗人)生齿既众,
贫富不均,专恃公禄赡养,坐食无所事事,窘甚,多不能自给。尝有友
人入内城赴宴,各征一妓侑酒。门外车马阗咽,忽见一艳妆少妇,年
约二十许,乘红讬泥车扬鞭竟入。问从何来? 曰:王府街宗室某宅。
及入座,遍拜坐宾,即侑酒者。"①"侑酒"是贱业,宗室女眷不顾皇家颜
面操"侑酒"之业,生活的窘迫程度可想而知。

　　第三,当权人物轶闻与纠葛,是《国闻备乘》的重要内容之一,可
作为研讨清史的有用史料。如卷一"袁岑气焰"条记述了袁世凯、岑
春煊得慈禧太后信重,同时也确实"各具恣睢叱吒之才",略述二人弹
劾官员触及朝廷亲贵的旧事。"岑云阶粗莽"条描述岑氏行事鲁莽的
事例,而卷三"袁世凯谋倾岑云阶"条又揭示岑氏终被袁氏倾轧。情
节具体生动,对历史的研究颇有启发和参考价值。卷一"兄弟不睦"
条叙述恭亲王奕䜣与其各个兄弟间的矛盾;"母子夫妇不和"条列举
慈禧太后等宫廷皇室的争斗,认为这造成"国势骎骎弱矣",提出"自
古国家之败,多起于伦理"。其思想的保守意味显而易见,但也反映
了这一普遍史实,即专制社会的末世,即使有着亲情关系的上层统治

──────────

① 《国闻备乘》卷四,"宗人贫乏"条。

集团,也不能不出现尖锐的利益冲突,这里的史事和见解仍具参考价值。其他如记述李鸿章徇私坏法之事,评述张之洞无礼、黯弱的行径,郑孝胥好为大言的性情等等,[①]举例生动,又与其他史书多不相同,也是不应轻弃的史料。

第四,《国闻备乘》还重视社会文化的记述,关乎官绅心态及士林风气,亦为清季社会历史状况之一端。如卷四"宣统初年朝士"一条以作者所闻所识为依据,较为细致地记录了宣统初年文士学人的籍贯、官职、特长等。其所记为一般史料所少见,为研究近代学术史的珍贵资料。卷二"朝士嗜好"条从道光年间"好谈考据训诂"一直叙述至光绪末年"好优伶""好佛""好弹唱""媚洋""宴宾客""好麻雀牌"等等。这正与清末政务的懈怠状况相互映照。翰林官职低微,生活清苦。在吏治腐败的晚清时期,试差与学差成为翰林们捞钱的良机,时人多视试差为美差,[②]以放差之迟速多寡分红黑。[③] 本书对此现象亦有描述,可与其他史料互为印证。[④] 卷二"湘军志"条记述曾国荃出资聘王闿运纂修《湘军志》,书成,却"于曾氏微词尤多",致使曾国荃"见书大怒"。卷三"书籍聚散"条记有京师琉璃厂各书商从达官贵人处购书事,以及官员、宦者从宫中窃书事。"三先生崇祀"条,述清季廷臣争议顾炎武、黄宗羲、王夫之从祀文庙之事原委。凡此记述,皆可作为考史者取裁辨析的史料。

总之,《国闻备乘》作为一部记述清末史事的笔记类史籍,无论作者的思想如何顽固守旧,也不能否定其史料价值。在中国史学史上,记载史事是否属实,并不决定于其政治思想的先进与否,而是更多地取决于载笔人具有多大程度的直书、实录理念。司马光虽是坚决反

---

① 见《国闻备乘》卷二"李文忠徇私坏法""张之洞骄蹇无礼"、卷三"张文襄闇于知人"、卷四"郑苏龛好为大言"各条。

② 李慈铭:《越缦堂日记》第 19 册,同治十二年六月二十二日,上海商务印书馆 1920 年版。

③ 张达骧:《我所知道的徐世昌》,文史资料选辑第 48 册,合订本第 17 册,中国人民政治协商会议全国委员会文史资料研究委员会编,中国文史出版社 1986 年版,第 216 页。

④ 《国闻备乘》卷一,"京曹印结"条记载:"翰林仰首望差,阅三年得一试差,可供十年之用;得一学差,俭约者终身用之不尽"。

对变法的守旧派,但纂修《资治通鉴》则仍能遵循信史准则,即为明证。胡思敬受中国传统文化影响极深,具备如实记载史事的意识。他在本书自序中称:清季许多私家笔记,"多不脱小说习气,外此更无闻焉。甚哉! 史才之不易也。予趋职之暇,时有所记,久之遂成卷帙,大约见而知之者十之七八。"撰述与刊刻的目的是"聊存此篇,备异时史官采择"①,表明他的撰述态度郑重,并非随意游戏笔墨。在"《湘潭志》前后印本不符"条,记述了王闿运《湘潭志》依传闻记事而被诉讼,不得不删改成书。胡思敬从而指出:"言官可以风闻言事,史官不能以风闻著书。王氏昧此义例,几遭不测,秉笔者其慎之。"②由此可见,《国闻备乘》的宗旨虽然出于弥补文字资料的缺失,而记事多取自口耳相传与亲身经历,但自知应当慎重对待,其来源应有较可信的依据。这里不是说《国闻备乘》所载事皆可信,没有讹误,而是史事真实性优于一般私人记述的传闻之书。

(二)《国闻备乘》的撰著特点

《国闻备乘》作为一部笔记体的史书,具有与其他笔记史籍不同的特点。

其一,是书多所应用归纳的方法,将相关史事综合列述,从中得出分析评论。《国闻备乘》卷一"京官变局"条叙述清末京官丞、参的任职由保荐援引,列举"满员同时用十一人,皆藉门望以起","……右参议良揆为大学士荣禄子,商部左丞耆龄为江宁将军诚勋子,邮传部左参议那晋为大学士那桐弟……"等等,从而得出"其弊视魏晋九品中正殆有甚焉"的结论。卷二"托名著书"条,罗列清初以来著述的实际作者与署名之人不一的现象,分析了下级官员给上级官员代笔、幕僚为幕主撰写,以及赠送撰述巴结谄媚的具体事例。卷三"孝钦裁抑倖臣"条,列举多人事项,说明慈禧太后压抑倖臣,不使其权势过分得意,展示了她政治上睿智、明识的一面。其他如"保案之滥""捐例"

① 《国闻备乘》卷首,《自序》。
② 《国闻备乘》卷三,"《湘潭志》前后印本不符"条。

"宫闱疑案""后妃以言语得祸""政出多门""言路盛衰"等等各条,①无不用事类归纳方法罗列史事,得出对清朝政治的批评。这样的撰写方式与赵翼《廿二史札记》十分近似。说明胡思敬撰述此书,并不是随手记事而已,而是每遇值得注意的事例,必思索和搜集相关之事,加以概括,提出见解,具有明确的撰述宗旨。

其二,时时体现明晰的政治立场,是《国闻备乘》的显著特点。在4卷157篇记述中,很少有不表达其政治见解者,特别是批评变法措施、抨击新学人物的论断,随处可见,这是胡思敬的一贯立场,不必列举。值得注意的是本书对清季政治、吏治的腐败问题的整体性揭露批判,令上层统治者的丑态曝光于史册,甚至直言清廷"宫闱疑案"。这种撰史态度,则是清末诸多守旧官员中的特例。卷二"报效"条载光绪时兴建海军,从以"报效"名义收钱封官,发展为制度性卖官鬻爵,指斥李鸿章为首作俑者。"新增财赋"条列举清末新加各种赋税,以及收捐、发彩票的敛财方式,认为"取民之法愈巧,侵蚀之术愈工。三年之间,户部再火,天意盖可知矣!"出语已取对立之势,激愤有如嫉恶如仇。"同罪异罚"条叙述多项事实后,总结为"庄子谓窃钩者诛,窃国者侯,不诚信欤!"②宣统初撰写的"溥伟争位""监国之黯""外党""政出多门""言路盛衰"等条,勾画了政治的废弛和上层的内争,组成一幅亡国在即的画面。如胡氏在"溥伟争位"条所言:"国统再绝而家无令子,识者早知其必有乱矣。"③在"外党"条说:"内政不修,而恃外援以自懈,古未有不亡者。"④表明胡思敬早有清朝即将亡国的判断,在此关头,他试图以坚持旧制度、旧道德、旧学术挽救清朝,坚决反对变法思潮和清廷新政,在《国闻备乘》等私自著述中对清末政治、对上层统治者予以尖锐批评,不惜揭露其丑恶面目。总体看来,胡思敬固然以清朝臣子自居,但他忠于旧制度和旧道统,超过忠于

---

① 分别见《国闻备乘》卷二、卷三、卷四。
② 以上见《国闻备乘》卷二。
③ 《国闻备乘》卷三,"溥伟争位"条。
④ 《国闻备乘》卷四,"外党"条。

清廷;对清廷之忠,又超过对最高统治者之忠。这种政治立场,是一名汉族官员完全坚持儒学传统思想、恪守旧的文化理念的典型代表。

其三,全书在史文的斟酌、修饰上也是颇下功夫的。首先,记叙对话是本书的一个显著特点。书中记言之处几乎俯拾皆是,如卷一"慈安防患之密""裕寿山诛李世忠",卷三"樊增祥罢官"等等。这种撰述方式近于《国语》,有《战国策》遗风,是对古老记言体的发扬。不仅提高了作品的可读性,而且增加了文章的教化功能。其次,运用春秋笔法,通过细节描写暗含褒贬。如"发匪""捻匪""拳匪"这些词用在对太平天国、捻军及义和团的称呼上;称咸丰帝、同治帝之死为"崩",而光绪帝是由藩邸入承大统,则称为"薨",体现了作者的封建正统观念;称曾国荃之死为"薨",称张之洞则为"死",渗透了作者对人物的看法。最后,在记人、叙事中倾注自己的感情与体验,寓论断于记叙之中,如卷一"张果敏发迹固始"、卷三"溥伟争位"、卷四"监国之黯"等等,既有完整的事情交待,又有丰满的人物形象,增强了文章的表现力。

实事求是地讲,本书也存在芜累之处。一是全书在结构安排上有些杂乱。虽然每篇文章均拟有题目,但四卷的分类无统一标准,每卷所载事例也无一定顺序。各文多只重事实的叙述,不注重准确的时间定位,结果造成叙述历史事件时,只见具体的事实,不见准确的时间。二是叙述中有时或加有过多的渲染夸张之处,或加入占卜数术之语,可能当时以为灵验,现在读来未免有稗官小说之感。如其所记:"兵部侍郎英年善堪舆术。一日扈驾游醇园,令相视园地吉凶,英年骇曰:'是气尚旺,再世为帝者,当仍在王家。'……孝钦曰:'天下已有所归,得毋言之妄乎。诚如卿说,当用何法破之?'……(英年)指树奏曰:'伐此则气泄,是或可破也。'孝钦还宫,即遣使伐树。树坚如铁,斧锯交施,终日不能入寸,而血从树中迸出。次早趋视,断痕复合如故……督数十工人,尽一日之力仆之,中毙一巨蛇,小蛇蠕蠕盘伏无数,急聚薪焚之,臭达数里。后德宗薨,今上仍由醇邸入承大统,英

年之言果验。"①三是所用史料虽经严格掌握,但考订欠精,史实仍有
不准确之处。如在"文宗遗命得人"中有这样的记述:"文宗大渐,时
尚驻跸热河,内外汹汹,讹言蜂起。显皇后曰:'圣驾脱有不讳,枢府
中畴则可倚?'帝引后手,书'文祥'二字示之。后又言:'大阿哥幼冲,
当典学,安可无付托者。'帝闭目沈吟良久,徐惊寤曰:'得之矣,急用
倭仁。'时倭仁被放新疆,为叶尔羌帮办大臣。帝崩,即日发急递召之
回京,命授读东宫。"②目前,虽然档案与正史材料均无法证实咸丰皇
帝去世前是否有此"遗命",但胡氏的记述中有一处史实错误却是可
以肯定的。据《清文宗实录》记载,倭仁以三品卿给予副都统职衔,作
为叶尔羌帮办大臣是咸丰初年的事,③倭仁本人在《莎车行纪》中也曾
记载,咸丰元年正月二十日他携眷离京,历时近半年,于七月初三日
到达叶尔羌。④ 咸丰六年八月,倭仁出任盛京礼部侍郎,咸丰皇帝临
危之时,倭仁任职盛京而不是新疆。⑤

(三)《国闻备乘》的思想倾向

《国闻备乘》一书,深刻体现了作者经世致用的传统史学理念。
胡思敬早年治学、为官,即已形成很大的政治抱负,时人评论说"公益
肆力于学……尤精求掌故及郡国中外利病,慨然有志于天下"。⑥ 是
书中体现经世致用思想的事例可分为以史为鉴及以史教民两个方
面。前者如卷四"军机处不胜撰拟之任""言路盛衰""差官变为实官"
等条,重在劝勉为政者要吸取政治改革的经验教训,并以此来制定或
改正治国之策;后者如卷一"黄氏二女"、卷三"闾阁奇节""服妖"等

---

① 《国闻备乘》卷一,"英侍郎相术"条。
② 《国闻备乘》卷一。
③ 《清文宗实录》(一),卷二二,道光三十年十一月下,第 319 页,中华书局 1987 年影印本。
④ 倭仁:《莎车行纪》,《倭文端公遗书》卷一一,第 8 页,沈云龙主编《近代中国史料丛刊》第
三十四辑,台湾文海出版社 1969 年版。
⑤ 《清穆宗实录》(一),卷六记载,咸丰十一年十月丙辰:"改派盛京户部侍郎倭仁为正使,
前往朝鲜国颁大行皇帝遗诏";十月壬戌:"盛京户部侍郎倭仁为都察院左都御史";十月
乙丑:"着将登极恩诏,即交穆隆阿赍赴盛京,会同倭仁恭前往颁发"。卷一六记载,同治
元年正月己亥:"以都察院左都御史倭仁为工部尚书,未到任前,以爱仁兼署"。
⑥ 刘廷琛:《胡公漱唐行状》,载闵尔昌撰《碑传集补》卷十,第 663 页。

条,重在利用传统的儒家思想道德文化对读者进行教化,以转移所谓的"人心世道",维护传统的道德体系。

时至 20 世纪之初,改良维新的观念已经风靡朝野,清廷最高统治集团也认识到变法的必要,官员中顽固如胡思敬者实寥寥无几,因而清廷对于他反对新政、力主祖制决不可变的奏章多"留中不发",不予采纳。这使胡思敬的内心非常痛苦,颇有"匪风下泉,曲高和寡"之慨。仕途的失意引发了胡氏著书立说的想法,在《国闻备乘·自序》中他写道:"士非忧患不能著书,不经乱世亦不能尽人情之变……俯仰三百年庙堂擘画之勤,将相经营之苦,慨然于弓髯乔木之感,未尝不戚戚于怀也……予忝负言责,绠短汲深,自愧无丝毫补济,安敢自托于古人忧患著书之旨?聊存此篇,备异时史官采择,庶为恶者知所戒,而好善者交勉。人情变极思迁,亦转移风气之一道也。"这里明确表示,他要在对政治"无丝毫补济"的状况下,寄希望于撰史来起到"惩恶扬善""转移风气"的作用。可见,《国闻备乘》记载史实,并非出于猎奇,而是关注政治兴衰、世局变动,以作为其政治主张无法实现时的一种精神寄托。

既然胡思敬对刊行《国闻备乘》寄托着"庶为恶者知所戒,而好善者交勉"的期望,那么此书就必然体现其政治主张,于是记事取材、发表议论,充满守旧倾向,正是该书倍受訾议之处。如书中极力为君主专制辩护,称"近世倡革命者,恒借君主专制一言为口实,其实诬也";[1]对清末政治改革的评价带有强烈的感情色彩,"盖及身亲受其祸,艰险备尝,遂不觉大声疾呼而出。"[2]胡氏称"女学堂兴而中国廉耻扫地殆尽",[3]修建铁路导致"百物腾贵,穷民轻弃乡里,游食四方"[4]等等;列强的侵略在激发了作者强烈的反侵略的民族主义情绪的同时,也成为他拒斥西方文明的理由,他认为,"中国之弱,不弱于甲申、甲

---

① 《国闻备乘》卷一,"君主专制之诬"条。
② 《国闻备乘》,《例言》。
③ 《国闻备乘》卷一,"学堂流派之杂"条。
④ 《国闻备乘》卷二,"铁路"条。

午、庚子之失败,而弱于总理衙门、外务部之媚夷"①,"外务部不撤,夷难且未已。"②探讨清王朝政权兴亡的原因是作者关注的焦点。在考察了晚清政治、经济、军事、社会风气等方面后胡思敬认为,清王朝灭亡与历史上其他王朝灭亡的不同之处在于,王朝上层君臣离心离德,"兄弟不睦"、"母子夫妇不和"③致使社会"人心变易无常"。④

尽管如此,我们不能不注意到胡思敬的史学思想中,具有不完全依从政治立场的相对独立的史学准则。《国闻备乘》既抨击李鸿章徇私坏法,又有"李文忠办洋务成效"条⑤予以赞扬,这里还表现出胡氏不反对洋务运动的大办实业做法,并非事事顽固不化。本书多处揭露慈禧的狡诈狠毒,但也有"孝钦临危定策""孝钦驾驭庆邸""孝钦裁抑倖臣"等等条目载其明识决断。作为清朝官员的胡思敬,在史著中直击宫闱疑案,揭露最高统治者的丑恶,似乎已属大不敬之列,但胡思敬有自己独到的见解,他说:

> 古人讳尊、讳亲之说,亦为过小者言之;若大恶可讳,则桀、纣之残暴谁为播扬于后世乎!周公诛管、蔡,亲加刃于其躬,尚无不可,更何论死后之褒讥!操史笔者,但不当掉弄楮墨以快一己之私仇,他非所惧也。窃守此义,以待来者。⑥

这充分表现了胡思敬在历史记载上,将史学看成具有一种独立准则、独立地位的思想,即在大是大非问题上不容隐讳,在史学传信万世、鉴戒百代的宗旨下,不受忠于君主等纲常伦理的束缚。这种史学思想,符合于传统史学中理想的直书实录原则,且有新的发挥。

综上所述,《国闻备乘》不仅是研究清末政治的重要参考史料,而

---

① 《国闻备乘》卷二,"教案"条。
② 《国闻备乘》卷二,"外务部媚夷"条。
③ 《国闻备乘》卷一,"兄弟不睦"及"母子夫妇不和"条。
④ 《国闻备乘》卷三,"服妖"条。
⑤ 《国闻备乘》卷一。
⑥ 《国闻备乘》,《例言》。

且它所体现的史学思想倾向,在中国史学史和思想史上都具有一定的意义和价值。此外,其在历史编纂学和历史文学方面也都有一定的成就。胡思敬曾欲以一人之力纂修《大清通纪》,将之视为"国史"。据称他拟定了《大清通纪凡例》,[①]并且自言"《大清通纪》只成前四朝,尚未卒业"。[②] 但个人力量有限,此书终不能修成,遗稿今亦难于寻觅。因此,今存《国闻备乘》一书,仍是最全面反映胡思敬对清朝历史认识的撰述。在一般历史研究中,对于守旧人物予以忽略,是无可厚非的,因为历史研究本应彰显新生先进的力量,突出革命的发展方向。但在中国史学史研究中,则不可漠视传统型守旧人物的史著,因为在传统道德、传统史学理念的指导下,守旧人物也会如实揭示一些主要的历史真相。相反,激进的革命人士出于宣传目的,也会写出不实之辞。从学术角度而言,对此两端不应取此弃彼,而要加以辩证的考察和分析。这就是我们剖析《国闻备乘》的意义所在。

二、《戊戌履霜录》中对康有为的评议

戊戌变法由 1895 年的"公车上书"发其端绪,到 1898 年的"百日维新"达到高潮,最终以六君子被杀北京菜市口的悲剧而告终。其过程跌宕起伏,发人深省。[③] 它的失败,使中国丧失了一次起衰振弱的机会。分析其失败的原因,对于深入认识中国近代以来社会变革所面临的各种复杂因素和矛盾,具有重要的意义。长期以来,史学界常用民族资产阶级的软弱性、妥协性来解释戊戌变法失败的原因。近年来,又对这一问题进行了较为深入的探讨,归纳起来主要集中在两点:一是认为倡导变法的维新派及其所依靠的力量过于弱小,而反对

---

① 胡思敬:《与王推事书衡诘国史凡例书》,载《退庐笺牍》卷二。

② 胡思敬:《复苏员外书》,载《退庐笺牍》卷二。

③ 目前学术界对戊戌变法的研究已较为深入,可参见:汤志钧:《戊戌变法史》,人民出版社 1984 年版;孔祥吉:《戊戌维新运动新探》,湖南人民出版社 1988 年版;茅海建:《戊戌变法史实考》,生活·读书·新知三联书店 2005 年版。

变法的旧势力过于强大所致；二是变法失败与维新派在变法理论、策略和措施上的错误也有密切的关系。即康有为杂糅西学和今文经学构建起来的变法理论，本身存在着明显的缺陷，而维新派在变法策略和措施方面的错误主要是急躁冒进。笔者认为，这些观点虽不无道理，但如果进一步追问，仍会使人产生不少疑问：如康有为等维新派既然要进行资产阶级性质的改革，却为何把孔圣人改扮成变法改制的祖师？这是维新变法的必要措施还是领导者的某种主观意图使然？这些疑问的存在表明，戊戌变法作为近代中国的一次影响深远的政治和思想文化运动，仍有很多问题有待深入研究。本部分主要分析胡思敬在《戊戌履霜录》①中对康有为及其维新变法活动的评议，并兼以考察康有为的个性因素与变法运动失败的关系，今试作探讨，姑为引玉之砖。

（一）从甲午战后的晚清政局谈起

中日甲午一战，堂堂"天朝上国"竟惨败于东洋岛国日本，这一事实对中国朝野上下的刺激震撼是空前强烈的，它使中国社会各阶层不同程度地对清政府感到失望，开始从各自的角度来思考民族的前途和救国的出路。同时，统治集团内部要求在军事、教育、财政等方面进行改革的呼声也逐步高涨。

谈起戊戌变法，人们通常把变法的实践局限在"百日维新"这短暂的一刻，而此前三年（即从1895年的"公车上书"到1898年"明定国是"诏书颁发）多视为康有为等维新派为变法大造舆论的时期，实则

---

① 关于胡思敬《戊戌履霜录》的成书背景、撰述动机、史学思想倾向、编纂特点以及史料价值、史学地位等等的研究，学界已有过较为深入的剖析（详见朱政惠：《胡思敬和〈戊戌履霜录〉》，载《史之心旅——关于时代和史学的思考》，华东师范大学出版社1996年版，笔者对朱政惠的见解基本赞同）。尤其对于《戊戌履霜录》的史料价值，现代的许多史学家，如翦伯赞、荣孟源、汤志钧等等都对其给予了充分的肯定。日本学者北村井直认为，关于戊戌变法的史料，主要是梁启超的《戊戌政变记》、胡思敬的《戊戌履霜录》及苏继祖的《清廷戊戌朝变记》，其次才是《清实录》《东华录》《清稗类钞》。《剑桥中国史》一书的近代部分也把《戊戌履霜录》列为编书的重要参考资料（见费正清、刘广京编，中国社会科学院历史研究所编译室译：《剑桥中国晚清史》下卷，中国社会科学出版社1993年版，第805页）。可见，尽管《戊戌履霜录》一书充满了守旧思想，但记事尚属忠实可信。

并不然,清政府的变法改革乃从《马关条约》签订便已开始。胡思敬曾记述说,"日难初平"后,"李端棻言学,荣禄、胡燏棻言兵,翁同龢议设昭信股票,新政始萌芽矣"。① 这一观点基本符合历史事实。光绪二十一年四月十七日(1895 年 5 月 11 日),即中日换约后的第三天,清廷便发布上谕,决心"痛除积弊","以收自强之效"。② 此后,臣工纷纷上奏疏、递条陈,为变法出谋划策。顺天府尹胡燏棻的主张称得上是其中的代表:"今日即孔孟复生,舍富强外亦无治国之道,而舍仿行西法一途,更无致富之术。"③当时,康有为"公车上书"的各项主张在袁世凯、刘坤一、盛宣怀、李鸿章诸大臣的奏章中也都提出来了,他们的言论在《德宗实录》《光绪朝东华录》《光绪政要》中存留甚多。值得注意的是,清最高统治者对这些变法主张不以为忤,且连发上谕,把应兴应革各事归纳为十六项,要求大小臣工"因时制宜","悉心妥筹","实力讲求"。④

统治者昭之若揭的图强之心,奏响了维新变法的序曲。综观这三年的变法,清政府所"采择施行"⑤的各项改革举措,已远远超出了前三十年办洋务的框架,其内容涉及到政治、经济、文化各个层面,且取得了一定的成效,其在文教、实业、军事等方面的成果尤为显著,这一点已为学界所关注,兹不赘述。⑥ 就清王朝的最高统治者来说,光绪帝的维新变法要求自不必说,⑦即使是握有实权的慈禧太后在当时也是穷极思变的。

---

① 胡思敬:《戊戌履霜录》卷一,南昌退庐 1913 年刊本。
② 《清实录·德宗景皇帝实录》,卷三六六,光绪二十一年四月下,中华书局 1987 年影印本,第 781 页。
③ 胡燏棻:《顺天府尹胡燏棻条陈变法自强之道》,载沈桐生辑:《光绪政要》卷二,沈云龙主编《近代中国史料丛刊》第三十四辑,台湾文海出版社 1985 年版,第 16 页。
④ 朱寿朋:《光绪朝东华录》,第 1631 页。
⑤ 《光绪朝东华录》,第 888 页。
⑥ 这一时期变法改革所取得的主要成绩及其历史地位,可参见闾小波:《论"百日维新"前的变法及其历史地位》,载《学术月刊》1993 年第 3 期。
⑦ 实际上,光绪帝要求维新变法的心情是相当迫切的,可参见孔祥吉:《戊戌维新运动新探》,湖南人民出版社 1988 年版,第 370 页。

其实，光绪帝亲政后，真正掌握朝政大权的仍是慈禧太后。《戊戌履霜录》卷二中有载："上（指光绪帝）由藩邸入承大统，谨事太后，不敢示异同。"另有两条史料可资佐证：其一，梁启超的《戊戌政变记》中曾称，慈禧归政后，"皇上虽有亲裁大政之名，而无其实，一切用人行政，皆仍出西太后之手"；[1]其二，出自恽毓鼎的记载："上既新政，以颐和园为颐养母后之所，间日往请安，每日章疏，上阅后皆封送园中。"[2]这种情况也可以从极力辅佐光绪帝亲政的帝师翁同龢，稍有不中慈禧之意便被罢黜一事证明之。此外，《戊戌履霜录》在记述光绪帝从事变法活动时，多处有"上奉皇太后"[3]之语，显然，帝之所为有奉命行事之意味。而据学者孔祥吉统计，仅百日维新期间，光绪帝就曾12次专程赴颐和园拜见慈禧，这些会见绝不单纯是礼仪性的，康有为呈递的变法条陈和《俄彼得政变记》《日本变政考》等均是在此时由光绪帝"恭呈慈览"。[4] 在这种情势下，光绪帝所推行的维新变法的各项重要举措，必然都要事先经过慈禧太后的首肯，否则的话，变法运动决不会在慈禧的鼻子底下搞下去的。从这些史实中我们可以认识到，清廷两位最高统治者都是倾向于甚至是主张变法的，若着意把慈禧太后说成是维新变法的天敌，认为其完全因反对维新而发动政变，确实缺乏历史根据，至少是把复杂的历史事件看得过于简单了。

在当权者的倡导下，"数年以来，中外臣工，多主变法自强"。[5] 就统治集团的整体而言，在甲午战后，其对维新变法的态度是相当积极的。当然，我们并不否认刚毅、徐桐之流宁可亡国、不可变法的谬论依然存在。但是，在甲午战败及瓜分危机的刺激下，中国社会各阶级阶层纷纷起来救亡图存，越来越多的中国人突破了睁眼看世界的界限，开始把代表现代科技文化的"西学"，纳入了丰富提高自我的文化

① 梁启超：《戊戌政变记》，中国近代史资料丛刊，《戊戌变法》（一），上海人民出版社 1957 年版，第 256 页。
② 恽毓鼎：《崇陵传信录》，近代史料笔记丛刊，中华书局 2007 年版，第 60 页。
③《戊戌履霜录》卷一。
④ 孔祥吉：《戊戌维新运动新探》，第 360 页。
⑤《戊戌履霜录》卷一。

视野内,逐步走出了封闭的文化传统,将自己投身到改造社会的实践中。可以说,甲午战后确是改革的大好时机。而机遇终为泡影,不能简单归咎于客观环境,实事求是地讲,康有为作为戊戌变法的领袖和主要策划者,也有不可推卸的责任。

(二) 时人眼中"惟我独尊"的狂书生[①]

《戊戌履霜录》的主要内容便是记述康氏戊戌年间"乱政"经过的,因此,康有为自然成为该书最为关注的人物。其对康氏及"康党"的贬辱、攻击之语随处可见,这正是是书倍受訾议之处。然而,从对胡思敬思想的剖析中,我们不能忽视这样一个事实:在甲午战败及西学东渐潮流的影响下,作为一名对国家、民族命运十分关切的忧患之士,胡思敬曾对西学表现出了浓厚的兴趣,他"手抄政治、舆地、洋务书不下数十百种",[②]就当时胡氏的思想特征而言,是在守旧与趋新之间徘徊。[③] 这一点在他同时期的著述中表现得尤为明显:如在《国闻备乘》一书中,他曾作《李文忠办洋务成效》一文,对李鸿章在洋务运动期间大办实业的做法予以赞扬;[④]而在《戊戌履霜录》中,他也着意将参与变法的二十七人分为"康党"与"新党"两类。"新党"均为主张变法者,胡氏对陈宝箴、陈三立、吴大澂等十八位"新党"人物,因"堕康党术中"而"牵率得祸"[⑤]的遭遇,表示出一定的惋惜之情,他甚至在奏疏中称"戊戌六君子"中的刘光第、杨锐二人,"素行敦谨,尚非一意附和,颇有可惜",流露出愿为其"剖白昭雪"之意。[⑥] 由此可见,胡思敬当时对维新变法在一定程度上是可以接纳的。值得一提的是,在与胡氏交往密切、且政治立场相似的友人中,倾向变法者实大有人在。如在戊戌变法之时,沈曾植曾致函文廷式,表示:"论时局,谓世

---

① 康有为是近代史上颇具传奇色彩的人物,他的个性可谓丰富多姿,本书主要从与戊戌变法失败相关的角度对之进行讨论。

② 胡思敬:《答赵芷苏书》,载《退庐笺牍》卷三。

③ 详见本文第二章第三节。

④ 《国闻备乘》卷一。

⑤ 《戊戌履霜录》卷四。

⑥ 胡思敬:《请禁止国事犯名词折》,载《退庐疏稿》卷四。

事非变法不可为,而深忧变法之机将被康有为卤莽裂灭,中生变阻。"①郑孝胥也表示不反对变法大局,只是深恐康有为"噪进不已",会造成"因噎废食,祸及贤者"的局面。②

胡思敬最难容忍的是康有为领导"康党""逆谋兵变""犯上作乱"③的行为,他斥责康氏在广东时便"素行不检,颇干与外事,阴持大吏短长,粤人掉手咤骂,比之邪匪",入京后,更是行动"诡谲","终日怀刺"。④ 在康有为的性格特征当中,留给胡思敬印象最为深刻的是霸气十足,狂妄自负。他说,"有为顾身修髯,目光炯炯射人……敢为大言……携其所著书曰《新学伪经考》者,遍谒朝士大夫,或传其字长素,盖以素王自比,争呼'圣人'揶揄之,有为益喜自负",所著《孔子改制考》,亦显示其"大有为中国教皇之意"。⑤

胡思敬是保守派阵营中的代表人物,《戊戌履霜录》亦被当时思想保守的士人推崇备至。因此,是书的观点代表了相当一部分时人的看法,具有一定的参考价值。如果认为胡思敬对康氏颇存成见,对其性格特征的描述有失公允的话,那么梁启超追随康有为二十余年,对其知之甚深,他的言论当更为真实、客观。在《南海康先生传》中,梁启超对康有为评述说:"大自大千诸天,小至微尘芥子,莫不穷究其理。常彻数日夜不卧,或打坐,或游行,仰视月星,俯听溪泉,坐对林莽,块然无俦,内观意根,外察物象,举天下之事,无得以扰其心者。殆如世尊起于菩提树下,森然有天上地下惟我独尊之概。"这段话虽旨在描述康有为学佛修行,大彻大悟时的状态,但同时也大致概括出了康有为的个性特征。"先生有图章一,上刻'维新百日,出亡十四年,三周大地,游遍四洲,经三十一国,行四十万里。'其气概若此。"⑥

① 文廷式:《文廷式文集》,中华书局 1993 年版,第 1504 页。
② 郑孝胥:《郑孝胥日记》,第 1205 页。
③《戊戌履霜录》卷三。
④《戊戌履霜录》卷二。
⑤《戊戌履霜录》卷二。
⑥ 梁启超:《南海康先生传》,载陈引驰主编:《梁启超学术论著集·传记卷》,华东师范大学出版社 1998 年版,第 417 页。

蔡尚思曾指出,康有为"惟我独尊,以孔子之后的唯一圣人自居"。① 的确,若考诸康有为平生所为,可以看到他身上所具有的这种"天上地下惟我独尊"的个性气质。康氏早年在"万木草堂"讲学之时,弟子们恭维他为孔子那样的素王(即无冕之王),他不仅欣然接受,且意犹未尽,乃自号"长素",即要压孔子一肩,比圣人还要圣人。而他为五个得意门生起的名号,个个非同凡响:陈千秋号"超回",即超过颜回;梁启超号"轶赐",轶,超车之义,子贡(姓端木,名赐,子贡是其字)只能瞠乎其后;麦孟华,号"驾孟",即要驾在孟子头上;曹泰,号"越伋"(孔伋,即子思),曹泰要越过子思;韩文举号"乘参",被人戏谑为"把曾参当马骑也"。② 对于康有为这种傲形于色、不可一世的心态和举动,保守派自然无法接受,而思想激进的人士颇感不满者也大有人在,章太炎便是其中一显例,他曾说:"言康有为字长素,自谓长于素王,其弟子或称超回、轶赐,狂悖滋甚。"③

(三) 成于斯,败于斯

康有为身上这种"惟我独尊"的个性气质与戊戌变法的成败关系极为密切。从一定意义讲,这种个性特质体现了康氏所具有的"理想之宏远,热诚之深厚,胆气之雄伟"④。康有为曾手书一联:"大翼垂天四万里,长松拔地三千年。"⑤而一首《秋登越王台》更将其睥睨云天、横目八表之气概展现无遗:"腐儒心事呼天问,大地山河跨海来。临睨飞云横八表,岂无倚剑叹雄才?"⑥光绪十四年(1888年),时为清政府最高决策集团中的翁同龢第一次见到康有为,便对其印象甚为深刻。在日记中,翁氏写道:"康祖诒(康有为,字祖诒)狂甚。"⑦这里所

① 蔡尚思:《再说康有为——〈万木草堂遗稿〉序》,载刘善章、刘忠世主编:《康有为研究论集》,青岛出版社1998年版,第3页。
② 冯自由:《革命逸史·初集》,中华书局1981年版,第47页。
③ 汤志钧编著:《章太炎年谱长编》,中华书局1979年版,第38页。
④ 梁启超:《南海康先生传》,第415页。
⑤ 车吉心主编:《民国轶事》第二卷,泰山出版社2004年版,第455页。
⑥ 康有为:《秋登越王台》,载陈永正主编:《康有为诗文选》,广东人民出版社1983年版,第4页。
⑦ 翁同龢:《翁文恭公日记》,商务印书馆1925年影印本,光绪十四年十月二十七日。

用的"狂"字并非贬义,作为帝师和军机大臣的翁同龢,被康有为变法图强的一席话所打动,更被其壮志之凌云、英才之豪迈所感染,后来他在光绪帝面前大力保荐康有为,成为联结康有为等维新派与朝廷的重要枢纽。

考诸康有为一生行迹,可以看出在这种个性特质中,蕴含着以天下为己任的使命感及"平治天下,舍我其谁"的责任感。这份使命感和责任感,赋予了康氏坚定的自信力,成为支撑其对理想事业执着追求的内在动力。梁启超曾这样称赞其师曰:"先生最富有自信力之人也。其所执主义,无论何人不能动摇之,于学术有然,于治事亦然。不肯迁就主义以徇事物,而镕取事物以佐主义,常有六经皆我注脚,群山皆其仆从之概。"①的确,康有为原本一介布衣书生,在国难当头之际,如果没有这份使命感与责任感,他就不会犯上直言,一而再,再而三,十年之内七次上书。如果没有超凡的胆识与自信,他自然不会为旨在"大变""速变""全变"维新变法运动积极奔走,反复呼号,虽一再受挫,却不遗余力,义无返顾,并且也不会当仁不让地承担起了领导维新变法的历史重任,终以一位维新领袖的身份矗立于历史舞台。

然而,我们也必须注意到,在这种个性特质中,也带有急功近利的躁气、重名轻实的虚气、好大轻狂的骄气及刚愎自用的霸气,诸气糅杂在一起,对维新变法运动也起到了不容忽视的负面作用,这正是康有为领导戊戌变法失败的个性因素。康氏在名满天下的同时,却也谤满天下。

《新学伪经考》和《孔子改制考》是康有为维新变法的主要理论武器。两书刊布后,在社会上引起很大反响,被康氏门生称为"思想界之一大飓风也""其火山大喷火也,其大地震也"。② 但是,惊诧者众,反对者多,接受者实为寥寥。从学术角度来看,康有为没有以学人应

① 王云五主编、杨克己编著:《民国康长素先生有为　梁任公先生启超师生合谱》,载《新编中国名人年谱集成》第十八辑,台湾商务印书馆 1982 年版,第 178 页。
② 梁启超:《清代学术概论》,《梁启超史学论著四种》,岳麓书社 1985 年版,第 78 页。

有的严肃态度去论证自己的观点,而他似乎也认为没有认真论证的必要,其出语处处以口含天宪的圣人自居:"天哀生民……予小子(即指康氏自己)梦执礼器而西行,乃觇此广乐钧天,复见宗庙百官之美富,门户既得……不敢隐匿大道。"①于是,作为救世主的康有为便衔命而出了,其狂傲自负的性格由此可见一斑。难怪章太炎会充满嘲讽地说:"康党诸大贤,以长素为教皇,又目为南海圣人,谓不及十年,当有符命,其人目光炯炯如岩下电,此病狂语,不值一笑。"②

也许有人会为之辩护,认为康氏的著述不能在学术上苛求,主要应从现实政治需要的层面去理解其巨大的意义。正如康氏自己所言:"布衣改制,事大骇人,故不如与之先王,既不惊人,自可避祸。"③即利用儒家学说和孔子的偶像进行宣传,可以减少来自保守势力的阻挠和压力。但就理论的实践效果而言,康氏的变法理论不仅为反对改革者找到了最好的借口,而且也导致维新势力的分裂。胡思敬攻击康氏离经叛道,主张对其著述予以禁毁;《戊戌履霜录》中曾载:"御史安维峻见其书,大恶之,密具疏纠参,比之少正卯";④"湖南举人曾廉劾有为觊觎非常","以孔子为摩西,而己为耶稣"。⑤

损害最大的是支持改革的中坚力量。《新学伪经考》留给翁同龢的印象是"直说经家一野狐也,惊诧不已",他惧怕因康的轻狂躁进而贾祸;管学大臣孙家鼐为"东宫旧僚","主变法",曾面请康氏出任京师大学堂总教习,观《孔子改制考》后,也心存芥蒂。⑥ 地方实力派中,力倡维新变法的湖南巡抚陈宝箴曾上疏,请毁《孔子改制考》;⑦湖广总督张之洞曾大力支持强学会及《时务报》的活动,亦"不信孔子改

---

① 康有为:《孔子改制考》,中华书局1958年版,第288页。
② 章太炎:《致谭献书》,载杨家骆编:《戊戌变法文献汇编》第二册,鼎文书局1973年版,第583页。
③ 《孔子改制考》,第267页。
④ 《戊戌履霜录》卷二。
⑤ 《戊戌履霜录》卷四。
⑥ 《戊戌履霜录》卷一。
⑦ 《戊戌履霜录》卷四。

制",劝康有为"勿言此学"。①

对于维新变法的大局而言,这些矛盾的产生已是节外生枝,但如能妥善处理,尚属亡羊补牢,犹未为晚。且看康有为如何对待,他自道:"香涛(即张之洞——笔者注)不信孔子改制,频劝勿言此学,必供养(指注资强学会——笔者注)。又使星海(即梁鼎芬——笔者注)来言,吾告以'孔子改制,大道也,岂为一两江总督供养易之哉?'"②张之洞劝康有为"勿言此学",以免因学术分歧导致政治上的被动,实为睿智的忠告,而康氏却毫不理会。对张之洞尚且如此,对其他维新同道的态度就可想而知了。康有为常对人说:"吾学三十岁已成,此后不复有进,亦不必有进。"于是在民间,章太炎与康氏门人相遇,"辄如冰炭"。他不同意康氏神化孔子,"康有为门徒竟至'攘臂大哄'",扬言要揍他,"章太炎愤而离开《时务报》"。③

著名学者王国维对康有为的评价切中肯綮:"康氏以元统天之说,大有泛神论之臭味,其崇拜孔子也,颇慕仿基督教,其以预言者自居,又居然抱穆罕默德之野心者也。其震人耳目之处,在脱数千年思想之束缚,而易之以西洋已失势力之迷信,此其学问上之事业,不得不与其政治上之企图同归失败也。"④的确,康有为混淆了学术与政治的关系,在并非必要的情况下触犯了主流社会的大忌。在时人眼中,他宣扬孔子是"托古改制的改革家",鼓吹"托古改制""三世"说、"伪经"说,其实是宣扬康氏自己,神化孔子归根到底是要神化自己。他的言论除了能耸动时人的视听,引起新旧势力之间的矛盾日益激化,并造成革新派内部的冲突和分裂外,对戊戌变法的大局着实无益,甚至有害。

戊戌变法是一场关乎国计民生的全局性变革,它的每一步骤、每

---

① 《康南海自编年谱》,中国近代史资料丛刊,《戊戌变法》(四),第 135 页。
② 《康南海自编年谱》,第 135 页。
③ 汤志钧编著:《章太炎年谱长编》,第 43 页。
④ 王国维:《论近年之学术界》,载傅杰编校:《王国维论学集》,中国社会科学出版社 1997
　年版,第 213 页。

一措施不仅应有进步意义,而且应该能够为社会所接受、所承受。而在"百日维新"期间,在康有为言辞的鼓动下,光绪帝颁布多达百余道的新政诏令,社会实难承受。① 随着局势的发展,越来越多的官员加入反维新阵营,社会上对康氏的不满情绪也逐渐强烈。面对大小臣工弹劾康有为的奏疏,光绪帝"独用有为变法,排众议,毅然行之"。② 时至九月,维新变法已阻力重重。然而,康有为偏偏郑重其事地上书,请求"断发、易服色","改元开化",甚至要把国号改为"中华"二字。服式、发式、纪元对于维新改革来说,都是无足轻重的形式,但在中国传统文化中却被视为神圣不可侵犯的。《戊戌履霜录》曾载,太后闻之此事后,"詈曰:'小子以天下为玩弄,老妇无死所矣!'……(光绪帝——笔者注)闻太后詈怒,有违言,内不自安"。③ 康有为的主张虽未被采纳,但已流言广布,导致维新事业岌岌可危。

综上所述,我们可以看出,康有为不是一位成熟的政治家,缺乏统筹、驾驭全局的才能。他也不是一位现代意义上的政治家,这位向以"帝王师"的身份自居自重的人物,除了皇上,朝野英彦罕有能放在眼里者。这点通过下面两则事例得窥一斑:孙中山曾慕康氏之名,托友转致结交的忱悃,康有为答复道:"孙某如欲结交,宜先具门生帖拜师乃可。"④此言过于托大,使孙中山心中甚为不平;李鸿章曾主动提出出资入强学会,亦遭康氏师徒严拒。李鸿章在政坛几十年,门生故吏满天下,虽在甲午战败后一时失势,但却仍具有相当的影响力,"拒会"一事实在对维新事业没什么益处,只能徒增时人对康氏的反感。

当陷入日益孤立的困境之时,康有为不是冷静地分析全局,而是把阻力完全归结为慈禧一人。为扫除障碍,他策划发动兵变,捉拿慈禧。戊戌政变的直接动因与其说是政策之争,毋宁说是慈禧太后察

---

① 关于康有为和光绪帝在"百日维新"期间,因急于求成、急躁冒进而导致变法策略和措施方面的种种失误,学界已有共识,兹不赘述。
② 《戊戌履霜录》卷二。
③ 《戊戌履霜录》卷二。
④ 冯自由:《革命逸史·初集》,第49页。

觉了康氏有针对她个人的举兵夺权的计划。对于戊戌变法的失败，慈禧太后为首的顽固守旧势力罪责难逃，同时康有为个性因素对维新事业的消极影响也难辞其咎。

甲午战败、戊戌变法、义和团运动与清末新政是 19、20 世纪之交接连发生且有一定因果关系的四件大事，戊戌变法实为这条因果链中的关键一环。它的失败，对近代中国的影响甚深。对此，胡思敬曾说，"（康有为）负乘小才，喜事锐立名誉"，"其毒之中人始由不觉痛楚，寖淫达于脏腑，遂溃烂一发不救可惧也"。① 严复也曾有过相似的看法："今夫亡有清二百六十年社稷者非他，康梁也。"② 语虽涉偏执，且对康氏充满憎恨，但如果辩证地看，实不为无理。戊戌政变的失败，的确大大激化了清朝统治集团内部的矛盾，加速了这个腐朽王朝的崩溃。注意到这个客观效果，才能对康有为的历史功过做出更为公允的评价。

三、胡思敬与《驴背集》

光绪二十六年（1900 年），八国联军侵犯津京，镇压义和团运动。慈禧太后光绪帝西逃。胡思敬随扈不及，避居昌平县。他常常微服骑驴入京，探听时政消息，归则择要记之，并系以诗。光绪三十四年（1908 年）将所记整理定稿，题曰《驴背集》。1913 年，作者将此书付南昌退庐刊印。

（一）胡思敬眼中的"庚子之乱"

《驴背集》分为 4 卷，约计 5 万余字，共收录时事资料 138 条。在胡思敬的著述中，《驴背集》是全面反映"庚子之役"的最具代表性的笔记类史籍。所记史事始光绪二十六年（1900 年）义和团运动，迄次年《辛丑条约》签订。大体来说，是书主要围绕以下四个方面搜集、整

① 胡思敬：《赠左笏卿序》，载《退庐文集》卷五。
② 严复：《与熊纯如书》，《严复集》第三册，中华书局 1986 年版，第 632 页。

理资料并展开论述的。

其一,探讨义和团的源流和义和团运动的起因问题,是《驴背集》撰述的切入点。作者认为,义和团起于山东,与中国北方的民间会社有着密切的渊源关系,"义和拳即八卦会匪,与白莲教异派同源"。①尽管受传统政治道德的影响,胡氏对义和团一再称其为"拳匪",斥之为"黄巾遗孽",但他同时也承认,"庚子拳匪之乱,固百姓怨气所致"。"自西人入中国传教,良懦多受欺凌",而地方官多失职,不能有效地处理教会、教民与百姓之间的矛盾冲突,终导致民怨沸腾,"拳匪因民之勿忍也,遂劫众以叛,声言'保清灭洋',不伤害良民。"起初,义和团斗争的矛头是指向外国教会势力的,并不与官府为难,"拳匪初由山东窜直隶,但传演拳法,不敢与长吏为难。涞水武举人某与教民构讼,不胜,破家习拳谋图报复,教民侦得其情诉于官,官吏持之急则挈众以叛,揭竿而起者数千人。"②在此,作者能够正视"官逼民反"的现实,指出了义和团运动的爆发不是毫无来由的,他们的反抗有其必然性的一面。

其二,清政府对义和团的政策与义和团运动的发展,是《驴背集》记述的重要内容之一。胡氏认为,义和团运动的发展与戊戌政变后的朝政时局关系密切。戊戌变法失败后,在列强的帮助下,康、梁逃跑,"康有为逃窜海外,造为诬罔之词,指斥宫闱,诱煽南洋各岛华商,集赀数十万,立保皇会以图后举。"这引起了以慈禧太后为首的顽固派的怨恨。而端郡王载漪素怀私心,趁机阴谋策划立其子溥儁为大阿哥,待时机成熟后取代光绪帝。"康党事败,始立大阿哥,大阿哥立,载漪渐执朝权,自是国势趁重东宫,徐桐、崇绮俱向用。"③《驴背集》记述道:"有为初逸海外,夷人以'国事犯'庇之,其徒梁启超潜匿日本,著《清议报》,极力诋诬太后,政府悬十万金购有为头,不得。太

---

① 《驴背集》卷一,南昌退庐 1913 年刊本。
② 《驴背集》卷一。
③ 《驴背集》卷一。

后由是痛恶外人,寖为诸王所惑。"①待立储一事公之于世后,受到很多地方官吏的反对:"江苏知府经元善纠合南中官绅,联名上书力争,语不逊。"载漪因而怂恿各国公使入宫朝贺,"欲藉外援以抗舆论,公使不从。"②慈禧、载漪一帮人旧怨未消,又添新恨,遂萌生了利用义和团教训外国人的念头。

在义和团运动爆发之初,清政府原是主剿的,"先是山东匪乱,上闻巡抚毓贤不能战,诏罢毓贤,别简袁世凯率所部兵往代"。袁世凯"提兵渡河"后,着力绞杀义和团,山东义和团运动随即陷入低潮,"始祸之区晏然"。③当朝廷的态度逐渐由"剿"转向"抚"后,袁世凯"遂召匪目以好语慰之,令率众赴畿甸,为国效力,于是东匪皆趋直隶矣"④。"太后闻贼逼近畿,遣协办大学士刚毅、刑部尚书赵舒翘、顺天府尹何乃莹"先后出京察看。"乃莹受刚毅指驰抵涿州,传集贼中渠魁,言:'尔等皆义民,当努力自爱,毋伤害百姓。异日朝廷征服东西洋,必用汝为先驱。'皆抚掌大笑而散。舒翘因刚毅荐,得入军机,不敢与之立异。刚毅还朝密陈:'拳民志在拒敌,非叛逆可比,今已俯首受约,不如因而用之。'太后默然。"⑤清政府对义和团的政策转变后,义和团运动的中心由山东转移到了京、津及直隶,并在这些地区迅速蓬勃发展起来。

其三,八国联军侵华与北方军民的反侵略斗争、南方诸省的"东南互保",也是作者所尤为关注的。从《驴背集》中我们可以看到,在统治者的默许下,义和团大批涌入京津地区,他们"仇视夷人,日以劫杀为事","拳匪谓夷人为大毛,从夷教者为二毛,每人各持一刀,刀必见血,杀人既死,以次轮斫之,不糜烂不止"。⑥这势必会引起列强的强烈不满,各国纷纷照会清政府,逼迫其对义和团予以镇压。当时,

①《驴背集》卷二。
②《驴背集》卷一。
③《驴背集》卷四。
④《驴背集》卷一。
⑤《驴背集》卷一。
⑥《驴背集》卷一。

光绪帝及较为明智的朝中大吏如徐用仪、许景澄等,及南方刘坤一、张之洞等督抚大员主张镇压义和团,以杜绝列强的武装干涉,而操纵中央政权的载漪、徐桐、刚毅等人,则力倡"联拳抗洋",作为最高决策者的慈禧太后也打算利用义和团与洋人一见高低,因此清政府最终决定对外宣战。而正当清廷在战与和的问题上举棋不定、左右摇摆之时,列强相继批准了其驻华公使的联合出兵计划,由"英提督西摩尔统兵三千人"①,进犯津京,拉开了八国联军侵华战争的序幕。

联军入侵后,北方军民投入到了反侵略的斗争中。胡思敬一方面对聂士成、罗荣光、马玉昆等英勇抗击敌军的清军将领给予高度赞扬,另一方面也严厉斥责以载漪为首的顽固派围攻使馆、打死公使的"蠢行"。② 在胡思敬看来,义和团只是乌合之众,其对反抗外来侵略帮助甚微,且有不少团民在战乱中,做了很多趁火打劫的勾当。"南粮不通,城中米价奇贵,匪徒无所得食,欲掠夺则畏官军。薄暮匿城外,择乡民肥者噬之。有山东商运麦数千石,至马家堡,尽劫之以去。告人曰:'此汉奸接济洋人者。'自是商贩裹足不前,虽蔬果无敢入城,官民皆坐困矣。城内设坛至八百余所,每坛以百人计,过八万人,城破皆不知所去,唯于溷上井中得刀剑红巾无算。"③在列强出兵侵华后,刘坤一、张之洞不满中央政府的"抚拳"之策,他们"邀合各商埠领事,立东南互保之约,彼此毋相侵害"。对此,胡思敬表示赞同,他说:"江楚土寇大起,次第发兵讨平之,海上用兵而长江晏然,二公(指刘、张二人)之力也。"④

其四,义和团运动的失败及《辛丑条约》的签订。京、津陷落后,慈禧太后带着光绪帝和她的亲信臣仆,仓皇出逃离京。在逃亡的路中,慈禧太后发布"剿杀"义和团的命令,此后,"诸匪徒禽斩略尽,不

① 《驴背集》卷一。
② 《驴背集》卷二。
③ 《驴背集》卷二。
④ 《驴背集》卷二。

复能蠢动矣".① 这说明在中外反动势力的共同镇压下,义和团运动
归于失败。此外,《驴背集》还着重记述了《辛丑条约》签订的时局背
景及其主要内容。胡思敬认为,就当时的情势而言,以李鸿章为主负
责谈判的大臣,"外受诸夷恫喝,内遭朝旨驳诘",面对强敌,他们与之
"往来争论","舌敝唇焦","阅时半载始克",可见,能签约退敌实属不
易。李氏及其属僚周馥、徐寿朋等"功尤不可没"。②

总之,在胡思敬看来,"康党"之乱与有着亲情关系的上层统治集
团激烈的利益冲突是"庚子之变"的根源。他有诗云:"海外燃灰民党
众,梦中折翼帝星孤。晋家骨肉参商甚,早兆中原乱五胡。"③

(二)《驴背集》的撰著特点及思想倾向

《驴背集》不是一部系统的历史撰述,作者将所收集的 138 条时政
资料分条记载,每条题首均附有诗,诗皆时事之咏。四卷的分类无统
一标准,每卷所载事例也无一定顺序。从直观上看,是书以"驴背集"
命名,颇有诗集的意味,但其撰述与一般诗集相比,又有着明显的不
同。作者自云:"庚子之变,予随扈不及,挈室避居昌平。尝孤身跨一
蹇驴,微服入都,探问兵间消息,返则笔而记之,既又系以小诗,皆实
录也。昔人言,诗思在驴子背上,予此诗多于驴背得之,意境适与之
同,然京洛烟尘,较之灞桥风雪,所处固不侔矣。诗凡四卷,以其有关
掌故,不忍割弃,汇而存之,即题曰《驴背集》。戎马倥偬之中,非敢慕
前贤风雅,痛定思痛,亦毋忘在莒之意耳。"④1913 年,胡思敬在将其部
分著述付南昌退庐刊印时说:"予自甲午通籍以后,身历四大变而国
以倾",《驴背集》所载"皆实录也",其与《戊戌履霜录》、《官制刍论》
等,"皆可存一时掌故,故刻而藏之,俟后世修史者采焉。"⑤

由此可见,《驴背集》的编撰是以收录时政资料为主要目的的,强

---

① 《驴背集》卷三。
② 《驴背集》卷四。
③ 《驴背集》卷一。
④ 《驴背集·自序》。
⑤ 胡思敬:《戊戌履霜录》卷首,南昌退庐 1913 年刊本。

调记载的"实录"性,寄托着作者经世致用的治学思想及"存掌故、留真史"的撰史理念。诗在书中是作为一种记述的辅助手段,用来阐发作者的见解或概述资料的主要内容。因此,就《驴背集》的撰述而言,具有笔记史籍的特点,可以看作是一部笔记体史书。我们可以通过实例来进一步了解其撰著的特点,是书卷二在记述太常寺卿袁昶上疏反对"联拳抗洋"之策时曾写道:

> 报国何人捋虎须,渐西忠愤世间无。谏章直挟风霆走,血面朝天一怆呼。 太常寺卿袁昶,别号渐西老农。招抚拳匪后,连上三疏。第一疏请责成荣禄剿匪;昶独上之第二疏请保护使馆;第三疏请严惩首祸。皆昶主稿,与许景澄联名会奏。其请护使馆疏云:"春秋之义,两国构兵,不戮行人。泰西公法尤以公使为国之重臣,蔑视其公使即蔑视其国。兹若仍令该匪攻毁使馆,尽杀使臣,各国引为大耻,连合一气,致死报复,在京之洋兵有限,续进之洋兵无穷,以一国而敌各国,不独胜负攸关,实属存亡所系。"又言"泰西各国之教,有宗天主者,有宗耶稣者。天主曰神父,耶稣曰牧师。该匪亦不辨为所传何教,统以洋教呼之。而俄国向宗希腊,日本向宗佛教。该二国从无入内地传教之事。该匪更不论何国有传教之人,何国无传教之人,见异言异服者统呼之为毛子,概以弥剃为快,无论势有所不可,理有所不宜,且我驻洋各使臣非衔命而出者乎?若各国以我杀其使臣,先杀我使以偿之,是直易刃而自杀其使臣也。"昶言既不见用,尝抚髀自叹,作幽愤诗四章以见志,其卒章云:"岂有垂天翼,资彼群蝗翅。岂有神武朝,借力五斗米。"都人皆传诵之。[①]

由于袁昶、许景澄一再上疏反对慈禧太后利用义和团来对抗洋人的"蠢行",清廷便以"任意妄奏,莠言乱政"的罪名,将二人杀害。

---

① 《驴背集》卷二。

胡思敬在记述袁、许被害经过前,先有诗云:"吏部清矑对奉常,九原携手见先皇。衔冤更比金陀惨,合葬西湖配岳王。"①表达了对袁昶、许景澄之死的惋惜之情,同时,也对慈禧、载漪等人予以了尖锐的批评。由此可见,将诗放在所记时事之前来提纲挈领,应用归纳的方法,将相关史事综合列述,是《驴背集》撰述的显著特点。这样就能够时时体现出作者明晰的态度、立场。说明胡氏撰著此书,并不是随手记事而已,而是每遇到值得注意的事例,必认真思索,加以概括,从中得出分析评论,其在内容编纂及史文斟酌方面是颇下功夫的,具有明确的撰述宗旨。

胡思敬厕身战乱,对"庚子之乱"感触颇深,面对国难时艰,他怀着强烈的社会责任感和经世的治学理念,关注国计民生、时局变动,其撰著的态度是严肃、认真的。总的看来,胡思敬固然终生以忠于清朝的臣子自居,但是我们不能不注意到在他的史学思想中,也具有不完全依从政治立场的相对独立的史学准则。《驴背集》中多次揭露统治者为了一己私利,甘冒天下之大不韪,支持用最愚昧的神术来"扶清灭洋"。这帮人主动围攻使馆,主动向列强宣战,把敢于直谏其蠢行的五大臣斩首,闯下八国联军入侵、首都再次被占领、赔付巨款、几乎亡国的大祸。胡思敬严正指出,对于"庚子之变",载漪罪责难逃,正是"载漪阴谋内禅",才使"拳匪乘机而入,得以'保清灭洋'之利啖朝廷"。他痛斥道:"以一国挑衅全球,无端围杀公使,辟阙左为战场,先后死一亲藩、两宰相、五尚书、六封疆大臣,乘舆播迁,赔偿至五百兆,此端郡王载漪以私恨仇视使馆之故。"胡思敬对最高决策者慈禧太后的责任也不隐讳,揭示其在对"联拳抗洋"的问题上耍弄翻手为云、覆手为雨的政治手腕,终招致八国联军入侵这样的弥天大祸:"朝廷办义和拳,诏书前后反覆,不类一人一时所为,始曰乱民,令中外发兵捕之,已闻诸匪势盛,阴以权术笼络,练为乡团,又曰团民、曰拳民,既而载漪用事,倡议主招抚,直以义民呼之。前奉诏讨贼若聂士成、

---

① 《驴背集》卷二。

梅东益诸人,皆得罪。及北都沦陷,乘舆播迁,太后恨义和拳刺骨……于是指义民曰拳匪……两宫既达西安,皆言宜下诏罪己,枢臣撰拟不敢归过于上,但云'乱之萌匪'……读者皆掩口而笑"。[①]

从上述分析中我们可以看到,《驴背集》作为一部笔记体史书,采用诗的形式来提纲挈领各条史料,运用归纳的方法记载史事,其内容往往抨击当权者的丑态,直击宫廷的权力斗争,可谓卓有特色。是书深刻反映出胡思敬在历史撰述上,将史学看成具有一种独立准则、独立地位的思想。在史学传信万世、鉴戒百代的治史宗旨下,胡思敬在大是大非问题上不为君亲隐讳,以直书、实录为准则。因此,不能因为他的政治立场落后,就摒弃和否定其史著的史学价值。

(三)《驴背集》带给我们的思考

《驴背集》的撰述不是出于猎奇,也并非取快于笔墨以逞其才。作者对"庚子之乱"有切身的感受,怀着"存掌故、留真史"的撰史理念,认真收集、整理过这一时期的文献、档案,做过许多实地调查。是书作为一部专门记述"庚子之变"的笔记类史籍,具有相当高的史料价值。如其记载了裕禄以礼迎义和团首领张德成,各国公使拒绝载漪请贺立大阿哥,慈禧、光绪仓皇出京及其在西逃途中的情状,八国联军在华北、东北地区的暴行,黑龙江将军寿山殉国经过等等。[②] 凡此记述,与其他史书多有相同,皆可作为考史者取裁辨析的史料。然而,人们鉴于其落后的政治思想,往往对是书不加重视。笔者认为,这种因人废言的态度是偏颇的。从对《驴背集》的分析中,我们可以看到,作者虽然称义和团为"拳匪""匪徒""黄巾遗孽"等,但同时也能正视"官逼民反"的现实,作为传统社会中的官僚士大夫能做到这一点,是难能可贵的。

作为标志中国 20 世纪开端的义和团运动,曾被看作是近代三次革命高潮之一。诚然,在帝国主义瓜分中国的严重危机面前,这场运

---

① 分别见《驴背集》卷二、卷三、卷四。
② 见《驴背集》卷一、卷三、卷四。

动所表现的反侵略的斗争精神和勇气无疑是值得赞扬的。但是,它所具有的盲目的排外主义倾向也是不容忽视的。义和团"日寻仇劫杀,遇教堂、洋房辄毁之";"凡与洋人往还,通洋学、用洋货者,必杀无赦";"翰林学士黄思永,好谈洋务,一日拳匪数十人,蜂拥入室","未及置辞,已扶掖车中而去"。① 毁使馆、杀教士,摒弃一切与洋人有关的事物,根本不可能使中国摆脱帝国主义的侵略,只会为列强发动更大规模的侵华战争提供借口。这场运动所造成的历史悲剧告诉我们,不顾主客观条件,一味盲目排外,并不是真正的爱国,而是误国,甚至是害国。同时,义和团运动在指导思想和意识形态方面有着浓厚的宗教迷信色彩,使整个运动显得蒙昧落后。团民"自言有异术,能诵符咒,闭枪炮火门,临阵时神降其体,刀斧斫之不入。所事神若杨戬、哪吒、洪钧老祖、骊山老母诸名目,皆怪诞不经。京畿东南各属一倡百和,从者如归,城市乡镇遍设神坛,坛旁刀戟林立。贼目中所谓老祖师、大师兄者,端坐其中,被发舞剑作巫言。""自言临阵时密诵所传符咒,能避枪炮,有诵声未绝即中枪仆地死者,又言祖师所传密咒凡十九字,天津拳首张德成等只通晓二三字,若通至七八字,便横行无敌矣。"又有名"红灯照"者,"皆选室女未嫁者为之。室中祀九逵道人,以铜盘贮水置神前,绕行叫飞字不绝,自言练习四十八日即能飞行空中。人各燃一灯,以红纱笼之,悬诸门外。一夕红灯匿不见,里人中惊传诸女伴飞入海外,焚洋人庐舍矣。其党奉天津林黑儿为师,黑儿生长水滨,本船家女也。"② 反帝斗争的战场不是戏剧舞台,全副武装的侵略者也不是迷信邪法所能赶跑的。义和团运动最终归于失败,指导思想和意识形态的蒙昧落后是一个重要原因。

谈及义和团运动,我们决不能忽视帝国主义列强在其中的残暴罪行与险恶用心。其发动侵华战争的实质,并非像他们自我宣称的那样,仅是为了保护其在华公民的人身财产安全。战争中,侵略者四

① 《驴背集》卷二。
② 《驴背集》卷一。

处肆虐,累及无辜的中国百姓,其掠抢烧杀的强盗行径令人发指:杨村一带,"虏骑长驱直入,前后死者四五万人,天阴雨暮,鬼声啾啾,过者为之酸鼻";①"都城已陷,男妇老稚相携出城,田野之间,血肉相践,藉衣饰委弃盈道,无俯拾者";②"太后之归政也,退居颐和园,园在西直门外三十里,宫殿亭台备极土木之盛,历朝宝物皆贮其中,至是敌人踞之,括其所有,用骆驼运往天津,累月不尽";③"敌兵藉搜查军器为名,白昼入人家,倒箧倾筐各饱所欲而去,妇女辈皆蓬首垢面,自毁其形,以防不测。""夷兵四出,大索十余日,畿辅遍遭蹂躏"。④ 在此期间,沙俄除了同列强组合八国联军攻战津、京外,还单独出兵中国东北,占领了几乎东北所有的主要城市和交通线。先后制造了血洗海兰泡、江东六十四屯大屠杀、火烧瑷珲城等灭绝人性的血腥惨案,"瑷珲驱沿岸居民数千人入牡丹江,江水为之不流"。⑤

　　以"扶清灭洋"为宗旨的义和团运动的发展,与煽动盲目排外,利用义和团来为宫廷权力斗争和维旧排新开历史倒车服务的顽固派关系密切。义和团在山东兴起后,表面看似乎声势很大,实则是处于分散状态而无统一组织领导,力主镇压义和团的袁世凯出任山东巡抚后,山东义和团就立即一落千丈。若不是当权者的纵容、默许乃至公开支持,义和团是不可能顺利转移到中央政府控制严密的直隶和京津地区,更不可能发展为一场几乎波及整个北中国的大规模运动的。当时,把持中央朝政的是迫不及待要自己的儿子登上皇太子宝座的端郡王载漪,以及徐桐、刚毅等。这群人在戊戌政变后得势于一时,他们意欲借"扶清灭洋"的义和团的"神奇"力量,一举将洋人和一切与洋人有关的洋事物驱毁尽弃,同时将主张维新变法的光绪帝和维新势力彻底清除。

①《驴背集》卷二。
②《驴背集》卷三。
③《驴背集》卷三。
④《驴背集》卷四。
⑤《驴背集》卷四。

　　义和团大规模入京后，便受到以载漪为首的满洲诸王贝勒的操纵，"自载漪倡剿夷之说，庄亲王载勋、辅国公载澜、怡亲王溥静、贝勒载濂、载滢，贝子溥伦，皆起言兵，朝廷既招抚拳匪为团民，恐诸团游散无归，命载勋为统率义和团大臣，载澜、刚毅、英年佐之，于是庄王府设立总坛，聚众至三四千人，倾公帑赡养之，凡五城散团及新从匪者，皆令赴王府报名注册"。于是，当"立山以会议忤载漪"时，义和团即"诬其为汉奸，言立山宅中穴道，道潜通西什库。拘至庄王府，以神言决之。神言隐约，无左证。载勋必欲致之死。入言立山卖国通贼，遂革职，收付廷尉。诏言立山交通外夷，虽无实据，然当诸神降临之时，形神惶悸，不无可疑，闻者冤之。张荫桓已窜新疆，是日亦矫诏赐死。"而当慈禧太后准备犒赏义和团时，"拳民自陈：'不愿受赏，愿得一龙二虎头，削平患难，归报先师。'二虎指奕劻、李鸿章，一龙谓今上也。"[1]这显然都是载漪等人出于权力斗争需要的创造。

　　大学士徐桐，"恶西学如仇"，"痛恶外夷，凡西来货品概屏绝勿用。子承煜，官刑部侍郎，一日口含吕宋烟，趋庭而过，桐见之大怒曰：'我在而敢如是，我死其胡服骑射作鬼奴矣！'罚令跪暴烈日中，以儆其后。至是闻拳匪起，语人曰：'此天意也，异种自此绝矣。'"但是，他所以支持义和团，绝非仅仅由于反对西学，仇恨洋人，"徐桐以大学士兼上书房总师傅，位望虽尊，而事权不属，伴食中书者凡十余年。戊戌政变，抗疏请斩张荫桓，力攻新党，由是有宠于太后。先是光绪五年，吴可读为穆宗争大统，诏集廷臣会议。桐时为礼部尚书，疏言'我朝家法不建储贰，万世当敬守'。及己亥议立溥儁，不力谏，反赞成之，与前议相反，遂与崇绮同入青宫，以伊周自任"。载漪提出"联拳抗洋"主张后，徐桐与崇绮"联名密陈大计，辞甚秘，外廷不尽闻知。太后以两臣皆先朝耆旧，既同声赞助，遂不疑载漪有私。"[2]可见徐桐的所作所为，无非也是权欲所驱使。当时，与徐桐怀有类似心态和政

―――――――――――

① 《驴背集》卷一。
② 《驴背集》卷一。

治目的的官员还有很多：刚毅"恶洋人，斥西学"，"拳匪诳言望空叩头，神火即至，不殃及良民。五月二十日，焚正阳门外中西药房，北风骤起，延烧二千八百余家。火及城楼，西自观音寺至大栅栏，南自煤市街至西河沿，俱成灰烬。九城同日闭市，交易不通，商户、官宅一日数迁，人心始惶惶忧乱。刚毅闻火警，整冠登城，向火行九拜礼，观者皆莫测其用意"①；裕禄原本主张镇压义和团，"涞水戕官，乃上章请巢，已闻载漪等主招抚，又盛称拳民勇敢耐战"②；吉林将军长顺也不甘落后，上疏盛称义和团神勇，"言伊通焚教堂时，有二小孩戟手向空鼓煽，倾刻火由内发"，火至长春只焚俄人房屋，"距民房数尺，有红线环绕，不致延烧"。③ 如此荒诞不经的事情连长顺本人也未必相信，竟然出现在其上疏的奏章中，明显有迎合当权者口味的意图，将支持义和团看作是升官图富贵的好机会。

对于惹下八国联军入侵这样的大祸，作为最高决策者的慈禧太后难辞其咎。从几次宫廷夺权斗争的情况看，慈禧颇为果敢机敏。但从国家和历史发展的全局看，她又非常愚昧。这位时刻把维护个人的绝对权威放在首位的老佛爷，干了很多贻误国家的大事：如挑选幼儿做皇帝，又如违反不准宗室参政的祖制，并把大权交给诸王贝勒，不管他们如何昏庸贪鄙，只要忠诚恭顺就行。在义和团运动期间，她一再耍弄翻手为云，覆手为雨的政治手腕：时而发布《禁拳章程》，准备镇压义和团，时而又犒赏"将士义团"，要其教训洋人；时而命义和团与清军进攻使馆，时而又"议停攻使馆"，"遣使慰劳，且载瓜果遗之"；时而令"总署章京舒文手白旗诣使馆说和"，表示"用兵非朝廷意，皆奸民所为，今护汝返国，保无他，奸民我自治之，止外兵勿进，和好自在也"，时而又纵容载漪，"命军士日夜环守，严挈汉奸，断其接济，西什库亦围攻如故"。④ 光绪帝在御前会议上曾质问载漪等人：

---

① 《驴背集》卷一。
② 《驴背集》卷二。
③ 《驴背集》卷四。
④ 《驴背集》卷二。

"奈何以民命为儿戏?"①此言切中要害,也揭示了慈禧当时的居心,她只是拿义和团作为其内政外交的政治筹码而已。义和团民的爱国热情和牺牲精神如此地被践踏和滥用,一方面显示了清王朝的腐朽已无可救药,另一方面也注定了义和团运动的悲惨结局。

第二节 辑刻《问影楼舆地丛书》

在京为官之时,胡思敬注意收集前人及同时代学人的史地著述,并于光绪三十四年(1908年)刊刻了《问影楼舆地丛书》第一集,这是他生平自费辑刻的第一部,也是唯一一部专门收录史地著作的丛书。

一、丛书的主要内容及史料价值

《问影楼舆地丛书》第一集,以收录边疆史地著述为主,同时还汇辑了一些有关中原地区的地理著作,共15种、44卷。除《黑鞑事略》为南宋学人所著外,其他十四种均为清人所撰。这15种著作的基本情况是:

《黑鞑事略》,南宋彭大雅著,徐霆疏证,1卷。绍定年间,彭大雅出使蒙古时,对当地的政治军事、风土人情、山川物产等情况做了笔记,同时代的徐霆又根据自己出使蒙古的见闻写成书稿。后彭、徐经互相讨论确定,以彭记为正文,以徐记可补彭记部分作为"疏证",进而撰成此书。《黑鞑事略》所记均为作者亲身见闻,内容较为可靠,为研究蒙古兴起时期历史的珍贵资料。胡思敬根据熙太初(即熙元)旧藏抄本校勘付印。

《峒溪纤志》,陆次云著,3卷。康熙年间,作者收集了当时各家有关苗、瑶、侗、壮等少数民族的记载,详为考证,汇成此书。《峒溪纤

---

① 李希圣:《庚子国变记》,载中国近代史资料丛刊,《义和团》(一),第12页。

志》记述了苗族的起源及两湖、两广、四川、云南、贵州等地区少数民族的民风、物产、商贸等情况,内容较详,为研究西南少数民族的参考史料。胡思敬根据《云土杂著》之所载录出付印。

《云缅山川志》,李荣陛著,1卷。乾隆年间,李氏在云州、缅宁为官时,记两地山脉、水系而成是编。该书所载内容均为作者亲身实地考察,或令他人勘查所得,故颇翔实。对其他方志所记亦多辨析考证,条理清晰。卷末载有《图说》,简述其作舆图经过和内容。是书对研究云南地区的历史地理很有价值。

《长河志籍考》,田雯著,10卷。作者为山东德州人,康熙朝进士。他精于诗词,喜工骈俪,号称"山东一家"①。在作诗之余,也兼考求舆地之学。本书是田氏自撰的一部地方志书,汇述了德州地区的建置沿革、山川名胜、民情风俗等情况。

《黔记》,李宗昉著,4卷。嘉庆时,李宗昉曾督学贵州,他根据亲身见闻及在大量搜集贵州地方史志资料的基础上编撰而成《黔记》。作者对当地的物产、人物、山川、民俗等情况详细记录,严格考订,尤其对南方民族问题的研究颇有价值。该书是一部关于西南地理及民族史、民俗学方面的笔记类著作,它的体例仿田雯的《黔书》,可视作其续编。

《水地记》,戴震著,1卷。这是戴震晚年研究《水经注》时的一篇笔记。作者对《水经注》中所提到的昆仑山、黄河、太行山、汾水等山脉水系的地理位置、古今地名及少数民族用语等情况详加考证,对研究西北山川地理有一定价值。胡思敬据《微波榭丛书》本刊印。

《游历记存》,朱书著,1卷。朱书为清代著名学者,生平喜游历,足迹遍于大江南北。他根据途中见闻,并结合史书记载撰成《游历记》数十卷,这是一部内容丰富的游记,记录了山川名胜、古今战事、人物风俗等等,可惜原书已散佚。胡思敬据荫六山庄本之"燕秦一

---

① 胡思敬:《长河志籍考·跋》,载《问影楼舆地丛书》,光绪三十四年(1908年)京师仿聚珍铅印本。

道"部分付印,且更名为《游历记存》。

《三省山内风土杂识》,严如煜著,1卷。三省指陕西、四川、湖北。作者曾任陕西按察使,对该地区了解颇详。是书对三省山川险隘、行政区划、水陆交通等等皆有记述,内容翔实具体,为研究该地区山川地貌、民风民俗的重要参考史料。书成于嘉庆年间,道光时作者又增辑为《三省边防备览》。

《万里行程记》,祁韵士撰,1卷。道光年间,祁韵士被谪戍新疆伊犁。在赴新疆途中,祁氏将所见山川城堡、塞外沙迹、人物风俗等尽记书中,对西北的城镇,如太安驿、王湖镇、永康镇、徐沟县等等,叙述颇为详尽,条理明辨。为考察清代陕、甘、青、新诸地地理环境、民族习俗等不可多得之参考文献。胡思敬根据祁氏校刻原本刊行。

《缅述》,彭崧毓著,1卷。道光年间,彭崧毓任云南腾越厅同知,他根据缅甸使者的介绍,记叙了缅甸的王宫、军事、矿产及边境少数民族的民俗风情、商贸往来等情况,后又将所记同往来缅甸的中国商人核对,修订成此书,故所载史事较为可靠。

《滇海虞衡志》,檀萃著,13卷。作者久居云南,对云南的风土人情颇为了解。本书记载了云南地区的山川、矿产及少数民族的生产、生活等等,较为全面地反映了清中期云南地区的面貌,胡思敬据二徐堂本校勘刊印。

《陕西南山谷口考》,毛凤枝著,1卷。是书成于同治年间,是目前仅有的一部专门论述陕西关中南山(即今陕西境内的秦岭山脉)北侧诸河谷及其出山口附近的守备,与陕西关中,尤其是古都西安安危关系的军事史地著作,为研究秦岭地区军事历史地理的重要资料。

《关中水道记》,孙冯翼著,4卷。本书记载了流经陕西关中地区的大小河流数十条,并依史书所记及个人研究所得,考察了这些河流的源头、流域、水利工程等等,是一部专门考察区域河川地理的著作。胡思敬据问经堂本刊刻。

《东三省舆图说》,曹廷杰著,1卷。光绪年间,曹氏奉命勘查中俄边界,此书即为勘界时所作。是书考察了东北地区历史地理的有关

问题,如渤海国、库页岛、金会宁府、特林古碑等等,叙事简明翔实,颇
有参考价值。

《东三省韩俄交界道里表》,聂士成著,1卷。聂士成为晚清著名
的军事将领,此书是其奉命勘查东北边界时所作,专为说明东北地区
与俄、朝交界处及东北内部的交通状况。是书所用史料真实可靠,所
绘制的地形地貌图、交通里程表等均是用近代科学的方法勘测、调查
得来。因此成为一部极有价值的军事地理手册,是研究当时东北边
防及地方史的难得的珍贵资料。

二、《问影楼舆地丛书》的编纂特点

胡思敬辑刻《问影楼舆地丛书》的态度是严谨认真的。在编纂过
程中,除《黔记》《关中水道记》两书外,他对其余十三部著作均撰写了
跋语,较为翔实地介绍了该书的内容得失、版本流传及作者生平等情
况。此外,他还对《黑鞑事略》《滇海虞衡志》两书做了精审的校勘。
可见,编撰《问影楼舆地丛书》倾注了胡思敬的大量心血。概略言之,
是书在编纂方面具有以下特点。

(一)《问影楼舆地丛书》的编撰贯穿着胡思敬经世致用的治学理
念。从丛书的收书情况来看,有关边疆与民族问题的史地著作是胡
氏收录的重点。这显然不是偶然的,而是与当时的政治时局密切相
关。自19世纪70年代起,帝国主义列强便加紧了对中国的侵略,这
些侵略主要是针对中国的边疆地区以及中国周边地区的一些原为清
朝藩属国的国家。随着一系列不平等条约的签订,中国西北、东北、
西南边疆相继出现严重危机。边疆危机对于晚清的学术界是一次
强烈的思想震动,许多具有爱国主义思想的士大夫为抵御外侮,巩
固边防,乃发愤潜心于边疆研究。作为一名对国家、民族的前途与
命运十分关切的忧患之士,胡思敬也自觉地把关注的目光投向了边
疆地区。

东三省为清廷皇室发祥重地,士大夫对其安危尤为关切。"自日

俄构难,谈边防者佥以陪都根本为忧。"①此时,胡思敬不仅上疏表达自己对东北时局的政治主张,②而且对清朝官员在对外交涉上因不谙边务、不明界域而导致交涉的屡屡失败表示出极大的不满:"自日俄战后,废陪都改建行省,督臣予夺自专,四方游士□集。问以边隅措置,茫乎未有应也。间岛事起,院司相顾错愕,莫能□□,空辞与争,专阃之设不及一介之使,国无人焉,可守哉?"③他认为,《东三省韩俄交界道里表》与《东三省舆图说》两书,均是作者亲身实地勘查所得,内容翔实可靠,且有助于挽救东北时局,"读其书如亲履其地,二万三千余里疆界,牙错出入,藉图记一览而尽得之"④;"指陈三省疆里险要,读其书如亲历其境,实有裨于今日兵防、屯垦之用。"⑤因此,将其收录于丛书之中。由此可以看出,胡思敬鲜明的爱国主义精神和经世致用的治学旨趣。

中国是一个民族众多的国家,如何有效地统治少数民族,尤其是边疆地区的少数民族,是清代统治者和关心边务的有识之士共同思考和关注的问题。胡思敬认识到民族问题对于维护社会稳定的重要性。为增进士人对少数民族的了解,有利于执政者更好地讲求"驾驭抚绥之术",⑥制定"乂安之策",⑦他在编书过程中着意收录了记述少数民族生产生活的史地著作。陕西、四川、湖北、云南等省地形复杂,密林深谷、犬牙相错,这是导致这些地区战乱频仍的重要因素。有感于此,胡氏的《问影楼舆地丛书》收辑了《陕西南山谷口考》《滇海虞衡志》《三省山内风土杂识》等介绍上述地区山川地貌、物产交通、民风民俗等情况的史地著述。在《陕西南山谷口考·跋》中,他写道:

---

① 《东三省舆图说·跋》。
② 详见本文第一章第一节。
③ 《东三省韩俄交界道里表·跋》。
④ 《东三省韩俄交界道里表·跋》。
⑤ 《东三省舆图说·跋》。
⑥ 《缅述·跋》。
⑦ 《三省山内风土杂识·跋》。

曩余读《平安三省方略》，采辑额忠毅、德壮果、长文襄诸公奏疏，凡师行攻守要地，悉别纸录出，欲汇为一篇，以谂当世之好谈形势者。后得毛氏此书，就关中一隅两相校证，同者十之八九，遂辍笔，藏其稿。今阅十年，且失之矣。邪匪之乱起于楚，烂及于川，实恃南山为险阻出没卵育之区。其后秦防固，贼路中梗，势渐衰。杨勤勇宿兵宁陕，节制子午、华阳、黑河诸营，遂为汉北第一重镇。然则守南山即以守秦，守秦又即以防川、楚。毛氏所举谷口百有五十，自潼关西至宝鸡要口三十有一，分疏博证，经纬粲然，后世筹山防者，其念之哉。①

此时，面对民族矛盾与社会危机日益加剧的晚清时局，具有强烈的社会责任感的胡思敬选择了一条以学救世的道路。他曾"手抄政治、舆地、洋务书不下数十百种"，②编刻《问影楼舆地丛书》更凝聚了胡氏大量的心血。在丛书的跋语中，胡思敬对"当今天下多故"的局面深感忧虑，进而把学术研究与解决社会问题联系起来，寄望丛书能够对时政有所裨益，正如其所一再强调的，"后世谈兵形险要者读其书，通其意，随时变通而善用之，一隅之法推之以治天下，不难也，又多乎哉？"③在这种学术理念的支配下，《问影楼舆地丛书》的编纂自然具有鲜明的为现实服务的特点。

（二）《问影楼舆地丛书》的编纂具有别择精审、考核细密的特点。众所周知，严格选书是保证丛书质量的关键。胡思敬对选书甚为用心，哪种书可以入选，哪种书不可以入选，都有一定之规。从是书的跋识中我们可以看到，著者的学识、学养最为胡氏所看重，所汇辑的

---

① 《平安三省方略》原名《平定三省邪匪方略》，为清政府编撰的记录嘉庆年间镇压陕西、四川、湖北三省(也包括甘肃、河南两省部分地区)白莲教起义的专书。文中额忠毅指额勒登保，德壮果指德楞泰，长文襄指长龄，三人均是清军镇压白莲教起义的重要将领。杨勤勇指杨芳，平定白莲教起义后，清廷曾命杨芳为宁陕镇总兵。
② 胡思敬：《答赵芷苏书》，载《退庐笺牍》卷三。
③ 《三省山内风土杂识·跋》。

15 种书籍,多为"视考古为尤切"者,根据"亲得诸闻见而作",①而"非空谈考据者可比"。② 这与胡思敬为学向来尊重实践、重视实地考察,反对束书不观、游谈无根的空疏学风密切相关,在与友人的通信中,他经常强调"学问之道,贵在实行",应"略文艺而重躬行"。③ 同时,胡思敬对学人的道德品质也较为留意。例如,他平素便对晚清为国尽忠的名将聂士成钦佩有加,赞其"骁勇善战,两淮诸将无有出其右者",对清廷在聂死后,夺其职,"下诏议恤多贬词"④深表不满。他认为,"甲午援辽之役,唯功亭(即聂士成)战最力,庚子之难亦唯功亭死事最惨"。因慕其人故而重其书,⑤进而将《东三省韩俄交界道里表》收录丛书之中。可见,在经世致用的治学理念的指导下,是书的编辑也有为先贤续命、扬气节正人心的思想倾向。

该丛书尽管经过辑者的别择精审,所收录的著述多为具有一定学养的有识之士据亲身见闻所作,记述内容有着相当大的可信性。然而,胡思敬对其所载并不因此而盲目信从。在对著述的学术价值给予充分肯定的同时,他也郑重地指出了其存在的不足之处。例如:胡思敬认为,《滇海虞衡志》中"'金石'、'草木'诸篇尤关实用,非巧弄笔墨、好为藻饰以自矜者",但是,"'志蛮'采辑旧闻,多怪诞不可尽信";⑥《长河志籍考》虽叙事翔实,"用笔磊落",且有其"审博精辨"之处,但记述却多"涉骈俪事,或反为词掩",而其本属"德州别志",却"冒袭隋唐建置之名义,亦未安要"。⑦ 这些论述都体现了胡思敬严谨认真、实事求是的治学风格。

胡思敬对所收录的史地著述校勘细密、务求实确。除对《黑鞑事略》《滇海虞衡志》两书专门撰有《校勘记》外,他还对其他著述的疏漏

---

① 《万里行程记·跋》。
② 《云缅山川志·跋》。
③ 胡思敬:《致王泽寰书》,载《退庐笺牍》卷三。
④ 胡思敬:《驴背集》卷一。
⑤ 《东三省韩俄交界道里表·跋》。
⑥ 《滇海虞衡志·跋》。
⑦ 《长河志籍考·跋》。

及偏颇之处做了细致的校订。例如：在《云缅山川志》的原刻本中，"'志南掌山'一条紧接上文混而为一，'志澜沧江'一条按语误与正文平列，今悉厘正。自撰小注不必别加注字于上，前后各节皆如例，唯中数节有之，当系传写衍文，悉以意删去"；①《游历记》数十卷为朱书生平"最措意者"，但卷数散佚尚多，"后里人汪君养园获其遗稿，只'燕秦一道'"，"因题曰《游历记存》，明其非完本也。其著书体例，自序中述之甚详，汪刻无序，今从文集补入有疑字，不敢径改，校时用小注，分列于下"。② 此外，对一些因资料所限而无法确定的内容，他也明确标识，辨析存疑，"姑存其目，以俟异日之搜求"。③ 胡氏一丝不苟、缜密严谨的治学态度由此可见一斑。

（三）《问影楼舆地丛书》的编纂具有补阙辑佚的特点。胡思敬平生酷爱访书，讲求版本。在《问影楼舆地丛书》的编纂过程中，他关注各书的版本流传情况，并力求善本、珍本（包括佳刻本、家藏本、藏书家手抄本等等），为此，他不仅流连于京城书肆，而且还托请友朋广泛搜罗。《问影楼舆地丛书》所搜辑的《黑鞑事略》，就为世所罕见，《四库全书》未能搜得，独因此编始重行于世。在该书的跋识中，胡思敬写道：

> 右书自元以来辗转传抄，罕见刻本，明人好搜辑古今逸乘，考诸家丛目，亦未著录。唯吴县曹中翰注《蒙鞑备录》，征引十余条，未知所据何本，就其所引者两相校对，各有脱误，曹注没去彭大雅之名，竟以此书为徐霆所著，度其所见，亦非校刻精本可知。此本为熙太初祭酒家故物，祭酒殉难，后予游晓市得之，其李侍郎（指李文田）所跋原书则不知流落何所，侍郎攻西北舆地学最专，书眉评语考证精博，足与徐疏互相发明，疑即侍郎之笔，存而不削，异时当与《元秘史西游录注》并传，末附《校勘记》，多系以

①《云缅山川志·跋》。
②《游历记存·跋》。
③《云缅山川志·跋》。

意悬度,不敢径改,用存古书之旧,读者审之。①

除《黑鞑事略》外,丛书中也不乏珍秘之作。例如:《峒溪纤志》向为诸家目录所忽视,唯"龙威秘书说郛有之,册节错脱皆非完本",胡思敬根据《云土杂著》录出付印,因其"尚未经窜乱"而尤为可贵;②而毛凤枝的《陕西南山谷口考》虽为学界所重视,但却版本众多,且各有缺失之处。《问影楼舆地丛书》本刊行后,较通行各本为佳,遂成为目前最为流行的刊本。其他如《关中水道记》《游历记存》《缅述》《长河志籍考》等著述,也应丛书的辑刻而为世所瞩目。可见,《问影楼舆地丛书》具有网散佚而存久远的特点。

三、《问影楼舆地丛书》的时代定位

时至清末,面对国难时艰,具有一定时代感的士大夫纷纷以匡济天下为己任,发议论、办时务、倡改革,学术宗旨由考据以求义理转向了从事实学以求治世。这使得经世致用之学风起云涌,蔚为大观,成为当时一种气势磅礴的思潮。在这种时代潮流的推动和影响下,胡思敬关注国计民生,并于"努力崇德间考求经世之学"。③ 他有感于列强对中国边疆地区的侵略,注意从地理及历史方面来研究边疆问题,《问影楼舆地丛书》便是在这样的历史背景下辑刻而成的。是书凝聚着胡思敬浓重的时代忧患意识,这种忧患意识与胡氏所受中国传统文化影响极深关系密切,因而具有鲜明的民族性特征。即它所强调的不是一种实现自我价值的忧患,而是一种出于社会责任感的忧患。因此,其在精神层面上展示出忧国忧民的宏大抱负,在实践层面上则体现在对经国济世理念的孜孜以求。从对是书的剖析中,我们可以看到胡思敬这种挽救民族危亡的爱国心和自觉的社会责任感。其

---

① 《黑鞑事略·跋》。
② 《峒溪纤志·跋》。
③ 胡思敬:《刘幼云提学关中赠言》,载《退庐文集》卷一。

实,在晚清时期,与胡思敬具有同样经世思想与忧患意识的传统学人并不少见,他们在目睹了中国积贫积弱的社会局面后,为抵御列强的侵略,挽救国运日衰的清王朝,乃潜心于边疆史地的研究,寄望其学术研究能够对时政有所裨益。而正是在这群人的努力下,才会出现中国边疆史地研究的兴盛局面,从而形成晚清学术史上一个引人注目的学术现象。

诚然,《问影楼舆地丛书》贯彻的是经世致用的编纂宗旨,胡思敬也格外重视政治兴衰的地理因素,但值得注意的是,他并不因此而夸大地理因素的作用。他说:"前明重北防,及本朝入关而九边尽废;顾景范以山东运河为京师咽喉,及海道通而河漕二督俱罢。建置废兴,古未有三十年不变者。"[1]这种见识,闪耀着朴素辩证法的思想火花。在舆地学的治学方法上,胡思敬既重视近代学人立足于实地考察所得的著述,同时也不轻视清代考据学所取得的有关成果,即以考证、校勘、训诂等方法从古籍文献中考订史地的著作。在实学大畅、考据学日渐式微的清末学术氛围中,士林社会曾一度出现过贬低古籍整理的意义和价值,甚至极端排斥考据之学的浮躁学风,胡思敬对此颇不以为然。他说:"近人治舆地者,好谈形势要害,束古书不观,以为无益,余甚惑之。"[2]他指出,在舆地学的研究中,只注意实地勘查而忽视古籍考证的治学取向是偏颇的。原因于"形势随世变为转移","独山川为可据耳"。[3]为引起学界对考据学派的史地著述的重视,《问影楼舆地丛书》专门收录了一些以考据见长的清代学人的史地著作,戴震的《水地记》便是其中一显例。在该书的跋语中,胡思敬着意对戴震在训诂校勘、考证地理方面所取得的成就给予了高度评价。在与友人的通信中,胡思敬对学界存在的这种浮躁的学风深表不满。他认为,为学之道重在务实,贵在坚持,决不可人云亦云,"学问之道,须

---

[1] 《水地记·跋》。
[2] 《水地记·跋》。
[3] 《水地记·跋》。

执得定,方看得通"。① 这种严谨求实的治学态度在当时甚为可贵,深刻体现了胡思敬身上所具有的浓厚的学者气质,也使《问影楼舆地丛书》具有很强的学术性。

《问影楼舆地丛书》刊布后,以其资料珍贵、考释务实、有裨时政等特点,受到学术界的重视,对当时边疆史地学的发展起到了一定的推动作用。《丛书百部提要》中写道:"凡十五种,四十四卷,曰《黑鞑事略》、《峒溪纤志》、《云缅山川志》、《长河志籍考》、《黔记》、《东三省舆图说》、《陕西南山谷口考》、《缅述》、《三省山内风土杂识》、《万里行程记》、《关中水道记》、《水地记》、《游历记》(注:此为笔误,应为《游历记存》)、《滇海虞衡志》、《东三省韩俄交界道里表》。多与边疆有关,每书卷末,皆有辑者识跋。或加以校勘,如《黑鞑事略》之罕见、《峒溪纤志》之未经窜乱,尤为可贵。其他亦皆晚出之书,考订精审,有裨舆地之学。"②可见,是书的学术价值及学术地位是很高的。时至今日,地理地貌、人文社会皆发生巨变,《问影楼舆地丛书》的内容已不足以适应现代政治、经济活动的需要,但在历史地理的学术研究中,仍为不可或缺之书,是我国历史文化的宝贵财富。值得一提的是,丛书从整理、编纂到刊刻,完全靠胡氏一己之力完成,这必然受到自身财力、精力的限制,最终使其辑刻之初"广搜博采"的心愿无法完成。对此,《丛书百部提要》中曾不无遗憾地说:"每册题签第几集,皆空其格,盖其始固欲网罗广博,而后乃仅止此数也。"即便如此,胡思敬仍为保存和发扬民族优秀文化做出了突出的贡献,令后学得其沾溉。

第三节　指摘王夫之《读通鉴论》

王夫之(1619—1692),字而农,号薑斋,湖南衡阳人,是明末清初

---

① 《刘幼云提学关中赠言》。
② 《丛书百部提要》,载中华书局编辑部编:《丛书集成初编目录》,中华书局1983年版,第44页。

著名思想家,世称船山先生,与顾炎武、黄宗羲并称为明末清初三大儒。他一生著作恢宏,内容涉及哲学、史学、政治、宗教、文学等各个方面,形成了广博丰富而又自为经纬、别具独见的学术思想体系。在他的著作中,史学方面占了相当大的比重,其中尤以史评类著作居多。《读通鉴论》作为其史论代表作之一,在长期的流传过程中,产生了较大的影响。胡思敬曾撰述《王船山〈读通鉴论〉辨正》一书,对王氏此书的论述进行考证与辨析,较为系统地考察了《读通鉴论》的偏颇之处。对此,学界尚无人研讨。笔者研究发现,在有清一代学人当中,从学术角度,撰著研究《读通鉴论》者并不多,如胡思敬专门著书指摘是书者则更为罕有。可见,《王船山〈读通鉴论〉辨正》的史学价值与史学地位不容忽视。

一、胡思敬眼中的王夫之

王夫之在有清一代并非一直声誉显赫。他尽管著作等身,但因生前不肯降节仕清,隐居山野四十年,加之家境贫寒,导致其学不彰,大量著作在生前及身后相当长的时间内未曾整理出版。梁启超在《中国近三百年学术史》中称其为"畸儒",并说:"他生在比较偏僻的湖南,除武昌、南昌、肇庆三个地方曾作短期流寓外,未曾到过别的都会,当时名士,除刘继庄外,没有一个相识。又不开门讲学,所以连门生也没有……著书极多,二百年来几乎没有人知道。"①的确,与顾炎武、黄宗羲两位相比,在明末清初三大儒中,王夫之声名最为寂寥,不仅在世之时毫无风光可言,死后很长时间内也不为人所知。直至晚清,湘人邓显鹤主持刊刻《船山遗书》以来,后经贺长龄、曾国藩、郭嵩焘等人对船山学说的力倡,才使学术界开始关注王夫之,对他的研究也愈来愈热。对此,郭嵩焘十分感慨:"王夫之,遗书五百卷,历二百

---

① 梁启超:《中国近三百年学术史》,东方出版社 1996 年版,第 85 页。

余年而始出,嗟既远而弥芳。"①

19 世纪中叶前后,在内忧外患的时局下,清代学术风气发生重大转变,即由乾嘉时代的"训诂考据"转向道咸年间的"通经致用"。王夫之的学说在此时的复苏,既是社会发展的需要,也是学术内在逻辑的必然。同时,湖南学人群体在近代的崛起,也为船山学说的传播起到了巨大的推动作用。为扩大桑梓先贤的影响力,光绪二年(1876年),时任礼部侍郎的郭嵩焘,专门向朝廷上奏《请以王夫之从祀文庙疏》。此奏为礼部所格未获批准,郭嵩焘为此"垂涕竟日"。光绪二十年(1894 年),在湘人的主持下,王氏从祀孔庙之议再次被提出。虽然清廷为慎重起见,驳回了请求,但此时船山之学经湖南学人的大力推崇,已风靡湖湘,影响全国。光绪三十三年(1907 年),御史赵启霖上疏《请将国初大儒王夫之、黄宗羲、顾炎武从祀文庙折》,第三次将王夫之从祀孔庙一事提到日程。"启霖,湘潭人,夙宗仰船山,欲续成郭氏(指郭嵩焘)未竟之志,而难于措辞,乃并援顾、黄二先生以请。"②这次从祀之请在清廷上下引发了一场激烈争论,而争论的焦点主要集中在黄宗羲身上,其次是顾炎武,对王夫之从祀资格不认同的官员已很少。

胡思敬在京为官之时,即对王夫之、顾炎武、黄宗羲的学术思想抱有很大兴趣,"自科场废八股,改试策论,又废科举,改学堂,《日知录》、《明夷待访录》、《读通鉴论》三书盛行于世。"③在对顾、黄、王的著作有一定深度的研究后,胡氏也积极参与了 1907 年至 1908 年三儒从祀孔庙问题的争论。在胡氏看来,王夫之之学"大纯而小疵";顾炎武"大疵而小纯";黄宗羲"纯者无几,其疵者洸洋",④因此,在三人中,只有王夫之有资格入祀文庙。

胡思敬所谓王夫之的"大纯",主要是指以下三点:一是夫之之学

---

① 郭嵩焘:《郭嵩焘诗文集》,岳麓书社 1984 年版,第 538 页。
② 胡思敬:《三先生崇祀》,载《国闻备乘》卷三。
③ 《三先生崇祀》。
④ 胡思敬:《衡阳、昆山、余姚三先生从祀孔庙议》,载《退庐文集》卷一。

有传经之功。"夫之说经之书收入四库者,曰易、书、诗稗疏各四卷,曰易、诗考异各一卷,曰《春秋稗疏》二卷,其粗者辨释名物,研求训诂,考正地理,以经证经,足补传笺古注之遗;其精者发明新义,如老吏平反疑狱,引律判断,字字皆成铁案。凡经学已成书者,都二十二种,一百六十四卷,佚者二卷。"二是其学有卫道之力。这一点主要体现在《张子正蒙注》《思问录内外篇》这两本著作中。《张子正蒙注》探求"所谓育物之仁,经邦之礼","千变而不离其宗,旷百世不见知而不悔"。其《自序》剖析了数千年学术源流分合异同,并极力推崇朱熹之学;《思录内外篇》则"与正蒙互相发明,余廷灿称其本隐之显,原始要终,朗然如揭日月"。三是夫之有扶持名教之心。"明季士大夫好驰骛声气,东林复社,高自标置,树党伐仇,俗日颓敝,浙学末派援儒入释至李贽、陶望龄而大裂,又是时朝政刻核无亲,夫之身际时艰,反复太息其书,黜黄老、斥申韩、力戒朋党,归罪于上,蔡象山、姚江辨论累数千言,毅然有不可犯之色,此其扶持名教之心,不敢以著书空谈心性,与两圣人先后论旨隐相符合。"①

由此可见,"大纯"者均是以儒家正统思想为基础,以崇儒重道为旨归,从是否维护"正学",即程朱理学为标准对船山之学所做的评价。而王氏在胡思敬的心目中,是一位捍卫道统、传承风教的正统大儒形象。尽管如此,胡思敬认为,王夫之的学术还是存在一定的缺憾,即"小疵"。主要有两点:一是"说经称引大繁",有考证失实的地方。对此,《四库全书总目》中已有一定的论述与辨析;二是指《读通鉴论》中存在不合史实之处及有悖儒家礼教纲常之言,这在当时尚无人系统考察。

二、《王船山〈读通鉴论〉辨正》的主要内容

《王船山〈读通鉴论〉辨正》是胡思敬的一部很有特色的史论著

---

① 《衡阳、昆山、余姚三先生从祀孔庙议》。

作,全书分为上、下两卷。受资料所限,尚无法确定其具体的撰写时间。据笔者推测,应是在 1908 年前后。根据在于:1907 年至 1908年,围绕顾炎武、黄宗羲、王夫之从祀孔庙问题,胡思敬曾作《衡阳、昆山、余姚三先生从祀孔庙议》《三先生崇祀》等文阐述此事原委及本人对三儒从祀孔庙问题的看法。在这两篇文章中,胡氏引用了《王船山〈读通鉴论〉辨正》的相关观点及论述,由此推之,《王船山〈读通鉴论〉辨正》与其应为同时期的作品。1913 年,胡思敬将《王船山〈读通鉴论〉辨正》付南昌退庐刊印,这当是此书最早的刊本。

《王船山〈读通鉴论〉辨正》是胡思敬专门为去王夫之学说中的"小疵"而作。胡氏认为《读通鉴论》的偏颇之处主要集中在两汉三国史论部分,"魏晋以后可议者绝少",[①]因而在其中选取 19 例(其中上卷 10 例,下卷 9 例)作为辨正的对象,其论述的主要内容包括:

(一)在有关少数民族问题上对王夫之的指摘,这是本书十分显眼的内容。胡思敬指出,王夫之在撰《读通鉴论》之时,由于倾注了作为前朝遗臣的强烈感情,因而在其史论中,对"夷狄"的评论多带偏激意味。"身为遗老,当鼎革之交,箕踞谩骂,殆亦有激而然,如韩子所谓'物不得其平者'。"[②]如王氏对傅介子诱杀楼兰王一事十分称赞。认为"夷狄者,奸之不为不仁,夺之不为不义,诱之不为不信",因此傅介子所为,"寒匈奴之胆,讵不伟哉!"胡氏认为,王氏所言,是因"激愤发而为偏宕乱道之词","非儒者所宜出也"。中国不同于"夷狄"之处在于其有礼义教化,能以信义服人。"如徒以疆域而已,南北分争,南谓北为索虏,北谓南为岛夷。我方傺然自居于华夏,安知敌人不视我为异种?"春秋之时,"夷狄"居中国之地而不行中国之礼,因此"君子绝之",但"推圣人柔远之心,究未尝不思用夏变夷也"。"孔子谓'忠信笃敬,蛮貊可行'",决不可舍弃信义,而仅以"兵威相劫"。[③]又如,宣帝末年,匈奴内乱。萧望之认为汉廷应"辅其微弱,救其灾患"。王

---

① 胡思敬:《王船山〈读通鉴论〉辨正》卷上,南昌退庐 1913 年刊本。
② 《王船山〈读通鉴论〉辨正》卷上。
③ 《王船山〈读通鉴论〉辨正》卷上。

夫之对此加以驳斥。他认为不应对匈奴有所恩谊,"辅其弱而强之,强而弗可制也,救其患而安之,安而不可复摇也。"胡思敬则完全支持萧望之的主张,认为儒家的仁义教化要比武力征伐更有效。匈奴内乱,兄弟相争,辅其弱者使能自立,此即"贾谊分封诸王、赵充国离间诸羌之计"。汉朝正是采用了此策,才解决了边患问题。①

(二)驳斥王夫之史论中对女后、外戚的偏见,也是《王船山〈读通鉴论〉辨正》的重要内容之一。胡思敬虽然认同王夫之的观点,即女后、外戚专权是两汉衰败的重要原因,但他对王氏就此将两汉女后、外戚全盘否定的极端做法不以为然。他指出,对待女后、外戚问题应以史实为准,具体问题具体分析。例如,针对王夫之"东汉外戚之害,自马后始"的说法,胡思敬就很反对。他认为,王氏对马后的非议没有史实根据。从"大旱请封"、严饬族人、令马氏子弟"受虚荣辞实职"等事来看,马后之贤,并非虚传。② 再如,王氏认为陈蕃倚用窦武是所托非人。原因在于,不仅窦武之贤是令人怀疑的,而且"天下亦疑外戚、宦寺之互相起灭而不适有正"。对此,胡氏也不赞同。他强调,陈蕃、窦武之贤,"史有明徵",且窦武虽为外戚,陈蕃"假手以清君侧"也无可厚非。王氏对外戚存有偏见,讥讽陈蕃就更不应该了。③ 又如,王氏对傅喜的评价,在胡思敬看来,也是过于苛刻。胡氏认为,成哀之时母氏专权的问题由来已久,并非一朝一夕所能改变。君子之士周旋权门之间,以徐图补救,其情可谅,其行也是应予以肯定的。虽然傅喜与王莽一样,也是外戚,但傅的贤仁不可否认。在他为官时,"内以安傅氏之心,外以救王氏之失",其守节不屈的品格世所公认。④

(三)注重辨正王氏史论中的"立异"之处。王夫之的史论好与前哲立异,胡思敬对此多持否定态度,他十分重视传统史学的道德"戒鉴"功用,认为王氏这种"取快于笔墨以逞其才"、凭"意气"论史的做

① 《王船山〈读通鉴论〉辨正》卷上。
② 《王船山〈读通鉴论〉辨正》卷下。
③ 《王船山〈读通鉴论〉辨正》卷下。
④ 《王船山〈读通鉴论〉辨正》卷上。

法实不足取,"论一偏,道德之意变为申韩,荀卿之学流为李斯,将有变本加厉之患,不可不慎也。"①试举两例,以资说明:王夫之认为,张释之任廷尉时,多在"可为"之事上做文章,"畏强御而行于所可伸者",他只不过是故意博取正直的名声而已。对此,胡氏指出,张释之为人正直,为官廉洁,天下有目共睹。他不畏强权,敢于直言上谏,深为诸侯所惧。以"缄口于淮南"便判定其"市直",有欠公允。② 又如,王氏评论,汲黯责汉武帝"内多欲而外施仁义"是"贼道之说"。黯行黄、老之术,"协其君以从己",他对武帝"不终于崇儒以敷治,而终惑于方士以求千",负有责任。胡氏指出,汉初采用黄、老之术治国有其历史必然性,不能武断地加以否定。王氏对汲黯"虚造谤辞,横回口语"的做法实不足取。③ 书中这样的例子还有很多,如对李业、王皓、王嘉、马融等人的评论中,胡思敬均对王夫之的观点加以否定。诚然,胡氏对船山史论立异之处的否定是有欠妥之处的,毋庸讳议,史论贵在创新,而创新必然要立异。但是,立异一定要以史实为基础,不顾史实的立异则是不可取的。而王夫之在这方面确实存在问题,被胡思敬指责,是可以理解的。

三、《王船山〈读通鉴论〉辨正》的史论特点

胡思敬在对《读通鉴论》的辨正过程中,将自己的见解与思想淋漓尽致地表现出来,概略言之,具有以下两大特点。

(一)以历史的客观性为前提,辨析《读通鉴论》的失实之处。历史事实是历史评论的基础,胡思敬反对王夫之以个人偏见论史,他认为,王氏"因恶黄老而并诋曹参、汲黯;因恶外戚而并诋汉马后、郑后、窦武、陈蕃、傅喜;因恶权臣而袒何晏、邓飏;因恶敌国外患而奖边

---

① 《王船山〈读通鉴论〉辨正》卷上。
② 《王船山〈读通鉴论〉辨正》卷上。
③ 《王船山〈读通鉴论〉辨正》卷上。

功",①此皆"矫枉过正"之谈。在全书 19 处论述中,他抓住王夫之史论当中不顾史实而据今论古的毛病,将其不符合历史事实之处一一揭示出来,体现了作者务实求真的治史态度。此外,是书还考证出王夫之史论当中张冠李戴、前后不一的现象。如,王夫之有"第五伦起而持之,视明帝若胡亥之惨,而已为汉高"之言,胡思敬指出,"胡亥不革始皇弊政,卒亡四海,以见边役之宜罢"是杨终所说,并非第五伦之辞。第五伦所说的是"光武承王莽之余,颇以严猛为政,后代因之,遂成风化,陈留令刘豫、冠军令驷协,并以刻薄之资务为严苦,宜遣举者务进仁贤,以任时政"。② 又如,王夫之对于"晋室东迁,王敦、桓温藉荆襄上流兵势入清君侧"一事,有"居轻而御重,干弱而枝强,有室大竞"一语,胡思敬指出,这一论述"引之以论晋则曰竞以室非竞以户庭,引之以论汉则曰竞以德非竞以兵","以子之矛陷子之楯,将不诘而自穷矣"。③

　　胡思敬十分注意利用史实来辨正对方观点,同时增强自身史论的说服力。例如,王夫之有谓"明王有道,守在四夷",贤明的君王应"内文德"而"外武功",将国家的军事力量放在边庭,以防御外敌入侵。汉朝设南北两军于京畿,"兵积强于天子之肘腋",只能是"召乱而弗能救亡"。对此,胡氏首先考证出南北两军兵力单薄的事实,"总其数,南军九千四十六人,北军四千五十人,以京师之大,屯兵万三千人,差足自守,有事则以羽檄征召郡国材官骑士,亦单弱甚矣",同时指出,"吕后谋危社稷,合两军兵权付之一家,遂失南北相制之义"。这是对王夫之的论据,即"汉聚劲兵于南北军""聚兵以授人之乱"之说的有力驳斥。继而胡氏又列举大量的史实来说明禁兵过弱及藩镇过强的危害,从而从根本上否定王夫之的观点,总结出自己的看法。"秦始皇以四十余万众北备匈奴,以二十余万众南戍五岭,可谓守在四夷矣,何以不二世而遂亡?""取国家利器倒柄而授之奸人,岂独肘

---

①《衡阳、昆山、余姚三先生从祀孔庙议》。
②《王船山〈读通鉴论〉辨正》卷下。
③《王船山〈读通鉴论〉辨正》卷上。

腋之间足以为患!"①综观全篇,逻辑严密,论证充分,可自圆其说。

(二)以儒家的礼教纲常思想为标准,评论历史是非。坚持儒学传统,恪守旧的文化理念,是胡思敬终生不变的信条。同时,胡思敬撰述《王船山〈读通鉴论〉辨正》的动机非常明确,选取辨正之处也都是与"治体学术"②密切相关的地方。因此,以儒家的道德观念评论历史是非自然成为是书的一大特色。如在对秦始皇、汉武帝、王莽的历史功过的评论中,胡氏认为这三人穷兵黩武,均有悖于儒家的"仁治"思想,"欲寡人之妻,孤人之子,争地争城,杀人盈野,惨刻不仁之气变而为哭泣叹恨之声,是岂君子所忍闻乎!""人主佳兵好战,古未有不败亡者。王莽及身而亡,秦始皇传及子而亡,汉武帝虽未遽亡而海内凋敝,盗贼芬起。"③在评议郑后为郑氏近亲"开邸第教学而躬自试之"一事时,胡思敬说:"国不可一日无教,人不可一日无学,三代盛时,自郊遂乡党以至郡国,都鄙皆立学之地。"圣人有谓"君子学道则爱人,小人学道则易使也",而"仁义礼乐,先王不择人而教",因此,船山所言,"文教不可下移,亦如兵权之不可帝落"是将诗书看作"巧智舞文之具","不大可惧乎!"④

在传统儒家思想的指导下,《王船山〈读通鉴论〉辨正》一书还着重探讨了制治保邦之道,以为"天下后世"提供历史借鉴经验。胡思敬虽然没有对制治保邦之道的具体内容做专门的论述,但其思想和主张都体现在各篇辨正之中。综观全书,可以看出:本书十分强调君王个人对于王朝的兴衰所起到的作用。作者认为,贤明的君王应以"国计民生"为重,做到"修心治国",懂得为君之道。他说:"君心正,内治修,民皆畏死乐生,上下固结不解。虽强敌睥睨榻旁,且不足为患,何有于权臣? 虽七年之旱,九年之水,且不足为灾,何有于叛逆?"如果君王不修君德,则"朝政窳败,好货、好色、好土木神仙,巡游无

---

① 《王船山〈读通鉴论〉辨正》卷上。
② 《王船山〈读通鉴论〉辨正》卷上。
③ 《王船山〈读通鉴论〉辨正》卷上。
④ 《王船山〈读通鉴论〉辨正》卷下。

度,淫刑以逞,小民穷蹙思乱,一鹿在野,群雄逐之,各有大者王、小者
侯之心"。胡思敬所谓的"修心治国",即是要君王"尊儒重道",以圣
贤祖训为修身之本,"唯大人为能格君心之非,一正君而国定",以"德
教加于百姓,行于四海"。① 具体来说,为君之道还要注意以下几点:
一、要节俭寡欲,切勿穷兵黩武。汉武帝正是由于"多欲"而败国。
二、对待"夷狄"要以信义为重,据儒家"经义"以断大事。三、要加强
对军权的控制,尤其要警惕的是勿将兵权授之"奸人"。此外,还要做
到选贤用能、赏罚分明、善于纳谏等等。在强调为君之道的同时,胡
思敬还重视为臣之道。为臣之道的核心是臣忠,臣忠的重要表现就
是要敢于直谏,"臣使人主不闻其过,此有国之大患也"。是书多处褒
扬"戆直忠义"之士,贬斥"奸邪巧佞"之徒。胡氏强调,大臣应以"安
社稷为重",不计个人的荣辱得失,"心不知死生祸福之可趋避也。"他
反对陈寿对诸葛亮的评价,认为"君子之作事也,有是非无成败","陈
寿乃以成败论英雄也"。② 此外,是书在论述过程中,也渗透了对现实
政治的思考。如在对何晏的评论中,胡思敬一再强调"大臣不可轻信
名士"这一主张。"名士之不足恃,自古而然","当国大臣引用少年浮
薄新进名士,聚谋私室,好立非常可喜之功,小则丧身,大则误国。自
古迄今,验之历历不爽。"他甚至说"决数千年礼教之防,养成无父无
君之局",何晏"实为戎首",表现出其对名士误国的愤慨。③

四、小结

王夫之的《读通鉴论》,近人多称赞。梁启超曾说,王夫之的《读
通鉴论》《宋论》"在史评一类书里头可以说是最有价值的",且王夫之

---

① 《王船山〈读通鉴论〉辨正》卷下。

② 《王船山〈读通鉴论〉辨正》卷下。

③ 胡思敬痛恨康有为、梁启超等维新人士及所有倾向于变法的官员。在他眼中,"戊戌之
祸"正是以翁同龢为首的朝中大臣轻信"少年新进名士"所致。具体内容及观点可参见
胡氏早期史著《戊戌履霜录》(南昌退庐,1913 年刊本)及同时期的著作《国闻备乘》(南昌
退庐,1924 年刊本)。

有"特别眼光,立论往往迥异流俗"。① 钱穆也评论说"船山著书,惟
《读通鉴论》最流行。其书泛论史事,而时标独见,杂论社会、政治、人
生种种问题,而运一贯之精思,非泛作也"。② 胡思敬虽然对王夫之的
学术同样十分推崇,但其对王夫之史论的偏激之处却并不避讳。他
受中国传统文化影响极深,具备如实记载史事的意识,因此,在《王船
山〈读通鉴论〉辨正》一书中,他重视历史的客观性,以历史事实为立
论的基础,揭示出王夫之论述之中很多不符合史实之处。从对是书
的分析中,我们还可以看到,胡思敬基本沿袭了中国传统的历史观、
道德观及史学理念,传统文化在他身上毕竟积淀得太深厚了,这使是
书的史论不可避免地带有一定的局限性,但我们不能因此而忽视它
的史学价值。胡思敬的《王船山〈读通鉴论〉辨正》不是通常文人的就
史论史,更非无聊雅士的"玩史"消闲。在是书撰写前后,正值清廷上
下为顾炎武、黄宗羲、王夫之从祀孔庙一事激烈争论之时。胡思敬赞
成王夫之入祀而反对顾、黄,为实现自己的主张,他积极上疏,多方奔
走。其所十分关注的不仅仅是一个礼仪形式问题,更主要的在于清
王朝此时国事大衰,思想领域"异端"百出、"圣学"危机,胡思敬力图
通过此事强化"正学"权威,以维护旧的思想文化形态。从是书的分
析中,我们可以更为深入地了解晚清传统士大夫的心态及对中国社
会的前途命运所做的思考。在中西文化激烈冲撞的时代,是书体现
的保守思想极具典型意义。

新中国成立以后,人们对《读通鉴论》的研究日益深入,取得的成
绩是巨大的。但由于学界对近代守旧人物整体研究的不足,从而使
是书对守旧人物的影响及这群人对是书的评述往往被人们所忽略,
甚至在专门的学术史综述中,对这些也只字不提,导致如《王船山〈读
通鉴论〉辨正》这样的著作被长期淹没在历史的尘封之中,这不能不
说是学术研究中的一件憾事。清末民初的社会变局,造就了许多像

① 梁启超:《中国近三百年学术史》,第93页。
② 钱穆:《中国近三百年学术史》(上),商务印书馆1997年版,第129页。

胡思敬这样的人物,如魏元旷、刘廷琛等等都与他具有相似的政治立场。由于这些人物在政治上顽固地抵抗历史潮流,大多很快被边缘化乃至被逐渐遗忘,而胡思敬则是此类人物中因文化活动取得较大名声的代表性人物。笔者认为,从学术角度来说,忽视对这一群体的研究是偏颇的。研究胡思敬及其史著,研究相类似历史人物及其思想,进而研究整个群体的历史作用,应当是中国思想史、政治史、史学史等研究领域中需要加强的课题。

附:笔者以中华书局 1975 年版《读通鉴论》为参照,将《王船山〈读通鉴论〉辨正》的主要内容列表于下:

序号	选取部分	船山论述要略	胡思敬的辨正
1	卷二,惠帝	"明王有道,守在四夷",贤明的君王应"内文德"而"外武功",将国家的军事力量放在边庭。这样不仅能"御夷狄而除盗贼",又可使外戚、阉宦"无挟以争"。汉朝设南北两军于京畿,"兵积强于天子之肘腋",只能是"召乱而弗能救亡"。	设立南北两军是汉朝兵制的一大善策,且两军兵力单薄,不足以镇压四方。若使藩镇各拥重兵,则势必会威胁中央的安全。与两汉"诸吕、窦、梁"之乱相比,唐朝藩镇割据的局面更难控制。因此,君王所要警惕的是勿将兵权授之"奸人"。
2	卷二,文帝	张释之任廷尉时,多在"可为"之事上做文章,"畏强御而行于所可伸者"。他只不过是故意博取正直的名声而已。	张释之为人正直,为官廉洁,天下有目共睹。他不畏强权,敢于直言上谏,深为诸侯所惧。以"缄口于淮南"便判定其"市直",有欠公允。
3	卷三,景帝	太后宠爱梁王,欲让景帝传位于梁王。景帝以"千秋万岁后传于王"一语"探太后之旨而姑为之言","窦婴正辞而太后怒",从而招致景帝对梁王的妒恨。七国之乱时,周亚夫不奉诏救梁王,是深明景帝借吴除梁之意。	周亚夫不奉诏救梁,纯粹是军事策略上的考虑,由此认为周与景帝有密约是没有根据的。景帝以"传位于王"一语"启藩王窥伺之心",是景帝的过失。认为太后欲让景帝"舍太子而立梁王"并非史实。

序号	选取部分	船山论述要略	胡思敬的辨正
4	卷三,武帝	批驳淮南王刘安"谏伐南越"的主张,认为"越之不可不收为中国也",肯定武帝平瓯、闽,开南越的历史功绩。	赞成刘安的主张,认为征伐南越之举非仁义君子所为,不但劳民伤财,而且得不偿失,是完全没有必要的。
5	卷三,武帝	汲黯责武帝"内多欲而外施仁义"是"贼道之说"。黯行黄、老之术,"协其君以从己",他对武帝"不终于崇儒以敷治,而终惑于方士以求千",负有责任。	认为汲黯此言切中要害,符合历史事实。汉初采用黄、老之术治国有其历史必然性,不能武断地加以否定。王氏对汲黯"虚造谤辞,横回口语"的做法实不足取。
6	卷三,武帝	对汲黯辞任淮阳太守而自请为中郎的做法不以为然,认为他是"干求持权",欲与张汤争荣辱,非君子之道。	张汤是"奸邪巧佞"之徒,汲黯身为大臣,不能坐视奸臣当道而不顾。他的做法正是尽人臣之分,表现出其忠君爱国之心。
7	卷四,汉昭帝	对傅介子诱杀楼兰王一事十分称赞。认为"夷狄者,奸之不为不仁,夺之不为不义,诱之不为不信",因此傅介子所为,"寒匈奴之胆,讵不伟哉"!	王氏所言,"非儒者所宜出也"。中国不同于"夷狄"之处在于其有礼义教化,能以信义服人。"忠信笃敬,蛮貊可行",而舍弃信义,仅以"兵威相劫",不是长治久安之计。
8	卷四,宣帝	宣帝末年,匈奴内乱。萧望之认为汉廷应"辅其微弱,救其灾患"。王氏对此加以驳斥。他认为不应对匈奴有所恩谊,"辅其弱而强之,强而弗可制也,救其患而安之,安而不可复摇也"。	支持萧望之的主张,认为儒家的仁义教化要比武力征伐更有效。匈奴内乱,兄弟相争,辅其弱者使能自立,此即"贾谊分封诸王、赵充国离间诸羌之计"。汉朝正是采用了此策,才解决了边患问题。
9	卷五,哀帝	成、哀之世,母氏专权,汉遂失君臣之义。"率天下而奔走于闺房之釁笑",就连像彭宣、何武、唐林这样的直臣,也溺于流俗,真是可悲啊!而傅喜的贤仁也是令人怀疑的,他与王莽相比,只是"幸而未败"。因此,圣王之治,首先要正俗,以"辨男女内外为本",切勿"权移于妇人"。	成哀之时母氏专权的问题由来已久,并非一朝一夕所能改变。君子之士周旋权门之间,以徐图补救。其情可谅,其行也是应予以肯定的。虽然傅喜与王莽一样,也是外戚,但傅的贤仁不可否认。在他为官时,"内以安傅氏之心,外以救王氏之失",其守节不屈的品格世所公认。王氏对傅喜的评价太过苛刻。

续表

序号	选取部分	船山论述要略	胡思敬的辨正
10	卷五,王莽	评论严尤上谏伐匈奴一事。认为匈奴不可不伐,不能以严尤之言而废秦皇、汉武的功绩。王莽伐匈奴,"为久远计,未尝非策"。其败是因为用人不善所致。严尤之策,"与赵普之弃燕、云也,均偷安一时,而祸在奕世矣"。	认为严尤上谏伐匈奴是正确的。君王"佳兵好战,古未有不败亡者"。秦的灭亡,汉的衰败,均是秦始皇、汉武帝穷兵黩武所致。王氏所谓"尤不当言匈奴不可伐,但当言莽不可伐匈奴",是很荒谬的,不但无补于国事,还会适得其反。
11	卷六,光武	即便公孙述不可以辅佐,李业、王皓、王嘉也应暂且与之周旋,以待来日,不该自杀了事。而谯玄"处乱世而多财",又贿重金以求偷生,有损节义,令人愤慨。	李业、王皓、王嘉等君子早已看透公孙述的为人,其或成或败,追随他的人都不会有好下场。王氏讥讽三人的视死如归,又贬斥玄英散金救父的行为,"为善者其惧矣"!
12	卷七,章帝	圣人所谓"三年无改于父之道"之论,不仅适用于子道,而且适用于君道。章帝继位之初,不应轻信鲍昱、陈宠、第五伦之言,亟反先帝"严察"之法,而应"从容调燮以适于中",使国事"不以相激而堕于偏"。	国以民为重,社稷次之,怎可"以子道当君道"?且章帝承"明帝惨刻"之后,下诏补救前朝之失,此正是"天子之孝也"。察鲍昱、陈宠、第五伦三人所言,皆是劝君务为宽厚之策,其并未挟"怨怼君父"之心,王氏所论太过偏激。
13	卷七,章帝	东汉外戚之害,"自马后始"。章帝封诸舅,实乃马后之意。史称其为"至明德"之母后,是被她善于沽名钓誉的手段所蒙蔽了。	王氏对马后的非议没有史实根据。从"大旱请封"、严饬族人、令马氏子弟"受虚荣辞实职"等事来看,马后之贤,并非虚传。
14	卷七,安帝	议郑后为郑氏近亲"开邸第教学而躬自试之"一事。认为郑后此举是"宠私亲以紊朝纲",强调"文教之不可下移"亦如"兵权之不可旁落"。	郑后此事应予肯定。国不可一日无教,人不可一日无学,"仁义礼乐,先王不择人而教",王氏所言是将诗书看作"巧饬舞文之具",是以秦始皇"为得计矣",实不足取。

序号	选取部分	船山论述要略	胡思敬的辨正
15	卷八，顺帝	评论马融对策中主张婚丧应从俭之说。认为融之言是诱导人弃礼而为禽兽，"行其说，不足以救弊，而导其说，则足以蛊人心、毁仁义而坏风俗"。	成由节俭败由奢，家、国同理。"奢则不赡，不赡则争，争则乱，亦其势也"。马融的主张切中时弊，是"欲以俭约救其失"，王氏不应因为其晚年"失节"而对其言说任加谤辞。
16	卷八，灵帝	认为陈蕃倚用窦武是所托非人。原因在于，不仅窦武之贤是令人怀疑的，而且"天下亦疑外戚、宦寺之互相起灭而不适有正"。	陈蕃、窦武之贤，"史有明徵"，且窦武虽为外戚，陈蕃"假手以清君侧"也无可厚非。王氏对外戚存有偏见，讥讽陈蕃就更不应该了。
17	卷九，献帝	着重评论诸葛亮军事策略中"画宛洛、秦川二策"。认为此策"皆资形势以为制胜之略也"。形势本不可恃，而就当时的形势而论，此策又失其轻重，且"仅恃一奇以求必得"，"有以恃而应无方"。因此，蜀行此策，"得则仅保其疆域，失则只成坐困"。	诸葛亮制定此策是有历史和现实依据的，不能谓之不当。以蜀所处之地争天下本属不易，又因此策未行而"关羽发之太骤"，继羽死而又报东吴之怨，逐步导致了国势的衰败。后诸葛亮伐魏是以战为守，用心良苦。而亮死后蜀之坐困，是与当时的执政者有关，"非武侯之失言也"。
18	卷十，三国	"得直谏之士易，得忧国之臣难"。魏自曹叡继位后，朝中不乏敢言直谏之臣，却无人告诉魏主司马懿之野心。魏"旋踵国亡"是朝臣"心不存乎社稷"之故啊。	魏之衰亡根源于魏主不听忠言，不修"君德"。"君德不修，朝政窳败"，即使杀了司马懿也还是要亡国的。因此，魏主只有听从直臣意见，亟修其德，徐图补救才能解决问题。
19	卷十，三国	史书中对何晏的非议，皆"司马氏之徒"，"加之不令之名耳"。认为何晏是社稷之臣，"曹氏一线之存亡，仅一何晏"。魏亡的原因在于曹叡不识人，轻托社稷于曹爽、司马懿，与何晏无关。	对于魏亡，曹爽要负重要责任。何晏依附曹爽，与其"狼狈为奸，变乱国政"。司马懿不能"保子孙之不篡，故士论多祖曹而恶马"。魏晋风俗变坏，"决数千年礼教之防，养成无父无君之局"，何晏"实为戎首"。

第四章　胡思敬的史学活动(二)

清朝覆亡后,胡思敬在悲痛之余,开始反思和总结清亡的经验教训。他先后写下《审国病书》《大盗窃国记》等著作,以期为"后之有天下者"留下前车之鉴。同时,胡氏格外看重地方史志的"资治、教化、存史"的功能,将撰述地方志和搜集整理乡邦文献资料作为史学研究的一个重要组成部分。他用两年时间修纂的《盐乘》一书,为时人所瞩目,而编选、刊刻《豫章丛书》更使其声名鹊起。胡思敬从事史学活动,既是复旧政治主张无法实现后的不得已选择,也是其坚持保守理念的一种寄托。在他的诗文、信件及史学著述中,无不浸透着抵制民国、渴望恢复清朝的思想。此时,他在拒绝民国各级政府、各级官员的聘请、延揽的同时,还辞却了江西省长戚扬的修省志之邀,也不参与民国组建清史馆的修史活动。胡思敬以撰述、编辑史书寄托自己的政治理念,与从事其他文化活动一样,皆为个人的投入,着意与民国官方划清界限。

第一节　总结清朝衰亡的教训

一、撰述《审国病书》

《审国病书》是胡思敬在清亡后所撰述的一部旨在总结清朝衰亡教训的随笔性史论著作。是书洋洋近三万言,凡光、宣两朝之政治、交涉、财政、实业、学务、吏治、民情、军事等，皆究其"症结"所在，而"欲使后之有天下者，得以见微知著、制治于未乱、保邦于未危"。据胡思敬的至友魏元旷在是书的跋语中所记:《审国病书》于1917年成书后，"复有所增窜"，1923年，为"详治乱、明是非、存掌故"，魏元旷根据该书最后的定本，将其付南昌退庐刊印，①这是目前笔者所见到的此书最早的刊本。

在胡思敬看来，导致清王朝灭亡的根本原因乃是清廷在末年推行新政改革所致，因此，极力宣扬"宗制成法"不可变便成为《审国病书》论述的主要基调，其一再鼓吹所谓:"循祖宗旧法不变，一县得一良有司而一县治，不必异政也，讼平而已;一省得一好督抚而一省治，不必奇才也，严于察吏而已;政府得一好军机大臣而天下治，不必大有为也，无私而已";"法有初行甚美，行之数十百年，名存实亡，居上位者，但当力图整顿，不必舍旧谋新也";"一朝法制既定，后世守成者，但谨操赏罚之权，虽四夷交侵，盗贼纷起，不足畏也"。②《审国病书》中诸如这样的论断俯拾皆是，兹不赘述。

就《审国病书》所论述的主要内容而言，实际上探讨的是清末新政改革与辛亥革命的关系这一重要问题。众所周知，新政改革的主体是清政府，目的旨在维护清王朝的统治，而结果不但没有达到这个目的，甚至还导致了清王朝的覆亡。为什么会出现这样一个失败的结局? 这是胡思敬在清亡后倾注大量精力想要弄清楚的一个问题。关于改革和革命的关系，法国著名学者托克维尔在研究法国大革命的著作中，有过精辟的论述，他说:"对于一个坏政府来说，最危险的时刻通常就是它开始改革的时刻。"原因在于，"人们耐心忍受着苦难，以为这是不可避免的，但一旦有人出主意想消除苦难时，它就变得无法忍受了。当时被消除的所有流弊似乎更容易使人察觉到尚有其他流弊存在，于是人们的情绪便更激烈。痛苦的确已经减轻，但是

---

① 魏元旷:《审国病书·跋》，南昌退庐1923年刊本。
② 胡思敬:《审国病书》。

感觉却更要敏锐。"①的确,改革一方面充分暴露了旧制度的种种弊端,唤起了人们革新意识;另一方面又造就了新的社会力量,如果旧制度不能有效地控制这些与之相异的社会力量,只能加速革命的进程,促使旧制度走向崩溃。清廷在末年的新政改革与辛亥革命的关系无疑为此提供了一个典型的例证。

　　虽然胡思敬思想守旧,认识也还达不到这样一个深度,但《审国病书》中也反映出这样一个事实,即清政府推行新政改革的结果,非但没有起到维护自己统治的目的,反而挖了专制统治的基础,造成新旧政治势力之间矛盾重重,加速了清王朝的覆灭。在此意义上可以说,清政府通过新政改革为自己造就了掘墓人。胡思敬认为,如果不推行新政改革尤其是立宪改革,则"我朝国势虽弱,如衰年痰火为病,但安心静摄,未遽死也"。在他看来,改革不但没有消除内忧外患的压力,而且还进一步激化了一些新的矛盾。我们知道,新政改革尤其是政治改革,作为一次权力与利益的再分配,成为当时各派政治势力之间矛盾、冲突的焦点。在这种情势下,如果说不能有效地化解这些矛盾,改革失败终归是难免的。事实上,清王朝就是在新政改革过程中由于各种矛盾的激化而走上了覆亡之路的。《审国病书》从维护专制制度的角度,对新政过程中各派政治势力及各个既得利益集团的权势、利益纷争记述得尤为详细。诸如清廷与地方督抚之间,慈禧太后与光绪帝之间,庆袁(奕劻、袁世凯)势力与张之洞、鹿传霖之间,以及汉族大臣与皇族亲贵之间等等,作者认为,矛盾、冲突的结果均导致本已日益陷入孤立境地的皇权进一步衰弱。因此,他总结说:"大清之亡,亡在皇纲不振,威柄下移,君主不能专制,而政出多门,人人皆得自专耳。"②其思想的保守意味显而易见,但也从一个侧面反映出清廷改革所遇到的尖锐的矛盾冲突,这里的史事和见解,对研究清末新政及晚清史均具有参考价值。

---

① ［法］亚·德·托克维尔:《旧制度与大革命》,冯棠译,商务印书馆1992年版,第210页。
② 胡思敬:《审国病书》。

《审国病书》所征引的史料多出自《国闻备乘》《驴背集》《戊戌履霜录》《丙午厘定官制刍论》等著述中，此外，胡思敬还多方收集朝政要事、内廷秘闻的亲历者、知情人的相关记述。如入民国后，他曾多次致函，甚至亲自拜访前清军机大臣、曾参与策划清政府预备立宪的瞿鸿禨，希望瞿氏能扩其见闻，"直教毋隐"："敬于光绪末年掌故，粗有所闻，而疑实尚多，谨择其最要者质于长者之前。前一朝是非当公之天下，万世谅中堂，不以为渎也。"①可见，胡思敬的著述态度是郑重的，绝不是无聊雅士的"玩史"消闲。在传信万世、鉴戒百代的治史宗旨下，是书除了抨击新政改革的各项举措外，还对清季政治、吏治的腐败问题做整体性的揭露批判，甚至将笔锋直击身为最高统治者的慈禧太后，这在同时代守旧学人的著述中实为罕有。

在历代史家的著述中，多将王朝的覆亡与其末世的政治腐败问题相联系。《审国病书》也不例外，胡思敬认为，清季官场腐败成风、吏治坏乱是导致清朝灭亡的一个重要因素。因此，是书对李鸿章、奕劻、袁世凯贪污受贿的劣行多有记述。但与绝大多数正统派史家不同的是，胡思敬在这一问题上并没有对君亲隐讳，《审国病书》甚至直斥慈禧太后为"罔利招乱"的始作俑者。作者指出，晚清贪贿之风真正甚嚣尘上，是在慈禧太后毫无顾忌地收纳"报效"开始的："自古召乱之道，莫甚于罔利，罔利而出于宫闱，本朝唯光绪间有之。其始曰报效，其继曰进奉，名称虽异，滥取则同。报效起于园工"，"园工大兴，费无所出，则假筹办海军为名，责富人报效，赏以美官，捷足者往往得之。""进奉始于庚子，八国联军入京，孝钦累年储蓄为之一空，西巡后各省遣使贡物，慰问起居，遂沿为进奉不改。政府不能匡正，反

① 胡思敬：《与善化相国询先朝掌故书》，载《退庐笺牍》卷二。瞿鸿禨（1850—1918），字子玖，号止庵，晚号西岩老人，湖南善化人。同治朝进士，先后出任工部尚书、军机大臣、外务部尚书等职。1906年，参与策划清政府预备立宪，任议政官制大臣。1907年，由于与奕劻有矛盾，忤慈禧旨意，被劾开缺回籍，与王闿运等吟咏结社，逍遥度日。入民国后，迁居上海。袁世凯复辟帝制时，聘其为参政员，坚拒不就。有《止庵诗文集》《汉书笺识》等行世。

尤而效之,于是内外皆以贿交,虽有赃臣,朝廷不能执法矣。"①

　　在胡思敬看来,慈禧太后以"妇人之私"做了很多贻误国家的大事,概略言之,主要有四点:一是为维护个人权威,挑选幼儿做皇帝。对此,胡氏评述说:"穆宗崩,孝钦不为之立后,且威逼穆皇后至死,母子之恩绝矣。""孝钦之立德宗,以为姊妹之子犹己子;其立隆裕,以为兄弟之女犹己女,皆妇人之私也。使当时不徇私而为穆宗立后,或为德宗慎选中宫,宫闱内隙不生,外间何由而入,故一蚁之隙可以溃隄,一念之私可以亡国,恶不在大也。"②二是慈禧违反清代不让女主垂帘的定制,文中甚至说到慈禧为夺权而暗地害死慈安的传闻,"两宫争立穆后,西宫不胜,大忌之,东宫亦颇闻慈禧不谨,欲有所处置而畏葸不断,未几,以暴疾闻。自慈安崩,政权尽归西宫。"可以看出,作者虽未断定,但言语间已有信从倾向。三是慈禧违反不准宗室参政的祖制,并把朝政大权接连交给几位王爷,不管他们如何昏庸贪鄙,只要忠诚恭顺就行。胡思敬斥责慈禧道:"恭王出而礼王复入,礼王出而庆王专政,累七八年之久,一若满汉大臣皆不足信,惟宗亲可以托国者,此殆孝钦妇人之见","明知奕劻劣迹,冀其贪财纳贿之外,别无他肠,亦遂倾心任之,不为外论所撼,盖暮年经变之后,惟冀及身无事,非有志于求治也。"四是慈禧为一己私利,谋废光绪帝,"进谏者咸以列强仗义执言为辞,事遂中辍",不久,她又纵容载漪"联拳抗洋",终惹下八国联军入侵这样的弥天大祸。是书写道:"乱机潜伏既久,一触即发,不必强有力也。或疑拳匪之术真足以惑朝廷,孝钦之才不足以制宗党,皆草野之见也。"胡思敬甚至说出"女主临朝,究非天下苍生之福"之语,可见传统的政治理念对其影响之深。③　总体看来,胡思敬固然以清朝臣子自居,但他忠于旧制度和旧道统,要超过对最高统治者之忠。这种政治立场,是一名汉族官员完全坚持儒学传统思想、恪守旧的文化理念的典型代表。

---

① 胡思敬:《审国病书》。
② 胡思敬:《审国病书》。
③ 胡思敬:《审国病书》。

此外，胡思敬还注意到当权者之间的矛盾冲突对清朝统治的消极影响。他说："德宗由亲藩入承大统，醇邸挟太上之尊，树用私人，结党相倾，恭王之势渐孤，不得不引身而退，由是兄弟不和；孝钦既援立德宗，又欲贵其兄女，册以为后，后长德宗二岁，德色皆仅中人，而长善二女同时入宫，长曰珍妃，次曰瑾妃，珍妃警敏知书，善权变，尤有宠，由是夫妇不和；孝钦因后故，痛恶二妃，二妃时播弄于德宗之前，潜谋夺嫡，甲午用兵、戊戌变法皆由妃党主之，而康党事败，孝钦再出垂帘，由是母子之间亦视同仇仇矣。"胡思敬认为，"三事首尾相因，祸延数十年，而国运从此不振甚矣"。他提出"自古天下之乱多起于家庭骨肉之间"的观点，并强调"骨肉之不易处，而外患多因于内乱，杜渐防微，不可不慎也"。① 这里，作者虽旨在维护传统的纲常伦理，但我们不能因此就否认其所述史事的史料价值。

如前文所述，胡思敬的史学思想，遵从的是传统的经世致用的旨趣，同时他认为史学应具备相对独立的地位，即在大是大非问题上不为君亲隐讳，在史学传信万世、鉴戒百代的宗旨下，不受忠于君主的纲常思想的束缚。这种史学思想，符合传统史学中理想的直书实录原则，且有自己的特色。从对《审国病书》的分析中我们看到，是书的撰述仍然贯穿着作者的这一治史理念。

清朝灭亡后，赵尔巽、柯劭忞、吴廷燮、缪荃孙、于式枚、吴士鉴等等"遗老"，均加入民国组织和资助的纂修清史活动，承认清朝灭亡和民国政权的建立。但是纂成的《清史稿》却讴歌清朝统治，诋毁辛亥革命。而胡思敬不承认民国、甘为遗室遗民以终老，甚至积极参与复辟活动，却在个人所修的《驴背集》《国闻备乘》《审国病书》等书中尖锐抨击清季时政、吏治，并令统治者的丑态曝光于史册，即胡氏虽严格忠于清朝，却不惜批判清朝的政治及统治者的阴暗行为。两相对比，反差甚大。我们不得不承认：胡思敬在坚持传统政治道德上、在奉行传统史学准则上，都远远超越赵尔巽等人。

---

① 胡思敬：《审国病书》。

二、编写《大盗窃国记》

《大盗窃国记》是一篇专门记述袁世凯"窃取"大清社稷经过的个人传记性文章。全文计约九千字，具体撰写时间不详，但据文中所记史事来看，应是在 1916 年袁世凯死后而作。1923 年，魏元旷在整理胡氏遗著时，将《大盗窃国记》与《审国病书》一同付南昌退庐刊印。

清末新政时期，袁世凯作为继李鸿章之后中国最有权势的汉族官僚，曾是新政改革的力倡者；武昌起义爆发后，被清廷重新起用的他，反过来对清帝实行逼宫，直接导致清王朝的覆亡；不久，登上大总统宝座的袁氏又做起了帝制复辟的美梦，最终在各派政治势力的反对声中，一命呜呼。其所作所为，自然难逃胡思敬的笔墨之诛。早在丙午（1906 年）官制改革期间，胡思敬就曾激烈反对袁世凯意图设立责任内阁制的主张，并在他的《丙午厘定官制刍论》一文中，视袁氏为篡权揽政的曹操、王莽之流，请求清廷对其予以严惩。

在胡思敬看来，"辛亥武昌发难"后，正是由于清廷起用袁世凯，"引虎自卫"，才招致亡国之祸的。[1] 因此，袁氏对清王朝的覆亡负有主要责任。在《大盗窃国记》中，作者指斥袁为亡清之第一罪人，对其深恶痛绝："篡窃之祸，自古有之，然皆因乱而起，或凭藉祖父旧业，或累著战功，有大勋劳于天下，魏晋六朝朱梁各主行事本末载在史乘，彰彰可考，从未闻有身无寸功，受两朝拔擢之恩，故倡邪说以乱天下，既尽堕祖宗成法，纲常伦纪划破无遗，乘其倾危一举手而夺人之国，如袁世凯之凶毒阴险可畏者也。"[2] 全文对袁世凯的抨击之语随处可见，激愤之情已溢于言表，强烈地表达出作者的政治态度。

胡思敬认为，袁世凯"篡窃之志蕴蓄十余年之久"。为揭示其"素蓄不臣之心"，《大盗窃国记》将记述袁世凯从发迹至称帝自为的种种"劣行"作为撰写的重点，其中包括变坏祖制、逢迎权贵、贿赂宫闱等

---

① 胡思敬：《审国病书》。
② 胡思敬：《大盗窃国记》，南昌退庐 1923 年刊本。

等。① 其所征引的史料主要来源于《国闻备乘》《戊戌履霜录》《丙午厘定官制刍论》等著述中。此外，为获得更多关于袁世凯的资料，胡思敬还致函袁的老部下军阀张勋，寻求帮助："近时颇欲究心先朝掌故，而苦见闻不广，我公于宫廷秘闻及封疆近事多所亲见，能以一纸见示，使得藉以为资，盖非独鄙人一人之私幸，乃所以昭天下万世是非之公也。"②这说明《大盗窃国记》的撰写不是随手记事，也并非仅为泄愤而取快于笔墨。该文的写作目的与《审国病书》相类似，旨在总结清亡的教训，以使"后之有天下者"，防患于未然。作者在抨击袁世凯的同时也指出，从一介书生到朝中新贵，袁世凯之所以能够在晚清政坛上崛起，最主要的原因是其"敢于用财，视黄金直如土块；敢于用人，不念私仇，不限流品，不论资格"。而从对《大盗窃国记》的分析中，我们可以看到，清季"贿赂公行"的官场习气、肆无忌惮的政治腐败及各派政治势力及各个既得利益集团的权势、利益的激烈纷争无疑为袁世凯个人势力的发展提供了条件。③ 这里的见解和史料均有为考史者取裁辨析的价值。

第二节　编纂整理地方史志及文献资料

一、胡思敬与《盐乘》④

胡思敬的家乡江西新昌（今宜丰）自建县以来，共出过十余部方

---

① 胡思敬：《大盗窃国记》。
② 胡思敬：《与张少轩制军书》，载《退庐笺牍》卷二。
③ 胡思敬：《大盗窃国记》。
④ 关于胡思敬《盐乘》的成书背景、撰述动机、保守思想及编撰特点和价值的研究，朱政惠在《胡思敬的〈盐乘〉——对近代正统派史著的一个剖析》（载《史之心旅——关于时代和史学的思考》，华东师范大学出版社 1996 年版）一文中，已有过较为深入的剖析，笔者对朱政惠的见解基本赞同（朱文的主要内容可参见本文"绪论"中"研究状况回顾"部分）。本文在吸收、借鉴朱政惠研究成果的基础上，着重探讨《盐乘》的编纂体系、史料价值及是书所体现的经世致用的治史理念。

志,主要包括:南宋嘉定时,县令赵纶所撰《宜丰图经》;元朝延祐年间,判官马嗣良所修《新昌州志》;之后,明朝成化时知县汪道、正德时知县李长、嘉靖时知县俞宗梁及清朝康熙年间知县黄运启、知县吉必照、乾隆时知县龚果、道光时知县曾锡龄、同治时知县谢云龙等,均曾主持编纂过《新昌县志》。而自同治朝之后,该县方志便一直没再续修。有鉴于此,1913 年至 1914 年,胡氏用两年时间,以一己之力编纂了一部方志——《盐乘》。之所以取名《盐乘》,一是有别于官修,二是新昌在古时曾被称为"盐步镇",作者冠以"最古之名",以发思古之幽情,"行古之道"。是书共十六卷,计四十余万言,所载内容以"宣统三年辛亥为断",①举凡新昌地区的历史地理、政治经济、军事武备、文化教育、人物风俗,靡所不备。1917 年,作者自费将《盐乘》付南昌退庐刊印,这当是此书最早的刊本。

(一)《盐乘》的编纂体系

章学诚是清代以来对方志学做出重大贡献的历史学家,他在方志的纂修体例、方法、内容裁择、方志论评等方面都有一定的建树。其在编纂《永清县志》《湖北通志》等过程中,将志书主要分为纪、表、图、考、政略、传等六部分,这一体系多为近代修方志者所推崇,从而逐渐成为方志撰写的基本模式。胡思敬的《盐乘》在借鉴章氏的方志编纂体系的基础上,又多有创新之处。是书由图、志、表、略、传五部分组成,其中包括新昌县境内八乡全图、七十五列传及疆舆志、氏族志、官师志、营建志、食货志、礼俗志、学校志、讼狱志、武备志、艺文志、灾异志等十一志;选举表、宦族表、恩例表、孝义表、节妇表等五表;略则分为政略、事略两种,政略下设十九令尹政略、两簿尉政略、两知州政略、明十三知县政略、三丞政略、国朝十五知县政略等,事略主要分为诸典史事略、四学师事略等。

胡思敬认为,章氏体例中设立"纪",是寓有"春秋尊王之义",但"纪""非方志所敢拟",因此,《盐乘》舍"纪"而代之以"政略"和"事略"

---

① 胡思敬:《盐乘·例言》,南昌退庐 1917 年刊本。

（政略载县上诸官事迹，事略记学师行迹）。同时，是书突破了明清方志中列皇言、恩泽于卷首的惯例，作者强调，"有土地而后有人民"，故方志应以"疆舆居首"，即首先记载地理、历史的建置沿革。可见，胡氏在志书的编纂体例方面是有一番探索精神的。当时，胡思敬只能看到道光朝与同治朝两种《新昌县志》，其他均散失不见，而他对这两种新昌旧志的编纂体系均甚为不满，因此，在是书的撰修过程中，其对旧志进行了大幅度的调整，充分显示出他在搜集、鉴别、组织史料及运用体例、编次内容方面的"史才"能力。

一方面，《盐乘》的撰修体现了作者"著书之体，首重简要"的编纂理念。道光旧志多达三十卷，"同治仍道光之旧，无一字增损，惟将科第旌表随类增入"，于是增至三十二卷。如果仍按照原有的编纂体例和方法继续下去，"再历数修，愈增愈多"，不仅使"阅者难于卒业，即镂刻亦无此工赀"。① 因此，胡氏本着欧阳修《新唐书》中"文省于书，事增于前"的治史原则，拟定《盐乘》的撰修体系，并将其缩编为十六卷。同治朝《新昌县志》有"艺文志"十卷，胡思敬将其所收录的碑传、墓志、墓表、奏疏等选入列传；把记序、书牍、杂文等选入各志；对诗则仔细甄录，凡关于"游览、赠答之作"，采择入本传，对宋、元人诗文流传至今者"尤加珍惜"；至于策论、讲章、寿序、词令及一切与邑中掌故无关的内容，他都认为没有载录的必要，一概削去。《盐乘》"艺文志"采用《新唐书》中的"艺文志"体例，分经、史、子、集四门排列，合为一卷，这显然比旧有"艺文志"要简省得多。② 同时，胡思敬还对同治旧志所遗漏的重要内容进行了增补。如旧志对清乾隆以后有关赋役方面的内容，诸如摊丁、停编、停运、改折征银、征钱等等都漏而不记，胡氏在《盐乘》中一一增补之。

胡思敬认为，同治旧志中"人物志"子目繁多芜杂，诸如有列爵、勋爵、进士、举人、武举、孝妇、贞女、烈士等等，而宦业、文苑、义士、孝

---

① 胡思敬：《盐乘·例言》。
② 胡思敬：《艺文志》，载《盐乘》卷十。

子等四门"所收尤滥":"其纪宦业不曰'政声丕著',则曰'所至有声';其称文苑不曰'学问该博',则曰'通贯经史';叙孝子无非割股庐墓;叙义士无非修路建桥。削之则心有未安,存之则阅者将厌"。鉴于此,《盐乘》对原有"人物志"着重进行处理。作者改用表的形式来记载宦族、孝义、节妇等,如在"孝义表"中,他设立孝子、义士两表,以事迹为经、以籍贯为纬,将凡不能入单独立传的孝子、义士汇入其中[①];"选举表"将获得举人以上功名者"著其科,兼存其字,五贡、武举则否";而"文苑"一门难于列表,则将其所载书目编入"艺文志"中,并确保"书目无一遗者"[②]。这不仅大大节省了篇幅,而且便于后人查检。同时,对皇帝表扬的忠孝节义的坊表,他认为不必"藉坊表夸耀以为荣",一律削而不录。这些处理都较为科学、合理,颇显胡氏的史才。

另一方面,《盐乘》中列传以"世代先后为序"。同治旧志中"人物志"多达十二卷,其主要是按照子目的形式来组织内容的。胡思敬认为,这种撰修方式有诸多"不可解"之处,总的来说,有以下几点:(1)一邑人才有限,子目太多很难分类尽当。如旧志收入"宦业"者,未尝不可入"名臣"。收入"隐逸"者,未尝不可入"文苑"。"义士""善士"则更容易混淆,故而每次议及人物,常常会发生争执;(2)若子为"名臣",祖、父辈入"文苑""隐逸",那么载录时必先书其子而后载其祖、父行迹,如此"伦序颠倒,何以示后";(3)如果同一时代的人物分别载入各子目中,则会导致"一朝之风气无可考,而朋辈之交游,家族之盛衰,皆无由见,知人论世,两有所妨"。鉴于此,胡氏在《盐乘》的撰修过程中,将新昌旧志"人物志"中名贤、名臣、忠臣、义士、善士等子目一概削去,统一为"列传",概以"世代先后为次"。在胡思敬的编纂思想中,保守的意味显而易见,但其以时代先后为序来编次列传,既纠正了旧志中由于编纂方式的不当所带来的弊端,避免了无谓的争论,而且还有利于读者对某一时代风气及人物做整体性考察。可

---

① 胡思敬:《孝义表》,载《盐乘》卷十二。
② 胡思敬:《盐乘·例言》。

见,这种撰史方法很值得后学者借鉴。此外,胡思敬还对同治朝旧志中诸多分类不合理的地方一一做了纠正。如旧志以"学校"入"祀典",且以"书院"附列其中,胡氏认为,这种安排"直如风马牛不相及",故而他单独设立"学校志",而将"祀典"编入"礼俗志"中,使两不相混。[①] 此外,胡思敬还充分认识到"氏族志"的重要性,《盐乘》将被历代新昌旧志所忽视的氏族内容用志的形式大做文章,翔实记载。这一点已为学界所关注,兹不赘述。[②]

(二)《盐乘》的思想倾向

胡思敬的史学思想,遵从的是传统的经世致用理念。而既然以经世为史学的宗旨,那么《盐乘》就必然体现其政治主张,于是记事取材、发表议论,充满守旧倾向。作者写道:"夫妇之道,与君臣、父子并立为三纲,为臣则褒其忠,为子则褒其孝,为妇则褒其节,分虽不同,其义一也"。"父子之亲出于天,君臣、夫妇皆以人合,女待聘而后嫁,男亦择主而事之,既以身委人,而复阴怀二心,亡国败家,祸可立至!"[③]《盐乘》中诸如这样的论断随处可见:在"营建志"中作者有谓:"光宣之交,朝廷用夷变夏,毁坛庙、废试舍、尽夺义产充公而殚赀以营罪犯人监狱,老成退避,强暴横行,忧国者早知其必酿大乱,以出自朝令无敢昌言其失者。天下事破坏则易,补苴则难,当邪说盛行之日,虽礼乐政刑经历朝英君哲相经营缔造而成,尚划破不遗余力,区区营建又安足道哉?"[④]在"氏族志"中胡氏自云:"孟子曰:'所谓故国者,非谓有乔木(之谓)也,有世臣之谓也。'一县之世族何异一国之世臣,吾愿为政者公廉自矢时存一,不得罪臣室之心;为民者念先人创业之艰,益恭俭守礼而兢兢保世以滋大,则此志之关系一邑,岂小补哉?"[⑤]

---

① 胡思敬:《盐乘·例言》。

② 参见朱政惠:《胡思敬的〈盐乘〉——对近代正统派史著的一个剖析》,载《史之心旅——关于时代和史学的思考》,华东师范大学出版社 1996 年版,第 112 页。

③ 胡思敬:《节妇表》,载《盐乘》卷十二。

④ 胡思敬:《营建志》,载《盐乘》卷四。

⑤ 胡思敬:《氏族志》,载《盐乘》卷二。

作为传统伦理道德核心的伦常名教,被胡思敬视为是天经地义不可违背的,如"日月经天,江河行地"。其在《盐乘》中专设"礼俗志",借此对纲常礼教进行宣传。他说:"礼教大明之后,人人以廉耻自防,虽筚门弱女,临以白刃,而不肯自污其身;虽悍猾雄鸷之夫,操奇赢巧计以骜雄于一方,而不敢与庠序之士相齿,名义之重,等威之严,沦浃于人心既久。当光宣之交,邪说盛行,能蛊惑富贵人之心,究不能尽夺匹夫匹妇之志。故风俗每数年一变,而三代损益之礼百世可知。昔者鲁秉周礼,齐不敢伐;晋人崇尚清谈,自谓礼法非由我设,五胡之乱,衣冠无噍类焉。呜呼,可不戒哉! 可不惧哉!"①清朝灭亡后,胡思敬不仅拒不入仕民国,甘为前清遗民以终老,而且念念不忘扶持名教,复辟清室江山。为宣扬遗民气节,寄托自己的遗老情怀,《盐乘》记载了很多孤臣孽子在王朝更替之际忠于旧朝、不仕新君的节操及其为匡世勤王积极奔走的事迹,如宋朝遗民李希周、明季遗民吴甘来、陈泰来等等。作者甚至在一些细节问题上也煞费苦心地做了安排,如他在关于人物所系朝代问题上就极为留意:"李希周,宋末布衣,至元泰定时乃卒,不系之元而系之宋者,以其心不忘宋也;张澄、漆调祚、刘穗、刘钦翛然远引至康熙时犹存,不系之本朝而系之明者,以其心不忘明也。"②胡思敬为这些遗民立传,不仅仅因为他们是同乡,更重要的是传播其事迹,以激励世人报效朝廷,为国尽忠。总之,从对《盐乘》的分析中,我们可以看到,试图利用史学的经世致用以"惩恶扬善"、转移所谓的"世道人心",成为胡思敬编纂《盐乘》的一个重要目的。

此外,《盐乘》还反映出作者重农抑商的经济思想。在是书"食货志"中,胡思敬流露出对远古盛世"重农贵粟"③传统的倾心向往。他写道:"古先圣王,为民谋利,自羲农以后,日益加勤,至夏而大备。《禹贡》一书,经纬万端,其大旨先筹水利,次办土宜,末乃则壤成赋,

---

① 胡思敬:《礼俗志》,载《盐乘》卷六。
② 胡思敬:《盐乘·例言》。
③ 胡思敬:《食货志》,载《盐乘》卷五。

定各州贡品,不取盈于少,不责有于后,后世循而行之,莫能违也。"①
他将自然经济状态下的农村家园描绘得安闲而舒适,并一再强调,
"中土以农桑立国,远过欧美一隅",所谓:"置田数亩,率妇子而勤治
之,薪取于山,菜取于圃,豕栅鸡埘,环绕一室,淮齑之外,无一仰给于
人,固可闭关而治也。"②他认为,自近代以来,这些美好生活都是因工
商业的发展而遭到了破坏,"迩来习俗骄淫,趋重末作"。农民不肯归
农之故在于"市井获利多而逸,田亩获利寡而苦","究其所以致此之
故,在政乱官邪,挥霍无度。如京师一官宅,岁费千金,用以救身家饥寒
者,不过十之二三,其余车马、宫室、玩好、游宴之类,皆附之末作,以此
知古人用礼教维持上下,自汉以来,贵粟重农抑商,贾不得衣丝乘车,盖
有深意存焉,非一孔之儒所知也。"在他看来,"通商惠工"之后,导致"官
家剥削太甚,民丧其乐生之心,群起构乱,兵祸一起,死亡流散或千里旷
无人烟"。③为达到"长治久安"的政治目的,胡思敬将近代新昌所设
立的农会、农工学堂、股份公司等,统斥之为"欺人之术"。

值得注意的是,胡思敬虽然思想守旧,但《盐乘》在历史记载上,
却并没有累牍连篇地记载浩荡皇恩及地方官吏歌颂奉承之作。相
反,在传信万世、鉴戒百代的治史宗旨下,是书往往揭露当权者统治
的阴暗面,尤其在大是大非面前,不为君亲隐讳。例如:在《盐乘》"讼
狱志"中,作者不仅记载了光宣时期天宝饥民抢米案,芳塘农民起义、
并活捉县官林欣荣事件,"牛墟滋事、典史自尽案",以及具有反帝反
封建性质的"棠浦教案"等等,而且还记述了乾隆时王锡侯因撰《字
贯》被诛的文字狱案。胡思敬在按语中直言不讳:"光绪以后四案,据
事直笔,不加私断",并直斥统治者大兴文字狱乃"有伤国体"。④这与
一般明清志书,对劳动人民的反抗斗争、生产生活事迹,不唯不载,反
而极尽谩骂侮辱之能事相比,反差鲜明。胡思敬的这种史学思想,符

① 胡思敬:《食货志》,载《盐乘》卷五。
② 胡思敬:《食货志》,载《盐乘》卷五。
③ 胡思敬:《与三弟幼腴论治书》,载《退庐笺牍》卷一。
④ 胡思敬:《讼狱志》,载《盐乘》卷八。

合传统史学中理想的直书实录原则,且有自己的特色。

　　胡思敬私人独纂县志,涉及一些同乡甚至亲朋的功过荣辱,本来难免溢美隐私,可贵的是,他却能尽量秉公办事,谢绝请托。如其在《致同邑黎文学书》中曾写道:"当《盐乘》定例之初,封赠只按品级,应得者登载,捐封、貤封缺焉。通奉大夫系二品,只得上及祖父。凡上及高曾及本生父母者,非捐即貤,除尊家及邢、刘、蔡、巢外,即鄙人曾祖亦在裁削之列,原表俱在,可覆按也。""封赠则体裁一定,合邑皆同,未便更改。仆于此事暗受劳怨不少,于己究有何益? 若欲藉著作以收名利,则当就袁世凯之聘去修清史;就戚升淮之聘出任省志,何乃舍大图小,在此斗大乡村之地自炫自鬻耶?"《盐乘》书成之后,"未尝自以为功,而众反指以为罪。虽同事如君尚不见谅,未经质问而遽加责备之词,其他则又何怪? 自此之后,只好闭门思过,凡涉县境之事,塞耳不闻而已"。① 《答同邑黄文学书》中又云:"石公受职一节固已无可隐讳,新昌人不言,他县知之;江西人不言,他省知之,何能以一指掩天下之目……今木已成舟,何能再加删定。"② 这种秉笔直书的精神,令人钦佩。

(三)《盐乘》的史料价值

　　胡思敬十分赞赏春秋时期"君举必书""书法不隐"的观念,在和朋友们的书信往来中,他屡次指出撰写史书,要"据事直笔",认为"言官可以风闻言事,史官不能以风闻著书"。③ 同时,胡氏也曾欲以一人之力纂修《大清通纪》,将之视为"国史"。但个人力量有限,此书终不能修成。在这种情况下,他格外看重地方史志的"资治、教化、存史"的功能,强调"志乘与国史相为表里"④ 的治史理念,将撰修地方志视为个人学术研究的一个重要组成部分。这说明胡思敬撰写《盐乘》的态度是严谨认真的,因而增加了其所载史事的可信程度。

　　撰修《盐乘》,倾注了胡思敬的大量心血。是书所征引的史料相

---

① 胡思敬:《致同邑黎文学书》,载《退庐笺牍》卷四。
② 胡思敬:《答同邑黄文学书》,载《退庐笺牍》卷四。
③ 胡思敬:《〈湘潭志〉前后印本不符》,载《国闻备乘》卷三。
④ 胡思敬:《食货志》,载《盐乘》卷五。

当广泛,据统计,史部共有48种:《史记》《汉书》《晋史》《宋史》《元史》《明史》《通鉴集览》《元和郡县志》《太平寰宇记》《舆地广记》《齐乘》《文献通考》《明一统志》《方舆记》《大清通礼》《吾学录初编》《东华录》《江西通志》《瑞州府志》《丰城县志》《西江志》《江西大志》《豫章书》《江西全省舆地图说》《豫章十代文献略》《江人事》《江西忠义录》《圣武记》《湘军志》《逆臣传》《三藩记事本末》《国朝先正事略》《水道提纲》《天下郡国利病书》《读史方舆纪要》《苏米志林》《淳熙荐士录》《十国春秋》《南唐书》《栖真志》《启祯录》《甲申传信录》《荆驼逸史》《明季北略》《四朝闻见录》《东林列传》《四库全书总目》《文庙上丁礼乐备考》。子部11种:《家语》《冷斋夜话》《避暑漫钞》《五灯会元》《何氏语林》《韩门缀学》《分甘余话》《九皇笔记》《桐阴论画》《宋元学案》《明儒学案》。集部34种:《范石湖集》《鸡肋集》《黄山谷集》《刘后村集》《倚松老人集》《溪堂集》《须溪集》《雪坡舍人集》《朱子大全集》《石门文字禅》《牧潜集》《柘岗集》《义丰集》《见素集》《吴介庄公集》《达观楼集》《吕晚村集》《带经堂集》《青门三稿》《朱文端公集》《鲒埼亭集》《忠雅堂集》《蓼虫吟》《憺园集》《求阙斋文抄》《抱润轩集》《享帚堂集》《桐州集》《邺芸文集》《退庐文集》《江西诗征》《冷斋夜话》《彦周诗话》《西江诗话》。编纂一方县志,参考资料近百种,这在民国方志中是很少见的。

从《盐乘》所记内容上看,其主要在历代地方志的基础上,补充了自同治十年(1871年)至宣统三年(1911年)这四十余年的历史,对新昌地区的水陆交通、陂塘水坝、村名地名、人口赋税、物产商业等情况都记载详尽,给后人留下了一份内容丰富的宝贵史料。同时,作者对从上古以来至民初的史实,还详加考订,增补旧志所缺,纠正旧志谬误。例如:历朝官制不尽相同,称呼也有所差别。如宋代称县官为令,元称尹,明、清时称知县。而有的官名可以简省,如京官中"左春坊左庶子",可简称为"左庶子",外官中"布政使司布政使",可简称"布政使";有的官名不可以简省,如"国子监学录",不能简省为"国录","录事参军",不能简写为"录参"。旧志对此不加注意,书写随意,胡思敬在《盐乘》中对其谬误之处——予以改正。再如:在人物列传中,当书及传主以外其他人物时,当直举其名,不应称字,更不应称其谥号。旧志章法混乱,不合史例,如书黄庭坚为黄山谷,苏轼为苏子瞻,张栻为南轩,王熙为文靖等等。胡思敬则在《盐乘》中统一标准,严格规范。又如:旧志在人物传记中,存在繁简失当的弊病。如邹维琏传长达六千字,而雷孝友传不及百字。对此,胡氏根据所掌握的史料,简其冗长,增补所缺,做了实事求是的处理。这些都深刻体现了胡思敬一丝不苟、缜密严谨的治学风格。

综上所述,我们可以看到,《盐乘》在编纂技术上有很多创新之处,充分显示出作者较高的史学修养。胡思敬虽然思想守旧,但他受中国传统文化影响极深,具有秉笔直书、忠于史实的"史识"品质。入民国后,胡氏将地方志的撰述和乡邦文献的搜集、整理视为个人著述的重点,撰修《盐乘》更凝聚了其大量的心血,寄托着他经世致用的治史理念。在民国纂修方志的诸家当中,如胡思敬,为撰一方县志投入如此多精力者,是很少见的。总之,《盐乘》堪称民国佳志,它的问世,是研究江西及新昌(宜丰)地区历史的重要参考资料,同时也是胡氏治史生涯的一个重要成果。

二、胡思敬与《豫章丛书》

西汉初年,汉廷于江西境内设立豫章郡,郡治南昌,下辖十八县。由此,"豫章"成为江西作为明确的行政区域建制所拥有的第一个名字。① 1915年胡思敬发起辑刻《豫章丛书》,以收集江西历代名人著

---

① 春秋时期,史籍上虽然也曾有过"豫章"的名称,但并非是指汉代的豫章郡。如《左传》在昭公十三年(公元前531年)、定公四年(公元前506年)的记事中,都曾提到"豫章"。对此,西晋杜预注曰:"此皆当在江北、淮水南",是"汉东、江北地名"。唐朝孔颖达疏:"汉书地理志豫章,郡名,在江南,此则在北者。"南宋吴曾也对这个地名问题做了论证,结论是"予以杜、孔注疏证江南之豫章,无与于春秋之豫章,审矣。"(见吴曾著:《能改斋漫录》卷九,《春秋豫章与今不相干》《豫章之名》)不少学者误认为春秋"豫章"即汉代的豫章郡,笔者特为申述。

述、整理乡邦文献资料为要务。1923 年(农历癸亥年)全书告成,有孔
文仲三兄弟的《三孔集》和邹维琏《自敬录》之癸亥刻书牌记可证。
《豫章丛书》收集了唐、宋、元、明、清五朝江西名人著述 103 种,共 672
卷(不含校勘记),是江西地方文献资料中卷帙最多、内容最丰富的著
述汇编。全书基本上是按经、史、子、集四部编刻,自 1915 年后陆续出
版:计有经部 12 种,100 卷;史部 28 种,89 卷;子部 14 种,62 卷;集部
49 种,421 卷。

　　《豫章丛书》是胡思敬一生主持刊刻的部头最大的一部丛书,耗
费了其大量的精力、财力,而他辑书的动机非常明确,即意图以倡明
"宋五子"①之学来扬气节、正人心,"惩恶扬善",挽救所谓的"世运危
机"。在致友人的信札中,他说:"天下之乱由人心,人心之坏由学
术。"即世运的衰落是由于人心的痼弊,而人心的败坏实根源于学术。
因此,他抱定从学术救起的宗旨,并把它当作自己责无旁贷的使命,
对其孜孜以求。在胡思敬看来,"学问门径虽多",理应"专从纲常名
教下手",其要无外乎修己、治人两点:"修己之道,大者在彝伦,小即
在出处取与;治人之道,其体在仁义,其用在礼,然必修己而后可以治
人,必立德而后可以立言、立功,借宋五子阶梯以窥孔孟门庭"。"文
章发于忠爱,其人既重,文亦与之俱传也。鄙人编刻《豫章丛书》即本
斯旨,凡人品不为众论所许者,即四库已收,如陈彭年《江南别录》、夏
竦《文庄集》、程钜夫《雪楼集》,一概不收,专以表扬潜德为主,庶为善
者知所劝,为恶者有所惩,身虽坐废,斗室编摩,于风教不无小补。"②
由此可见,胡思敬辑刻《豫章丛书》与其从事举办书院、修缮先贤祠宇
等文化活动一样,仍是以经世致用为旨趣,这既是其复旧政治主张无
法实现后的不得已选择,也是坚持保守理念的一种寄托。

　　为贯彻这种"表扬潜德"以转移"世道人心"的经世理念,胡思敬
对选书甚为用心。他订立《豫章丛书凡例》,明确规定:撰人品学不端

---

① 宋五子为周敦颐、程颢、程颐、张载、朱熹,五子皆为宋理学家。
② 胡思敬:《答陈剑潭书》,载《退庐笺牍》卷三。

正者,一概不收。因此,入选《豫章丛书》书籍的作者一般都具有忠君忧国的品德,而胡氏对历代遗民的著述尤为着意搜求。例如,他对明季遗臣陈泰来率军抗清、为故国捐躯的事迹十分赞赏,为宣扬"始终孤守一义,颠沛流离,不为外物所夺,不以生死祸福易其心"①的遗民精神,他不仅在家乡重修陈节愍公祠,而且还多方寻觅陈氏遗作,几经周折后,终获得陈氏族谱。胡氏从中录出《陈节愍奏议》,将其收入《豫章丛书》之中。为能够更好地为"乡贤续命",他仔细校勘陈氏遗稿,并委托好友魏元旷加以协助,在致魏的信函中,他写道:《陈节愍奏议》乃"海内孤本,初稿前已对过,改补后仍乞细心再校,然后发刻"。② 其态度之郑重可见一斑。胡思敬不仅在选书上注意搜寻历代遗民著述,而且在整理、校勘遗民著述过程中也特别注意发掘、彰显作者的气节、操守。例如,丛书收录了在抗清斗争中被害的明季遗臣袁继咸之《浔阳记事》,胡氏在该书的跋语中自云:《浔阳记事》乃从"《六柳遗集》中摘出,遗集共收诗文二十余篇,编次殊无体例","当是临侯(即指袁继咸)就义后,家人随手抄缀而成,非完书也。余既摘刊此记,因将集中密疏及揭叶士彦一贴、家书三通、绝命词四章,一一分注记内,使当时情事大白,而临侯之志节益明,亦吾党后死之责也"③。

　　《豫章丛书》对其所收录的大部分书籍均附有辑者的跋语,从这些跋识中我们可以看到,作者的为人、品行及书籍内容是否有益于"扶持世教人心"是辑者最为看重的。如胡思敬对南宋状元姚勉④因弹劾权贵而被罢官的遭遇深表同情,在《雪坡舍人集·跋》中称,姚勉

---

① 胡思敬:《重修陈节愍公祠记》。载《退庐文集》卷三。
② 胡思敬:《答魏斯逸书》,载《退庐笺牍》卷三。
③ 胡思敬:《浔阳记事·跋》,载《豫章丛书》,杭州古籍书店、南昌古旧书店 1985 年影印本。
④ 姚勉(1216—1262),字述之,号雪坡,南宋瑞州新昌(今江西宜丰)人。宝祐元年中状元,曾任平江节度判官,后被召为太子舍人、沂靖惠王府教授。为人正直、刚直不阿,因弹劾奸相丁大全,复又针砭贾似道,遂被罢官。著有《雪坡集》五十卷。

"忠爱缠绵""尤为纯粹","俯仰今昔,异代同悲,是不能不身任其责矣!"①这说明辑者将宣扬姚氏的忠贞品质、道德文章当成自己责无旁贷的使命。丛书中诸如这样的跋识俯拾皆是,充分体现了胡思敬经世致用的辑书理念。值得注意的是,胡思敬对一些遗臣故老,虽不仕新朝、不失大节,但却不思义举勤王,而是选择消极颓废甚至苟且偷安的生活方式非常不满。因此,在遇到有这种思想倾向的作品时,他往往违背自定的"古书面貌不可轻改"②的编纂原则,对其加以删削。如胡思敬在曾灿《六松堂集》的跋语中,对曾氏在明亡后出家为僧颇发微词,指斥其"晚节颓唐,亦可悲矣"。为避免这种消极的政治态度有害于"世道",他削去了"集中书牍二十余首",③这种做法当然是不可取的,而胡思敬保守的政治立场及其辑《豫章丛书》的用意由此凸现出来。虽然胡氏于《豫章丛书》告成前一年谢世,生前不及看到丛书的全貌,但丛书的收书标准在其逝世前便已确定下来,而负责编辑、校勘的另一位重要人物——魏元旷,与胡氏有着相似的政治立场,他基本上秉承了胡氏以学救世的辑书宗旨,将学术研究与解决社会问题联系起来。在这种治学理念的支配下,《豫章丛书》的刊刻有着鲜明的为现实服务的特点。

《豫章丛书》世传两种,除胡辑《豫章丛书》外,近代江西学者陶福履曾于光绪十九年(1893年)至光绪二十一年(1895年)刊刻过《豫章丛书》。陶刻《豫章丛书》共26种,48卷,绝大部分为清代江西名人著述。与之相比,胡辑《豫章丛书》的特色在于贯通古今,不以断代为限,且力求善本、珍本(包括佳刻本、家藏本、藏书家手抄本等等)。为达到这一目的,胡思敬采取了很多办法。他不仅走遍大江南北,亲自访求江西乡贤著述,而且还雇人从南京等地抄写或购买,并托请友朋

---

① 胡思敬:《雪坡舍人集·跋》,载《状元姚勉》,《宜丰文史资料》第四辑,宜丰县政协文史资料研究委员会地方史志编纂委员会合编,第36页。

② 胡思敬在给魏元旷的信中曾明确提出:"古书面貌不可轻改,前人旧编之本,凡未经残缺者,不可乱其卷帙,眉批、旁批皆明季刻书陋习,效之殊伤大雅。"(胡思敬:《答魏斯逸书》,载《退庐笺牍》卷四)

③ 胡思敬:《六松堂集·跋》,载《豫章丛书》。

广泛搜罗。例如:他曾委托陈三立,请朋友代抄《雪坡集》;①得知沈曾植家藏的《须溪集》②与通行版本多有不同,他便多次致函请求借阅以校。③ 此外,胡思敬还以江西全省图书馆添购书籍为名,呈请江西地方政府出面要求各地提供版本,④并多次向故交、时任江西省长的戚扬求助。在戚的帮助下,《豫章丛书》的编刻得到了江西省政府的大力支持。总之,经过多方努力,胡思敬收集到很多珍、善本,故而胡辑《豫章丛书》与陶刻《豫章丛书》所收书籍无一重复,其刊刻所用底本多为钱塘丁氏八千卷楼和杭州文澜阁四库全书本,两者都是著名的手抄本,其余还有汲古阁本、集思堂本及家藏稿本等等,其中不乏珍秘之作:如明季遗民张自烈⑤的《芑山文集》,因其所载多有清廷忌讳内容而遭禁毁,在清政府先后三次严禁之后,民间已鲜有此书,《八千卷楼书目》中亦未见其踪。所幸胡思敬据张氏后裔家藏原稿本,将《芑山文集》编入《豫章丛书》,使得是书得以重行于世;又如,明末清初著名学者魏禧⑥的《兵迹》未有刊本,各藏书家也罕有知者,胡氏据江西宁都何以仁旧藏抄本付梓,是书由此稍广流传。《豫章丛书》中诸如这样的秘本有近二十余种,可见,是书具有搜秘聚珍、网散佚而存久远的特点。

为了在财力有限的情况下保证丛书的特色和质量,胡思敬定有

---

① 胡思敬:《与陈考功书》,载《退庐笺牍》卷二。
② 《须溪集》为南宋遗民刘辰翁所作。刘辰翁(1231—1294),字会孟,号须溪,江西庐陵人,南宋著名词人。早年受学于陆九渊,理宗景定年间中进士,以廷试对策忤权相贾似道、刘丙等,被黜。曾任濂溪书院院长,宋亡不仕。其词抒写故国之思,亡国之痛,不假雕饰,悲切动人。所作只书甲子,不书元朝年号,表示对故国的怀念。又精文学评论,批点评选古人诗文达 10 种之多,其评点多载入《须溪集》中。
③ 胡思敬:《致沈乙盦书》,载《退庐笺牍》卷三。
④ 入民国后,胡思敬曾创建江西全省图书馆,关于图书馆的创办经过,详见本书第一章第四节。
⑤ 张自烈(1597—1672),字尔公,号芑山,江西宜春人,明末监生。为人正直,不畏强权,曾参与"东林党"声讨阉党的斗争,明亡后隐居著书。
⑥ 魏禧(1624—1680),字凝叔,号裕斋,江西宁都人,明末补县学生。好读史,工古文,与兄弟魏际瑞、魏礼合齐名,时称"三魏"。他曾参与抗清活动,兵败后隐居,潜心著述讲学,有《魏叔子集》传世。

十一种书不收刻的通则,除撰人品学不端正者,一概不收外,还包括:
屡经翻刻,已通行者,不收(其通行本太劣,而书极切用者,如《医门法
律》《清江三孔集》之类不在此例);书虽未经通行而同时有人认刻者,
不收;已入近人丛刻者,不收(唯宋元人小史卷帙无多,合数小种为一
大种,参用各本精校,不在此例);已入本集者,不收(如《洛阳牡丹记》
《归田录》已入《玉堂杂记》,《二老堂诗话》已入《周益公集》,《淳熙荐
士录》《千虑策》已入《诚斋集》,皆是,《激书》虽入本集,为原刻评本甚
劣,不在此例);卷帙过繁重者,不收;官书非出一人之手者,不收(《古
今列女传》题解缙撰,《文渊阁书目》题杨士奇撰,实官书也);未经名
人论定者,不收(近人李厚罔遗稿凡二十余种,只选刻四种,皆经檀默
斋诸人论定);书涉伪托者,不收;籍贯不甚分明者,不收;续作应附原
书者,不收。这说明胡思敬在选书要求上是极为严格的。有的学者
认为,《豫章丛书》对选书"要求过苛,以致一些有价值的资料被排斥
在外",如其未收入江西名人的词、曲等,是丛书的"疏失之处"。① 笔
者认为,这种观点有失偏颇。对选书上的要求主要是为辑书的宗旨
服务的,任何一部丛书只有经过选家的择别,方显特色。如果论及丛
书存在的不足,则在于由于胡思敬过分强调经世致用的理念,在一定
程度上混淆了学术研究与现实政治的关系,导致在辑刻过程中,触犯
了"古书原貌不可轻改"的出版禁忌,对原书有所删削,虽然这种现象
在丛书中并不多见,但显然有损于是书的学术性,成为其存在的一大
缺陷。

　　谈及胡辑《豫章丛书》的不足,并不是要否定或贬低其学术价值
和学术地位。明清两代,尤其在清朝中后期,专收某一地方文献的
"郡邑类丛书"纷纷问世,如樊维城的《盐邑志林》、赵尚辅的《湖北丛
书》、王灏的《畿辅丛书》等等,这类丛书是研究地域性文化不可或缺的
文献资料。而对江西地方文献的汇集和整理,实以陶刻《豫章丛书》发
其端绪,以胡辑《豫章丛书》为集大成者。在刊刻过程中,胡思敬的态度

---

① 参见喻剑庚:《简说胡辑〈豫章丛书〉的特点》,载《江西大学学报》1988 年第 4 期。

是严谨认真的。他不仅为搜求珍、善本四处奔走,多方求助,不遗余力,而且还精心考证,缜密校勘,务求实确。《豫章丛书》的大部分书籍均附有辑者的跋识,所撰"校勘记"达五十七卷,洋洋近十万言。除少数为魏元旷、刘家立、卢耿等人协助完成外,多为胡氏所著。这些校勘、题识内容丰富,具有很高的学术价值。读者可从中了解到版本优劣、内容得失、作者生平及学术源流等情况,实对后学大有裨益。①

　　值得一提的是,胡思敬还注重刻版与印刷,讲究纸墨精良。在与魏元旷的信中,他写道:"近日所出丛书,如王局所刻之《三孔(集)》、《耻夫(诗钞)》《激书》各种,颇有江河日下之忧,郑局加价一分,已承允每月刻字六万,若果能足数,王局便应核减,与其潦草了事,不如少刻求精。"②他对书贾射利、不顾刻书质量而盲目出书的行为十分不满,曾对好友华焯抱怨说:《豫章丛书》"虽刻成一百八十余本,而前年郑局刻选举票,王局承办《庐陵志》,今年《南昌县志》亦开刻,以故工人日少,所刻之书皆极草率,反不如初本"。③ 为保证印刷的质量,他在家乡宜丰,自办纸槽(即造纸作坊),亲自加以督造。当时,随着西方铅字排版印刷术的传入,我国古老的雕版印刷术逐渐被淘汰,但胡思敬却仍坚持用雕版印刷术刊刻《豫章丛书》,这使得本已有限的经费更见支绌。在《致华澜石书》中,他自云:"现计每月局(指'豫章丛书编刻局'。为刊刻丛书,胡氏曾专门设立此局)费约七十元,抄书买纸约三十元,刻字约百元",而卖书所得只有百余元,"至局中所印之书,除分送各署及酬谢借书人外,余皆定价发卖,然亦不能过于认真。如前年马云门在教育科索书数种,今年刘幼云回九江,专人索书全部,若靳而不予,未免寡情。此外,宋公威入京曾购去全书数部,由亦元经手,初

① 关于胡辑《豫章丛书》校勘、题识的内容、特点及学术价值,已为学界所关注,兹不赘述。读者可参见肖玲:《〈豫章丛书〉校勘题识考析》,载《江西图书馆学刊》1990年第1期;喻剑庚:《简说胡辑〈豫章丛书〉的特点》,载《江西大学学报》1988年第4期。
② 胡思敬:《致魏潜园书》,载《退庐笺牍》卷三。
③ 胡思敬:《致华澜石书》,载《退庐笺牍》卷三。华焯(1869—1925),字澜石,号持庵,江西崇仁人,光绪朝进士,为同光体江西派诗人后劲。官翰林院编修,曾出使日本。辛亥革命后,避居故里,杜门谢客,以诗寄怀,著有《持庵集》。

云付值,后竟杳然。弟回家后,经手人碍于人情,取去一二种而未付值者间或有之。"①为解决经费的紧张状况,胡思敬十分注意节省其他开支,如尽量减少应酬浪费,控制赠书对象和赠书数量等等,而其本人则"自奉甚俭,食不重肉,惟购书无倦",②在丛书刊刻过程中,家资几乎为之倾尽。可见,胡思敬为辑刻《豫章丛书》费尽了心力。

总之,胡思敬在整理传统文化遗产及乡邦先哲文献上的热忱之心及一丝不苟、精益求精的治学精神,缜密严谨、广搜博采的态度和方法,是很值得后人加以追怀和学习的。但从对《豫章丛书》的分析中,我们也应注意到,是书的编撰贯穿着以胡思敬为首的一批遗臣故老守旧的政治理念,随着图谋复辟清室的努力屡遭失败,尤其是1917年张勋复辟失败后,胡思敬这群人多郁郁不得志,在这种情势下,胡氏企图通过编纂丛书来宣扬"宋五子"之学,捍卫传统的纲常名教,达到重振旧的文化秩序及社会秩序的目的。在这种理念的支配下,胡氏删削了部分古书的原貌,这给丛书的学术性造成了一定的消极影响。

第三节　胡思敬与近代学人

胡思敬一生和许多学者有过交往,其中包括一批当时的著名人士,如刘廷琛、李瑞清、赵炳麟等等,都与胡氏建立了深厚的友谊,成为志同道合的挚友。这些交往,对胡思敬思想的发展及其史学成就的取得起到了重要的作用。本节将胡思敬的学术交往经历分为前、后两个阶段,前者即他在京师时的学术交游,交往的对象主要包括江西同乡及与他同中进士的乙未科同年;后者是他入民国后的交往活动,其对象则以清室遗老为主。通过对胡思敬与近代学人交往的考察,来探讨其在近代学术界中的地位与作用。

---

① 胡思敬:《致华澜石书》,载《退庐笺牍》卷三。
② 刘廷琛:《胡公漱唐行状》,第671页。

一、早期交谊

光绪二十年(1894 年),胡思敬会试中式,次年补殿试,名列二甲第二十一名,赐进士出身,朝考转翰林院庶吉士。这是胡思敬人生中的一个转折点,从此,他离开生活了二十余年的故乡,迁入京师,逐渐融入了京师的士林社会。

进士的功名与翰林的出身,无疑为胡思敬提供了一把进入京师士林社会的钥匙。他在京师的社交活动圈子,主要由江西同乡及乙未科同年组成,如李瑞清、魏元旷、刘廷琛、喻兆藩等人,[①]都与胡氏交往甚深。此外,胡思敬还与以愤言时事、弹劾权贵而著称于光、宣两朝的御史江春霖、赵启霖、赵炳麟三人趣味相投,惺惺相惜。[②]　胡思敬

① 魏元旷(1857—1925),字斯逸,号潜园,江西南昌人,光绪朝进士。著有《易独断》《春秋通议》《坚冰志》《光宣金载》等等,均收入《魏氏全书》。另有《读易考原校勘记》《易学变通校勘记》等等,刻入胡思敬《豫章丛书》中。刘廷琛(1868—1932),字幼云,号潜楼,江西德化人,光绪朝进士。历任陕西提学使、学部右参议、京师大学堂总监督、学部副大臣等职。清亡后,退出政界。1917年张勋复辟时,起用为内阁议政大臣。旋因张勋复辟失败,再度退出政界。著有《潜楼文集》。喻兆藩(1862—1920),字庶三,江西萍乡人,光绪进士。曾任工部主事、宁波知府、浙江布政使等职,因丁母忧回籍,辛亥革命后未复出。著有《问津录》《温故录》《既雨轩诗抄》等。李瑞清的生平简介见前文第一章第三节。

② 赵启霖(1859—1935),字芷荪,湖南湘潭人,光绪进士。1906 年任御史,与御史江春霖、赵炳麟同号"三霖公司",以直言敢谏闻名当世。1907 年弹劾首席军机大臣奕劻及其子农工商部尚书载振,迫使载振辞职。1909 年任四川提学使,后告归养亲,遂不仕,著有《瀞园集》。江春霖(1855—1918),字仲默,号杏村,福建莆田人,光绪进士。任御史时,曾先后八次上书弹劾直隶总督兼北洋大臣袁世凯,并参劾奕劻卖官纳贿,贪污腐败。1910 年因参奕劻,奉旨回原衙门行走,愤而辞职归乡。辛亥革命后不剪发为道家装束,住梅阳山,自号梅阳道人。赵炳麟(1876—1932),字竺垣,号养真子、清空居士,广西全州人,光绪进士。1906 年授御史,历掌福建、江南、京畿各道。1911 年 4 月奉旨开缺,到广西督办桂全铁路。1912 年当选为国会议员,后任山西省实业厅长。撰有《赵伯严集》。胡思敬在《国闻备乘》卷四,《三霖公司》一文曾记述说:"湘潭赵启霖、莆田江春霖、全州赵炳麟,同时为谏官,甚相得,号称敢言。京师人争目睹之,因假上海洋商标记,共呼三御史为三霖公司。启霖美文辞,温慎如好女子,不妄与人交。入台不一年,以劾奕劻父子罢职。炳麟汲汲好名,视赵、江稍驰骛,所著书秘不示人,多记国朝掌故,然文笔不甚雅驯。春霖刚直使气,好饮酒,饮数斗不醉,酒半辄掀髯指骂王公,闻者咋舌。妇死不再娶,僦居宣武城南,出无车,每上封事,夜半挟衣冠雇雇东洋车入宿朝房。虽大风雪如是。邮　(转下页)

有自己的交友原则,他所交之友,多与其有着相似的成长经历,即从小接受的是严格的孔孟道统教育,顺着"学而优则仕"的道路步入仕途。在道德理念和政治立场上,他们也都是"气类相投"、志同道合之人,所谓"誓以气节自持,毋为风俗所靡"者。① 在中西文化激烈冲撞的时代,这群人都具有守旧的思想特征。他们以维护专制制度和纲常伦理自任,深信"致治之理莫备于经",认为"欲救今日之乱,必先变人心;欲变人心,必先正学术;欲正学术,必先明人伦"。② 这些都以中国的传统思想与道德为依据,即将四书五经看作是"身心性命之根",③力图从中国传统经典中找到救时应世的武器,来挽救日益腐败黑暗的清朝统治。

在北京时,胡思敬曾发起成立"访古诗社",这一举措受到很多江西同乡的支持。他们"月必数会,每会必游,游必有诗,凡前朝遗迹、荒烟蔓草人迹所不到之区,吟眺搜访殆遍,亦一时盛事也"。④ 至于胡思敬的诗文,当时评价颇高:刘廷琛称其"诗学太白、长吉,文有贾长沙、苏子瞻之风";⑤周维新亦称赞他的诗文苍劲老练,可"卓然成家";⑥魏元旷论其诗文云:"其文词善往复,流畅豁达,一本其好善疾恶之性以立旨,得因以洞见新政之祸。于立朝诸疏之外,即所以咏歌其志,亦不失其余,若格调则宋南渡后诸家之仿佛也。"⑦胡思敬不仅诗文水平出众,而且是守旧派中因清正刚廉、直言敢谏取得较大名声

(接上页)传部尚书陈璧,亦福建人,贪而鄙,甚畏言路。欲为春霖置妾,固辞。又赠以骡车,亦不受。平时外官循俗例所馈冰炭别敬,悉谢绝之,而微行蹩躠如故也。"在谏台期间,胡思敬曾多次与这三人共同上疏,发表相似的政治主张,相关内容可参见本书第一章第二节。

① 赵炳麟:《自全州复胡漱唐吏部思敬书》,载《伯严文存》,沈云龙主编《近代中国史料丛刊》第三十一辑,台湾文海出版社 1969 年版。
② 胡思敬:《万载龙氏忠孝祠碑记》,载《退庐文集》卷三。
③ 胡思敬:《退庐留书记》,载《退庐文集》卷二。
④ 胡思敬:《题松筠庵话别图》,载《退庐文集》卷六。
⑤ 刘廷琛:《胡公漱唐行状》,载闵尔昌撰《碑传集补》卷十,第 671 页。
⑥ 周维新:《胡思敬传》,载《江西文物》,1941 年 1 月创刊号。
⑦ 魏元旷:《副宪胡公神道碑》,载《退庐诗集》卷首。

的代表性人物，其"慨然有志于天下，四方贤士多慕与之交"。① 诗社
成立后不久，有很多外省籍的学者便慕名而来，如福建的陈衍、郑孝
胥，四川的赵熙等等。②

　　文人墨客吟诗作赋，时相唱和，古已有之，但胡思敬创办诗社却
不纯粹是一种文人风雅，且有借助这种集会形式来谈论时政，交流思
想，结识同道，即所谓以"道义相交谊"。胡氏认为，"文艺为学者末
事，诗又文艺之末"，"读书先在立品，次立志，诗亦如之。志何由见，
观其寄托而已；品何由知，观其交游投赠而已。"③他虽然喜好诗文，也
创作了一定数量的诗歌作品，但却对士林社会"多耽吟咏，偏好词章，
于濂洛关闽书不甚究心"的风气颇感不满，认为这正与清末政务的懈
怠状况相互映照。④ 故而时常告诫诸友，不可沉溺于诗赋辞章之学，
而应致力于心性修养之道，如其在给好友华焞的信函中写道："尊作
赠《逸叟诗》足与昌黎抗手，但吟咏当作读书余事，暇则为之，不可瘁
心于此，致夺穷理尽性之功。"⑤在《致陈诒重书》中他也劝说友人，不
可"困于词章"，"虚掷光阴"，而应"收摄心魂"，"借迳宋五子"以"窥孔
孟门庭"。⑥ 宣统三年(1911 年)三月，胡思敬辞官离京，诗社随之解

---

① 刘廷琛：《胡公漱唐行状》，第 663 页。
② 陈衍(1856—1937)，字叔伊，号石遗。福建侯官人，光绪朝举人。曾入刘铭传、张之洞幕
　府。主编《商务》杂志，翻译大量日本及西方著作。入民国后，回乡结秋社。晚年曾在厦
　门大学、无锡国学专科学校任教，在家乡组织说诗社。以提倡"同光体"诗派与评论诗歌
　而著称于世。著有《石遗室诗》、《石遗室文集》、《石遗室诗话》等。并编有《金诗纪事》、
　《元诗纪事》、《近代诗钞》等。郑孝胥(1860—1938)，字苏龛，福建闽侯人，光绪朝举人。
　曾任广西边防大臣，安徽、广东按察使，湖南布政使等职。辛亥革命时，避居上海，后协
　助溥仪建立伪满洲国，出任伪国务总理。郑孝胥工诗，擅书法，为诗坛"同光体"倡导者
　之一。赵熙(1867—1948)，字尧生，号香宋，四川荣县人，光绪朝进士。曾任翰林院庶吉
　士、国史馆编修、江西道监察御史等职。以敢于弹劾庆亲王奕劻、四川总督赵尔巽，为
　"戊戌六君子"昭雪，称名朝野。辛亥革命后，以卖文讲学为生。北洋政府及各路军阀屡
　聘出仕，均辞不就。赵熙的诗、词、书、画皆名于时，也是近代川剧重要剧作家之一。有
　《香宋诗抄》传世。
③ 胡思敬：《答彭泽汪生书》，载《退庐笺牍》卷三。
④ 胡思敬：《朝士嗜好》，载《国闻备乘》卷二。
⑤ 胡思敬：《答华澜石书》，载《退庐笺牍》卷三。
⑥ 胡思敬：《致陈诒重书》，载《退庐笺牍》卷四。

散。晚年，胡氏曾回忆说："自予去后"，"社事告终"，"同社诸君以予之去国于朝局，有关相与祖饯于此（指宣武城南松筠庵），既宠以诗歌，又各影摹其像，朋交难得易失，念之有足悲者。"诸君"气类虽不尽合，而文采照耀，均足表见于时，追念联床话雨之时，不胜物换星移之感"。① 言语间萦绕着对往昔的眷恋，充分表达了物是人非的感叹。

胡思敬思想中的守旧特征是显而易见的，②但若以传统的道德价值观来衡量，他在道德修养方面确有其可贵之处。与那些"专以奔走宴饮为日行常课"③的京官不同，胡氏恪守着传统的道德规范，反对贪腐的官场习气，为官廉正，忠于职守，严于自律，是典型的儒家正人君子式人物。因此，其言行思想在守旧派阵营中有一定的影响力。而胡思敬不仅注重提高自己的道德修养，且还时常与诸友人相互切磋心性修养功夫，交流修养经验，以求共同促进，不断提高。如在《致王泽寰书》中，胡思敬提出："古称立德、立功、立言为三不朽，鄙意学者但当从事于德，德既修矣，达则立功，穷则立言，无人而不自得，未可歧而为三。"④在与华焯的交流中他说，"一身天所赋之性，性所具之理，理所由之道"，"孔孟之教，人皆从天理、人心，推动体验而出其大旨，则中庸，天命之谓性，率性之谓道，修道之谓教，三言尽之矣。""古人为学不外知、行二字，四十以前以知为先，四十以后以行为重。"在他看来，"文理既清之后，乃为学发轫之初，要在谢绝泛交，冥心孤往，每日必伏案数小时，本之四书五经、诸子百家之说，以明其理；辅之通考、通礼以详其制；参之正史及历朝通鉴以明其事，以廓其见闻；而又必体验身心，练达人情，浸淫既久，一旦豁然贯通，其乐有不可胜言

① 胡思敬：《题松筠庵话别图》，载《退庐文集》卷六。
② 这一点本书第二章已有较为充分的论述，兹不赘言。
③ 胡思敬：《宣统初年朝士》，载《国闻备乘》卷四。
④ 胡思敬：《致王泽寰书》，载《退庐笺牍》卷三。王龙文（1864—1923），字泽寰，号补荃，湖南湘乡人。光绪二十一年（1895年）中会试第三名（探花），授职翰林院编修，旋充国史馆协修。后以言遭谴，与彭清藜、曾廉等同被革职。归里后，任书院山长以终。平生于举业外，颇留心问学，为清末翰林中之佼佼者，撰有《平养堂文编》十卷。

者。"①胡思敬不仅注重个体的道德修养,更寄望能以"德"治天下。因此,在喻兆藩将出任宁波知府时,他一再嘱咐其在地方上应以"维纲常、扶世教"为要务,"无负生平所学。"②"壬寅(1902 年)十月,邵阳魏公承诏开云南学堂",聘请李瑞清为教习,李在离京前曾冒雨雪拜访胡思敬,咨询教书育人之策。胡建议其应"本之六经四书诸子百家之言以穷其理,考之历代国政朝章以明其制,参之二十一朝治乱兴衰之迹以详其事",李对此深以为然。③

　　胡思敬性格耿直、倔强,爱憎分明,他对友人思想、言行中的得失往往直言不讳,以求其能迁善改过。如在与赵炳麟的信札中他说:"足下志趣之坚卓,议论之明通,同时侪伍中无以比并,唯是锋芒太露,不无沾沾自喜之心。""家国大事,言之甚易,行之实难,反而求之六经,证以数千年成败是非及当今变故,反复沈潜,或有豁然之一日";④他也曾对魏元旷坦言:"足下大端不差,然看书太少,'御纂七经'外别无体会,议论亦多通脱"。"又垂暮有子纳妾,义无所居,以足下味道之深,岂犹未忘乎? 世俗人之好,一时兴至,聊复钟情,亦君子所不免,然处家庭骨肉之间,究非所宜,异时当自知之。"⑤赵炳麟对胡思敬的批评感到"肃然警惕","非异姓而骨肉者,谁肯出肺腑、吐金石,医砭我于万里之外耶?"⑥魏元旷更将胡氏视为在道义和学业上可以互相砥砺,对缺点、错误直言规劝之"畏友"。⑦ 在胡思敬辞官南归之时,赵、魏二人均曾赋诗相赠,赵诗有云:"廿载都堂庆盍簪,何当别

---

① 胡思敬:《答华澜石书》,载《退庐笺牍》卷三。
② 胡思敬:《送喻庶三出守宁波序》,载《退庐文集》卷五。
③ 胡思敬:《送李梅庵南归序》,载《退庐文集》卷五。
④ 胡思敬:《覆赵竺垣书》,载《退庐笺牍》卷一。
⑤ 胡思敬:《与魏斯逸笺》,载《退庐笺牍》卷一。
⑥ 赵炳麟:《自全州复胡漱唐吏部思敬书》。
⑦ 魏元旷:《送胡绍唐致官南归序》,载《魏氏全书·潜园文集》卷十一。明代名士苏竣在《鸡鸣偶记》一书中把朋友分为四类,曰:"道义相砥,过失相规,畏友也;缓急可共,死生可托,密友也;甘言如饴,游戏征逐,昵友也;和则相攘,患则相倾,贼友也。"

我入荒浔。""患难正堪存大节,艰贞期莫负初心。"①表达了对好友的期望和依依不舍之情。

在晚清光宣之际,新旧学说纷争杂呈,新旧党徒之间的矛盾日趋激烈,清王朝在内忧外患的强大压力下,面临着空前的统治危机,大有瓦解之势,胡思敬对此忧心忡忡。他既仇视新派权贵倚借新政之名,进行党同伐异、大肆投机钻营的勾当,又痛恨清朝统治者腐败堕落、愚顽无知。先后撰写《戊戌履霜录》《驴背集》《国闻备乘》等史著,寄托自己的政治理念,表达对时局的看法。胡氏的这些著述在诸友中引起了一定的轰动,尤其是《戊戌履霜录》被当时思想保守的士人推崇备至。魏元旷在清朝灭亡后,便顺着胡思敬的思想路径写下《坚冰志》一书,旨在总结清亡的教训,"明光宣亡国祸所由来"。② 所谓"履霜""坚冰"之语最早见于易经,《周易》卦辞曰:"初六,履霜,坚冰至。"孔颖达疏曰:"初六,阴气之微,似若初寒之始,但履践其霜,微而积渐,故坚冰乃至。所谓阴道初虽柔顺,渐渐积著乃至坚刚。""以明人事有为不可不制其节度,故于履霜而逆,以坚冰为戒,所以防渐虑微,慎重于始也。"从这些解释中,可以看出胡、魏二人在著述中用"履霜""坚冰"之语绝不是偶然的,《坚冰志》中称,清廷在维新变法运动之初没有"见微知著,治于未乱,保于未危",结果造成"坏法乱纪、弃礼蔑义",酿成亡国的悲剧。③ 这一观点显然受到胡思敬的影响。胡氏在阅《坚冰志》后即致函魏元旷,表示:"《履霜录》与尊著《坚冰志》同一机杼。"④

二、胡思敬与前清遗老

清廷祚灭后,亡国之痛一直在胡思敬心头挥之不去。他在南昌

① 赵炳麟:《胡漱唐侍御意欲归隐以诗示余赋此留之》,载《赵伯严集》第三册,《柏严诗存》卷三,沈云龙主编《近代中国史料丛刊》第三十一辑,台湾文海出版社 1969 年版。
② 魏元旷:《坚冰志》,载《魏氏全书·潜园杂编》卷一,1933 年刊本。
③ 魏元旷:《坚冰志》。
④ 胡思敬:《答潜园书》,载《退庐笺牍》卷四。

发起成立"月泉吟社",与魏元旷、刘廷琛、华焯等人,赋诗弄文,藉抒其系怀旧国旧君之感。诗酒酬唱是大多数清室遗老选择消磨时光的方式。但"月泉吟社"的活动并没有维持多久,这显然与胡思敬跟随时局的发展,不断调整自己的心态和政治目的直接相关。当1912至1914年度民国之初,以及1917年张勋复辟前后,胡思敬都在与升允、刘廷琛、于式枚等人致力于阴谋复辟清廷的活动。

在人际交往方面,胡思敬严格把握交友原则,只与所谓"洁身自好""不求闻达"之士,"讲论道义,交相奋勉"。① 因此与胡氏交往密切者,多与其有着共同的政治态度,如魏元旷、李瑞清、喻兆藩等人,皆以节操大义自诩,不与民国政府合作,甘为遗民以终老。然而,这群人并非生活在真空里,生计问题是现实社会中无法回避必须要面对的。为稻粱谋、为家口累时时困绕着一些家资并不充裕的遗老们。如曾为前清江宁布政使的李瑞清在清亡后避居上海,其家眷众多,生活毫无着落,迫不得已,只好以鬻书画来获取微薄的收入,勉强维持生计。袁世凯得知其生活窘迫后,曾以高薪相诱,聘其复出,遭拒;好友张勋在其卧病在床时,派人探望,并送来银两。李谓:"少轩(即张勋)今日之银,民国政府所给饷项也,予不欲间接受民国政府之赐。"②故而力辞。胡思敬对李瑞清的气节敬佩有加,他除了在物质方面鼎力相助外,还多次去信劝说李回故乡做乡绅,认为这样既有利于扶持名教,又可解决生计问题。③

除李瑞清外,胡思敬还对其他很多生活贫困的清室遗民予以经济上的帮助。如在辑刻《豫章丛书》过程中,他曾聘请魏元旷负责校勘工作,这除了魏氏学问做得好,与其志趣相投外,还有一个原因,就是想帮助魏元旷缓解一下家中的经济压力,"逸叟家计艰难,颇赖此岁薪三百六十金";④在《致黄子雅书》中他曾言:"予今有百亩之资,丰

① 胡思敬:《再答教育会辞会长笺》,载《退庐笺牍》,卷二。
② 蒋国榜:《临川李文洁公传略》。
③ 胡思敬:《与李梅庵书》,载《退庐笺牍》卷二。
④ 胡思敬:《致华澜石书》,载《退庐笺牍》卷三。

岁可收谷二百余石,妻妾辈守约已惯,供给一岁之费,尚有赢余,管鲍分财,古人有行之在先者,足下毁家纾难之后,如饘粥不继,绵力虽薄,尚可代为之谋。"①其实,胡氏周济同道,除了是尽朋友之义外,还有重要的政治目的,即要为复辟清室的"大业"服务,培养一代清室遗民,积蓄复辟力量。在与刘廷琛的信札中,他说:"云晴(即胡嗣瑗)初已赴北京,未审何事,如为家累所迫,我辈当稍加节缩,推朋友通财之义,代为之谋。"并坦言:"海内同志无多","唯晴初及仁先(即陈曾寿)年最强、才最美而境最艰,若听其潦倒穷途,为外物牵引而去,恐吾道益孤,将来有唱无和,虽有机缘则亦无从措手矣。"②此外,胡思敬还邀合刘廷琛,筹划设立"同难会","有过相规,有难相赴,有乏相通,融化人我为一体,不挟一毫私见,保此身、存此学,俟天安命,始终不渝。""鄙人绵力虽薄,愿本此意"设立"同难会","吾党之贫而不肯自屈者,盖将藉以济国而赴君父之难,非独为朋交计也。"③胡思敬的所为,救济和维系了一批生活落魄的复辟分子,同时也增强了其在遗老圈中的影响力。在复辟清室的阴谋屡遭失败的情况下,胡思敬就寄身于著述立说、编刻图书、设立旧式书院、修缮先贤祠庙等文化活动中,他企图以此来宣扬"宋五子"之学,以重振传统的纲常名教,达到重取山河的长远目的。所谓"刻刻以扶持世教为心,时时以搜访人才为

---

① 胡思敬:《致黄子雅书》,载《退庐笺牍》卷二。
② 胡思敬:《致潜楼书》,载《退庐笺牍》卷三。胡嗣瑗(1878—1949),字琴初、晴初,贵州贵阳人。清末翰林,官京曹。辛亥革命后,江苏督军冯国璋聘其为督军公署秘书长。1917年张勋复辟,他任内阁左丞,并以冯国璋名义致电张勋,拥戴溥仪重登位。失败后,被免职,隐居杭州西湖。1924年北京政变后,溥仪移住天津,他任清室驻天津办事处顾问,参与筹建伪满洲国。伪满洲国成立后,任执政府秘书长、参议等职。陈曾寿(1879—1949),字仁先,湖北浠水人。光绪朝进士,官至监察御史。擅长诗词书画,诗名与江西陈三立、福建陈衍并称"海内三陈"。辛亥革命后,袁世凯请其出任提学使,不就。1917年张勋复辟,出任学部侍郎。失败后,回西湖卖画。常怀复辟清王朝、忠臣不贰主的观念,反对革命。1930年,担任末代皇后婉容师傅兼清室驻津办事处顾问。1932年"满洲国"成立,任内廷局长、近侍处长、陵庙事务总裁等职。因多次拒绝日本企图夺取清朝关外三陵事务,为日所忌恨,遂被迫辞职,蛰居北京。胡、陈二人都曾受到胡思敬物质上的帮助。
③ 胡思敬:《答潜楼书》,载《退庐笺牍》卷四。

事",①即为当时情形的写照。

胡思敬认为,"国运随学派为盛衰":康熙时"以讲宋学而兴";乾嘉时"以讲汉学而渐衰";道咸时"以讲经济而乱";光宣时"以讲西学而亡"。② 因此,他经常劝勉友人,要摒弃"杂学",专以倡明"正学",即程朱理学为己任,来挽救世运危机,维护传统的纲常伦理。"留此明夷待访之身,为天地立心,为生民立命,为往圣继绝学,为万世开太平,不必在位始可有为也。"③胡思敬的这一治学理念被与其交往密切的学人所推崇,这些人在学术交流中,互相切磋,引为同调。如好友王龙文曾秉承胡氏的学术旨趣,著述《平养堂集》。对此,胡表示由衷的高兴,称赞其曰:尊著《平养堂集》,"其大者皆于纲常名教有关,其小者亦足备一方文献,语语皆从经史中熔铸而出","足下进德之猛,迥非意料所及"。④ 受魏元旷《坚冰志》的启发,胡思敬著述《审国病书》,反思和总结清亡的经验教训,他曾多次和魏氏谈及《审国病书》的撰述目的是"欲使后之有天下者,得以见微知著,制治于未乱,保邦于未危"。魏认为,这与"予之著《坚冰志》用意同也"。⑤魏元旷对胡思敬"谱牒之学出自周官,实与国史、志乘相表里"的观念表示认同,在胡氏的勉励下,撰写了《魏氏通谱》,胡阅读此书后,认为《魏氏通谱》体例完备,颇有可取之处,"总其目凡十有四,曰祖德、世本、世表、祠祀、礼制、宗政、纶音、选举、爵秩、节孝、列传、艺文、名迹,而以附录终焉。"⑥故而仿《魏氏通谱》体例,撰写了《胡氏族谱》。此外,在胡思敬撰述地方志和搜集整理乡邦文献资料时,尤其在辑刊《豫章丛书》过程中,还得到了诸友人的大力帮助,这一点前文已述,兹不赘言。

当时,胡思敬对康有为倡导成立的"孔教会"颇不以为然。尽管

① 胡思敬:《覆喻庶三书》,载《退庐笺牍》卷二。
② 胡思敬:《审国病书》。
③ 胡思敬:《致陈仁先、胡晴初书》,载《退庐笺牍》卷四。
④ 胡思敬:《致王泽寰书》,载《退庐笺牍》卷三。
⑤ 魏元旷:《审国病书·跋》。
⑥ 胡思敬:《胡氏族谱序》,载《退庐文集》卷四。

"孔教会"在客观上是为复辟帝制造舆论,张勋、沈曾植等一批遗臣故老也参与其中,但立孔子为教主,与胡氏"正名教之学"的治学宗旨显相违背,且胡始终认为,康是动摇清朝统治根基的罪人,他不是要真正继承孔子的思想,而是借孔子之名"行其私","孔教会"实际是"灭圣经""乱成宪"的叛逆行为。因此,他着力对其进行抵制。除在诸友人中进行宣传外,他还给与康氏关系密切的遗老写信,劝说他们疏远此人。如其曾致函汪钟霖:"康长素虽与执事旧交,究属倡新法以乱天下之人,不可形迹过密,前在京著有《履霜录》四卷,文无足取,但据事直书,可考见当时故实,谨属省馆代寄两部,请与君直诸君子共参证之。"①在与王乃徵的通信中,也直言不讳:"近来海上诸老好与康圣人游,即康亦自以清室遗老自命,仆颇不以为然。"他指斥康有为在"光绪将乱之初","以邪说煽动四方","前尘已杳,后辂方长,谨寄旧刻《履霜录》两册,好恶虽不必尽同,是非究难逃公论,愿与前辈共参酌之。"②随着图谋复辟清室的努力屡遭失败,尤其是 1917 年张勋复辟失败后,遗老圈的颓废风气日益严重,这群人多以诗酒酬唱为生涯,深居简出,醉生梦死。胡氏对此忧心忡忡,他在劝勉同道韬光养晦、争取时机"恢复社稷"的同时,还鼓励他们撰写史书,以有利于"资治、教化",并可以"存掌故",保留历史实录。如在与陈夔龙的信中曾写道:"世变由乱趋治,必托天下于人才,人才由困而亨,必托一身于知己,结纳英贤,扶持纲纪,当与二三同志共矢斯愿,死生以之惜","辛丑回銮以后,公居荣幕,当时朝局是非必得其详"。"何妨采辑事实,勒成一编,用昭信史?"③

---

① 胡思敬:《致苏州汪甘卿书》,载《退庐笺牍》卷四。汪钟霖(1867—?),江苏苏州人,字岩征,号甘卿,光绪朝举人。曾入张勋、冯国璋幕府,主办《字林报》《蒙学报》,晚居南京,著有《九通分类纂要》《赣中寸牍》等。
② 胡思敬:《致王病山书》,载《退庐笺牍》卷四。
③ 胡思敬:《答陈筱石书》,载《退庐笺牍》卷四。陈夔龙(1857—1948),字筱石,贵州贵筑人,光绪朝进士。历任顺天府尹、河南巡抚、湖广总督、直隶总督等职。1917 年张勋复辟,任其为弼德院顾问大臣,旋复辟失败后,隐居上海,著有《梦蕉亭杂记》《花近楼诗集》等。

1918年,沈曾植①为首的一群流寓上海的遗民筹划创办"亚洲学术研究会",该会以坚守中国传统文化为旨趣,章程大纲为:"主忠信以修身,尊周孔以明教,敦睦亲以保种,讲经训以善世,崇忠孝以靖乱,明礼让以弭兵。"鉴于胡氏在赣籍遗老中的地位,沈曾植专门致信胡思敬,希望得到他的支持,借以扩大研究会的影响力。然而,胡思敬的态度是矛盾的。在给沈曾植的信里,他首先是对该会的创办宗旨表示了一定程度上的肯定。胡思敬站在"明学术以救人心,以厚风俗""知行合一而后有学""政教合一而后有治"的立场上,认为"康熙六十年之盛为三代以来所未有,圣祖表彰宋儒之效,李、熊、张、汤诸大臣推崇程朱之功,亦既明白大验",他批判清代中后期的学术,"一坏于纪阮之丑博(讲汉学)、再坏于祁文端之纤小(讲小学)、三坏于翁潘之破碎(讲金石学)、四坏于张之洞之猖狂(讲西学)",提出"其人品高下不同,其误国则一"。因此,他对沈曾植以提倡程朱理学来挽救所谓"学术误国"的思想倾向表示肯定,尤其赞赏沈氏在解释"讲经训以善世"时所强调指出的,"讲经训而不由朱注,是犹出入而不由户,将终生无入德之门"这一观念。在他看来,这正与自己"倡明正学以挽回世道"的学术理念相一致,故而由衷称道曰:"台端不欲阳居讲学之名,实阴示人以率由之径,暗室一灯,何其幸也!"②

但是,胡思敬提出了两点批评,一点建议:批评之一是对研究会冠以"亚洲"之名不满。他说:"亚洲名目古所未有,即徐氏《瀛环志略》亦云四大土之名乃泰西人所立,本不足为典要。今崇孔教而袭用欧西名词,充同洲之义,势必举印度佛教、波斯火教、天方回教牵混为一,老韩合传恐蹈马史之讥,华夷不分更失麟经之旨。"因此,他认为应将"亚洲"二字改为"中国",方为得当;二是对章程大纲第二条"尊周孔以明教"的置放地位存有异议。胡思敬指出,"尊周孔以明教"与

---

① 沈曾植(1850—1922),字子培,号寐叟、乙盦,浙江嘉兴人。光绪朝进士,曾任刑部主事、安徽布政使等职,因病辞官。辛亥革命后以遗老自居。学识渊博,尤精于辽金之史、地理和音韵之学,撰有《元秘史笺注》《蒙古源流笺证》《海日楼诗文集》等。

② 胡思敬:《致沈乙盦书》,载《退庐笺牍》卷四。

其他五条不是并列关系,因为"周孔之教"的核心在"经训","经训"的主要内容为"主忠信、敦睦亲、崇忠孝、明礼让",所以,应将"尊周孔以明教"置于纲的地位,其他则为目。"若并列为六,则宾主不分,次序淆乱,学者无从致力,且孔门之教,曾子传其忠恕,子思传其诚、传其中,孟子传其仁义,若恕、若诚、若中、若仁义,皆于学说大有关系,不可举彼遗此。"沈曾植在筹划该会过程中,不欲自显其名,只愿意在暗中裁度,对此,胡思敬颇感疑惑,他说:"自古成大事者,智、仁、勇三者缺一不可,诚见为义所当为,便应挺然自任,举世非之而不加阻。台端负士林重望,且三十年一步一趋,海内群觇之以为向背,若稍形畏缩,而有人之见存,是已尚游移不决,更何能取信于人?"他建议,既要在上海成立总会,以沈曾植为会长,又要在南京、武昌、南昌等地设立分会,"使同志诸贤自相团结",同时,还要设立讲经会,"每旬讲书一次,以四书五经为主。会友如有学说,即寄沪,选入报端",以扩大影响,"当光绪将乱之初,一二小人之邪说可以煽动四方。今日乱极思治,安知一二君子之诚心不可以挽回劫运?"①

由此可见,虽然从学术背景和学术取向,尤其是对待文化的态度上来看,清室遗老绝大多数是文化保守主义者,捍卫旧道统、旧文化,抗拒新思想、新文化可以说是他们共同心愿。但是,在如何守旧斥新的具体操作上,遗老们的想法并不一致,呈现出各异的心态。与"亚洲学术研究会"的筹划者相比,胡思敬对既有文化的情感更为炽热,凸现出其被旧文化所"化"程度之深。对于胡思敬的批评和指摘,沈曾植采取回避的态度,未与其争论。在与友人的通信中,胡氏慨叹道:"培老(指沈曾植)倡办学术研究会,首票亚洲二字,弟颇不以为然,曾贻书诤之,而久不见答,想厌闻矣。"1921年,该会正式成立,仍冠以"亚洲学术研究会"之名,章程大纲维持原貌,未作改动,而沈曾植本人也只在幕后裁度,态度谨慎,不肯抛头露面。对此,胡思敬深感失望。在与胡嗣瑗、陈曾寿、华焯等人的交流中,他一再表示了不

① 胡思敬:《致沈乙盦书》,载《退庐笺牍》卷四。

满,称沈曾植所定章程大纲,"开陈不甚剀切",[①]"尚不离三教同源之旨"。[②] 甚至在给沈曾植的门人谢石钦的信中也直言:"窃此老(指沈曾植)用意之私,殆欲视华夷为一体,通老佛儒墨为一家,务博之心太重,虽湘乡曾氏且不免后人之讥甚矣,聪明之累人也。"[③]这显然有指责沈氏聪明反被聪明误之意。因此,"亚洲学术研究会"自然不会得到以胡思敬为首的赣籍遗老及与胡氏交往密切的外省籍学人的支持,这势必对该会的发展产生了一定的消极影响。事实上,该会在遗老圈中产生的影响也是很有限的,其创办的《亚洲学术杂志》原计划为月刊,后改为季刊,最终只存在两年,且仅发行四期便宣布停刊。当然,种种隐衷并非一次事件能得以澄清,但正是具体的事变使久已淡出世俗视线的遗老圈得以展示更为原始的面貌,同时遗民文化思想的复杂性和丰富性也由此可窥一斑。

---

① 胡思敬:《答华澜石书》,载《退庐笺牍》卷四。
② 胡思敬:《致胡晴初书》,载《退庐笺牍》卷四。
③ 胡思敬:《致谢汉川石钦书》,载《退庐笺牍》卷四。

第五章　历史的阐释

综观胡思敬的一生，从一介儒生到入京为官，再到辞官南归、隐为乡绅，直至抗拒民国、甘为遗民以终老，虽说他的社会身份随着时代的变化而改变，但其却始终恪守儒学传统思想，不脱书生气质：在仕宦生涯中，他恪守旧道统与旧文化，是典型的儒家正人君子式人物，"怅然离京"更表现出书生参政的失落与无奈；而在复旧政治主张无法实现的情况下，作为一名儒生，他便致力于史学活动，以此作为一种政治失意后的寄托。治史于乱世，为胡思敬积累了一份特殊的人生经验，他凭借着深厚的史学功底，撰写、编纂了大量颇具学术价值和影响力的史学著述。在政治上，胡思敬终生郁郁不得志，但在史学的天地里，他找到了一个相对广阔的发展空间，同时在对传统史学的继承过程中，胡氏获得了更为持久的价值和更为深远的影响。

第一节　大变局下一儒生

胡思敬出生于儒学世家，幼承庭训，受到严格的孔孟道统教育。父亲胡燊荣根据《论语·季氏》中"君子有九思：视思明、听思聪、色思温、貌思恭、言思忠、事思敬、疑思问、忿思难、见得思义"[①]之意，为三子分别取名思敬、思忠、思义，表达了其对后辈的殷切期望，希望他们

---

① 唐文治序、蒋伯潜解：《四书读本》（三），《论语》下，启明书局1941年版，第293页。

能够以儒家伦理思想中理想的人格典范——"君子"自励，并努力保持胡门"累世业儒"的书香本色，所谓要以"节义、忠孝养其根"，"孝以事父，忠以报君"，夫妇、兄弟、朋友须"各尽其伦，相让以利，相待以诚"。① 胡家儒学氛围之浓厚由此可见一斑。这样的家庭环境对胡思敬个性品格的塑造及人生事业的发展影响深远。综观胡氏一生所作所为，始终未脱儒者气质，传统思想文化在他心中扎下了深根。

作为家中的长子，胡思敬肩负着一家人的重望。胡燊荣在他17岁之时，便送其入南昌经训学院读书，以接受程朱理学的正规教育。在此期间，胡思敬习读经史，碌碌于求取科举功名，最终不负众望，在科举的道路上取得了很好的成绩：17岁中秀才，23岁中举人，24岁中进士。清末民初，既是一个时代的转折，也是胡思敬个人命运的转折。"易代"之前，胡思敬是清朝进士，他宦海生涯16年，历任翰林院庶吉士、吏部考功司主事、广东道监察御史等职。虽然官职清闲，品级不高，但却也仕途平稳，未经大的磨难、坎坷。从胡思敬的成长经历来看，可以说他是现存制度与文化的受益者。

胡思敬代表了儒家文化教养中产生的一种成熟的典型。他恪守儒家传统的政治伦理，力图在维护清王朝统治的政治实践中实现儒家修、齐、治、平的政治理想。晚清吏治日坏，官场贿赂公行，而胡思敬则洁身自爱，不随流俗变迁。他为官清正，刚直不阿，忠于职守，且不畏权势，能大胆弹劾奸党权贵，甚至对摄政王载沣"唯满人是用"之举也敢拔龙须，直指其非。这使其在保守派阵营中号为在朝锄奸的"诤臣"。而经常攻击胡氏的持新论者也只能以"思想迂顽，不达时变"②讥之，对其道德品格并无指摘之处。在生活方面，他奉行节俭，安于清贫。时人曾记叙道："其自奉甚俭，食不重肉，惟购书无倦。"③由此可见，若以传统的道德价值观来衡量，胡思敬在道德修养方面确有其可贵之处。

---

① 胡思敬：《家祭训词》，载《退庐文集》卷七。
② 胡思敬：《复赵竺垣书》，载《退庐笺牍》卷一。
③ 刘廷琛：《胡公漱唐行状》，第671页。

　　值得一提的是,胡思敬还同情民间疾苦,敢于为民请命。任职御史期间,闻江西、东北、浙江等地地方官仗势欺压百姓,并借筹办"新政"的名义,大肆铺张浪费,中饱私囊,致使人民生活在水深火热之中,胡思敬即上疏直言,表示:由于苛捐杂税沉重,百姓"力不能胜,则弃田而潜逃者比比也","小民知其将死,蹶起而思一奋"。他警告统治者,要亟思图救,"思民所以抗与官所以致抗之由",否则必招致大乱。① 在此,胡思敬能正视"官逼民反"的现实,揭露了社会动乱的根源。作为传统社会中的官僚士大夫能做到这一点,是难能可贵的。此外,胡思敬还时常告诫在朝为官的亲友,要关心百姓疾苦,不可贪酷虐民。例如,得知胞弟胡思义将出任云南蒙自县知县时,他即去信一再叮嘱其为官"当以宽民力为主":"近日官场败坏,非尽人之无良。候补人员株守一二十年始得一缺,志气消磨,老期将至;或家本寒素,称贷而来,甫一履新,债主麇集;又或全家官派食指浩繁,子汏妻骄,六亲环逼。种种牵挂,丧其生平,其所陷溺其心者非一朝夕之故矣。吾弟年甫二十,精力过人,随宦亲人无多,妻妾皆起贫乏,留滇数载无丝毫亏累,家中买田负郭已逾二顷,高堂甘旨无待经营。民有赖于我,我无利于官,处斯境遇虽中人以下,必勉思树立,况吾弟乎?""坐堂皇收呈,不准者即时批还,准者随判随结,多延压一日则民间多受一日拖累,多传质一人则民间多受一人株连。官之可危者,一身孤立于上,左右前后罔非蒙蔽播弄之人,书差衙役不得已而用之,签票一出如虎如狼,恃一己聪明,与数十百人机巧变诈相角,势必不胜,要在感之以恩毋太刻,畏之以法毋姑纵,门丁仆从尤宜简之又简,人少便于驱使可省力,人多难于周防实劳心也。命案缉凶购线,悬赏不可惜费,此等案情即时亲验明白便须上禀,不可误听幕宾隐匿不详。"② 言语朴实恳切,读之令人动容。总之,胡思敬身上具有中国传统士人的许多优秀品质,也表明中国传统文化中仍有其精华所在。

---

① 胡思敬:《极陈民情困苦请撙节财用禁止私捐折》,载《退庐疏稿》卷一。
② 胡思敬:《与三弟幼腴论治书》,载《退庐笺牍》卷一。

清末光、宣之际，在戊戌变法、庚子之变及新政改革等接二连三的政局激荡中，新旧学说纷争杂呈，新旧党徒之间的矛盾日趋激烈，胡思敬对新派权贵倚借新政之名，进行党同伐异、大肆投机钻营的勾当十分痛恨。他多次指出：新政筹款之法，"曰亩捐、曰房捐、曰药税、曰契税、曰烟酒税、曰印花税、曰公债、曰盐斤加价，利柝秋毫，无孔不入，何一不中毒于民。在当事者观之，则元宝也、汇票也、墨圆也，在君子有识者观之，则皆穷民田中之汗、室中之泪、沟中之枯骨耳！""昔之牧民者，劝农桑、擒豪猾、平狱讼、访问民间疾苦，稍有爱惜民誉之心，即可造闾阎之福；今之牧民者，朝奉一札曰尔其开学堂，暮奉一札曰尔其招警兵，俄而停刑讯，俄而办地方自治，百端牵掣，一意诛求，植枯苇于河堧，当四方众流之冲刷不幸溃而生变，疆臣以一疏入告，归罪地方办理不善，轻者撤省，重者罢职，而造言生事之辈，发纵指示之人，安富尊荣如故也"。① 诚然，清政府在末年的变法改革推动了中国社会的发展，然而，变法者中确也有人政治钻营、经济贪鄙，恰成反对变法者攻击的口实，这种状况，实为近代改革运动中的一大遗憾。

在晚清动荡的社会政局中，由于内忧外患的严重危机，一股经世致用的思潮勃然兴起。从林则徐、魏源等经世派提出的"师夷"主张，到李鸿章、郭嵩焘等人的倡办洋务，中经康有为、梁启超领导的维新变法思潮与运动，至八国联军之役后清政府大规模全方位自上而下的新政改革，这实际上都表现出了一股由经世而学西方的进步的新风气。胡思敬毕竟不能脱离他的时代而存在，在亲眼目睹了中国积贫积弱的社会局面后，他也做出了自己对时代的回应。为解决当时的各种社会弊病，他多次提出所谓"兴利不如除害"的观点："自古言政治者，皆云兴利不如除害。所谓害者：强凌弱，众暴寡，钱粮之浮收，胥吏之需索，讼师之唆使，鸦片之流毒，赌馆娼寮之引诱，盗贼之剽窃，一害不除，则吾民一日不安；又一方必有一方恶俗，相沿既久，不觉其非，能留心考察，极力化导革除，亦闾阎莫大之福，此除害之说

① 胡思敬：《覆朱大令书》，载《退庐笺牍》卷一。

也。至所谓兴利,则难言之矣,矿务也、农业也、工艺也,皆所谓利也。此等事非合众力、人人皆知其利而各自为之不能见效;非创办者久于其事、竭八年十年心血、任劳怨忍诟病、尤挟全力趋之亦不能见效;非资本富、辅助多、不畏亏折、坚忍持久,气魄足以举之仍不能见效。今之办农业者,拓地数十亩,有亭、有轩、有池、有沼、有接待所、有试验场,远购东西洋耕种器具、肥料,如豪富人家花园而已;今之办工业者,仿西式建造洋楼房以重赀,雇工制少许洋皂、洋手巾、洋毯、洋烛、洋烟卷、洋铜玩器,岁耗公帑数千金,妆点门面而已。"①可以看出,胡思敬所力倡的实际上是传统政治经验与历史经验相结合的治国之道,并寄望以此来抗拒变法改革的历史潮流。

胡思敬力图从传统中找到救时的武器,这与那些向西方学习者的取向迥然不同。在他看来,"新政已实行者,只剥民攘利、广布私人、大兴土木三事而已"。②他认为,"今日救乱下手之方",在于罢停一切新政,"复科举、罢学堂,尽撤新建各官,杜宵小幸进,节浮费,缓一切无艺之征"。③在入谏台之初,胡思敬充满参政、议政的政治热情,希望能够利用平生所学,施展政治抱负,对清王朝的统治有所裨益。由于多年孜孜于理学的修养工夫,养就了他满腔的道德使命感及敢做敢当、倔强鲠直的性格。他曾对胡思义慨然言道:"宪法是无稽之谈,谘议局是儿戏,所谓选举权、被选举权,举国若狂,如谈梦呓,似此一切厉民之政,吾必抗疏直谏,即他时险遭不测,甘之若饴,无庸惊骇,父母妻子一以托弟,吾何惧哉!"④但是,胡思敬守旧的政治主张,多不被清政府所采纳。对此,胡思敬自然十分不满,同时,摄政王载沣刚愎自用,采取扬满抑汉的皇族集权政策又使他对仕途心生厌倦。不久,他怅然辞官离京。在与友人的信中,他感叹道:"仆初入

---

① 胡思敬:《与三弟幼腴论治书》,载《退庐笺牍》卷一。
② 胡思敬:《覆喻庶三书》,载《退庐笺牍》卷一。
③ 胡思敬:《赠左笏卿序》,载《退庐文集》卷五。左绍佐(1846—1928),字季云,号笏卿,湖北应山人,光绪进士。历任刑部主事、监察御史、广东南韶连兵备道兼管水利事。民国后,入国史馆。有《竹笏日记》《经心书院集》《延龄秘录》等传世。
④ 胡思敬:《与三弟幼腴论治书》,载《退庐笺牍》卷一。

台,亦颇沾沾自喜,再击不中,气且馁矣,天下事何可易言?"①"宪政将成,不得不引身而退,出处大节,曾何易言? 士不苟食,但求其心之所安而已。"②从中可见书生参政的失落与无奈。

从民国时期胡思敬的所思、所为来看,他是一个不折不扣的清室遗民,然而,与大多数遗臣故老不同的是,他并不是以清朝臣子的身份进入民国的。在武昌起义前半年左右,他即已辞官回籍,甘为乡绅。退隐后,胡思敬采取避世的态度,谢绝了南昌地方政府的聘请、延揽,且自号"退庐居士",以表达不涉世事之意。他定居南昌东湖之滨,整日寄身于书海之中,"日课礼记一篇,闭门谢客,不用家丁,妻妾辈相随操作。"③在南昌,胡思敬早曾建造藏书楼,将之命名为"问影楼"。回省后,他尤注重藏书,除了流连于当地书肆,购买许多价格不菲的书籍外,他还多次派人到外地去抄书,并托请友朋广泛搜罗善本、珍本。因此,他的藏书日益丰富,终达 40 余万卷之多,为其赢得了著名藏书家的声望。不仅如此,胡思敬还留心时政,注重对当代史的编纂。当时,他将自己为官时的著述,如《戊戌履霜录》《驴背集》《国闻备乘》等等,加以整理、校辑,并筹划委托朋友付印,"闻长沙刻工甚廉,容日当择其稍有关系者,一二种相托。"④此外,他还与友人相邀,"端午节后,亦拟负笈东游,访古人于海上,凉秋暑退,或顺道登泰岱,谒孔林,采诗料而归,闭户吟哦,聊以自壮。"⑤可以看出,胡思敬所从事的都是为时所称的文化事业,这是他作为一介儒生,在政治失意、走上归隐之路后的自觉行为,深刻体现出他的书生本色。

不仕民国对胡思敬而言,是一个完全合乎逻辑的选择,他不可能将自己一生引以为荣的"清誉""气节"毁在"新朝"的一个职务上,况且其家资也较宽裕,不必为"五斗米"而折腰。当然,心怀前清、自遗

---

① 胡思敬:《答黄申甫笺》,载《退庐笺牍》卷一。
② 胡思敬:《答秦右衡笺》,载《退庐笺牍》卷一。
③ 胡思敬:《与陈考功书》,载《退庐笺牍》卷二。
④ 胡思敬:《复苏员外书》,载《退庐笺牍》卷二。
⑤ 胡思敬:《与刘幼云书》,载《退庐笺牍》卷二。

于世可以说是整个遗老圈共有的文化情愫,但并不是所有人都对"中兴"清室表现活跃,如陈三立、林纾等人,在对待复辟问题的态度上就比较冷静、理性。在他们看来,民国取代清朝是大势所趋、无可挽回,他们所能做到的只是坚守自身的君臣节义,对于民国的种种现象,更多的是一种惆怅与无奈。胡思敬的情形显然有别于此,他在笃守"为子为臣"的本分的同时,挺身而出,在遗民群体中营造小圈子,以历代孤臣孽子"拯救时艰"为己任,为复辟清室,捍卫旧道统、旧文化积极奔走,担当起与新时代、新文化进行对抗的"历史重任"。

从胡思敬一贯的为人来看,他称得上是淡泊名利、严于自律的"君子",综观他在复辟清室活动中的所作所为,也几乎可以排除其图谋个人发展的动机。而他之所以顽固地与那个已经灭亡的清王朝站在一起,坚持政治对抗,主要是其恪守儒家传统的政治伦理道德所决定的。在胡思敬心目中,作为传统伦理道德核心的纲常名教,如"日月经天,江河行地"。[1] 而民国取代清朝,显然是对这种君臣人伦关系的空前挑战和肆意践踏。同时,传统士大夫以天下为己任的使命感及济世救民的责任感也使他无法再静坐书斋。在"辛亥国变"后不久,其在《与马孝先都督书》中曾云:"乱世之人才,不必过为苛刻,但能保障一方,免斯民于涂炭,无论为汉、为满,为君主、为民主,皆可告无罪于天下。"[2]但是,令胡思敬失望的是,"新朝"建立以后,社会并没有因此而趋于安定和繁荣,相反,北洋军阀统治下的民初社会,挂的是共和的羊头,卖的是军阀独裁的狗肉。连年混战,社会动荡不安,人民流离失所,"大兵之后,继以凶年,自建昌、德安沿湖而南,僵尸塞道,十室九不举火。"[3]胡思敬认定,这种社会状况完全是由袁世凯为首的"奸佞巧伪之徒"及"革命乱党"造成的,"我清历年三百,阅十一主,无大失德,监国虽昏,不犹愈于纣乎? 一夫作难,天下瓦解。""生灵荼毒至此","首祸诸奸者"为孙文、黄兴、陈其美、李烈钧、钮永建、

---

① 胡思敬:《答庐贞木书》,载《退庐笺牍》卷四。
② 胡思敬:《与马孝先都督书》,载《退庐笺牍》卷二。
③ 胡思敬:《劝黄子雅戒酒书》,载《退庐笺牍》卷二。

何海鸣、柏文蔚、陈炯明等等。[1] 他慨然言道："士大夫身丁其厄，岂竟漠然无所动于中？"[2]因此，他念念不忘扶持名教，义举勤王。

然而，无论胡思敬如何积极努力、殚精竭虑，复辟清室的图谋也是不可能实现的。同时，与前代遗民相比，清室遗老也多了一层处世的艰难——前代遗民即使受到当道的迫害，但本身所体现出来的士大夫节气，在士大夫阶层和社会中下层中，也还是能得到舆论的赞扬和欣赏的。而时至二十世纪之初，随着清王朝的崩溃，几千年的君主专制制度从此走向灭亡，传统文化所体现的生活方式和价值理念也日渐式微。清室遗民自身所反复强调的节义、生死、伦理等问题，已提不起大众舆论的兴趣和社会的关注。除了自我标榜的遗老圈之外，世俗对遗老则普遍抱有一种抵触情绪，甚至将其作为嘲笑的对象。本身欲张扬士大夫的节操大义，甘遗于世却并未受到世俗的尊敬，而是以一种近乎滑稽的调笑（如讥笑遗老们的脑后之辫）成为世俗的看料，这是前代所未有的。虽然遗臣故老不一定将世俗的臧否放在心上，但却以这样的形象传播人口，当然也有违他们的初衷。

从这里我们看到，清室遗民所处的时代是前代遗民所未经历过的社会政治、经济、文化大变革、大转型的时代，如果说前代遗民经历的是一种改朝换代的痛苦，那么清室遗民绝不仅仅如此，他们所遭受的是整个传统社会价值体系崩溃的折磨。在"易代"这一特殊的历史境遇里，遗民们在故国"中兴"无望的情况下，保持自身的忠孝节义品格、实现道德的自我完成也就成为他们生命价值意义的寄托；但在民初近代化的历史潮流中，不仅清室遗民的"期待"落空，而且他们生存之价值意义也很难得到世俗的承认，这种残酷的道德处境，使清室遗民——这群中国最后一批传统意义上的士大夫文人，仅具个性化的道德自律选择也染上了浓浓的时代悲剧色彩。

眷恋先朝，不肯从新，无论从何种目的出发，带着何种心态，都只

---

[1] 胡思敬：《与陈师傅书》，载《退庐笺牍》卷二。
[2] 胡思敬：《吴中访旧记》，载《退庐文集》卷二。

能被冠以时代落伍者的头衔,成为不合时代潮流的殉道者,这就是清室遗民当时的社会角色。如果我们对清室遗民的最终归宿稍稍留意,不难发现有以下几种:一是怀着强烈的政治诉求,紧跟逊清的废帝溥仪,甚至不惜卖身投敌,成为民族罪人,如郑孝胥、罗振玉等;二是以胡思敬为代表,在复辟清室无望后,从文化上寻找出路,以宣扬"宋五子"之学,重振纲常名教为担当,将政治对抗转化为文化对抗;三是与政治无涉,而是带着面对传统文化的衰落,却又无能为力的悲怆心境直至辞世,如陈三立、林纾等人。但是,遗老们都没有等来先朝的中兴和既有政治秩序、文化秩序的恢复,种种的期待与追求只能随着他们的凄凉离世而终成画饼。就遗民的整体而言,他们都属于旧时代和旧文化,在各种思潮迭起、各式人物辈出的民初政坛,其处世交接、仕或不仕、或生或死,已无关社会文化的主流。而随着时间的流逝,他们大多很快便淡出世俗视线之外,成为一个逐渐被遗忘的边缘政治群体。

不过胡思敬还是幸运的。一是他在江西地方社会中的贡献。作为累世均以儒学相传的地方知识精英,修身、齐家、治国、平天下成为胡思敬尊崇的信条,他积极从事于各种有益乡梓、有益社会的活动:怀着强烈的济世救民情怀,胡氏曾慷慨解囊,捐办"慈仁医局",使新昌贫困的百姓能病有所医,此举可谓惠及乡里,功在国家;他创建的"江西全省图书馆",开辟了近代江西省公共图书馆事业的先河,对文化知识的传播和普及起到了积极的推动作用;其在家乡自费开办的蒙学馆、耐寒馆、盐步书院等等,在新昌及周边地区都负有盛名。这些旧式书院的设立显然有抗拒新思潮、新学说的意味,但其在对传统文化的传承方面也起到了一定的作用。二是他在史学上的成就。胡思敬一生未脱书生气质,他不仅嗜爱读书、藏书,且善著述。凭借着深厚的史学功底,他撰写了大量颇具学术价值和影响力的史学著述,如《戊戌履霜录》《国闻备乘》《驴背集》《盐乘》《圣武记纂误》《王船山〈读通鉴论〉辨正》《丙午厘定官制刍议》《审国病书》《大盗窃国记》,以及编选、刊刻了《问影楼舆地丛书》《豫章丛书》等等,为其赢得了当时杰出史学家的名望。胡思敬的这些所作所为,终让这位遗老没有进入被历史遗忘的运途。

在清末民初的社会大变局中,胡思敬并没有建立过什么可以称道的显赫功业,他只是一名完全坚持儒学传统思想、恪守旧的文化理念的书生。在晚清政坛上,他首先以书生论政的姿态出现,进而开始了他本人的政治生涯。为官十六载,他笃守儒家传统的政治伦理道德,对清王朝统治的存亡及以名教为核心的儒家文化的兴衰表现出深切的关怀。清朝覆亡后,动荡不安的社会时局和儒家传统士人的积极入世精神,使他走出安静的书斋,再次卷入现实政治之中。图谋复辟清室,正是他以民间身份,用一种激烈的方式表达对所谓新朝及所代表的新文化的抗争。而在复辟屡遭失败后,作为一介儒生,他仍自觉地回到文化活动当中,致力于程朱理学,使正学昌明,以期挽救所谓的"世道人心"。

尽管在历史的新陈代谢中,清室遗民终成为新政治、文化环境中的历史陈迹,但毕竟他们曾真实、鲜活地存在过,并与那些引人注目的历史大事件有着千丝万缕的联系,成为历史变迁中不可忽视的力量。把他们呈现出来,对我们更加客观、全面地诠释近代中国历史无疑是十分有利的。通过胡思敬——这位大变局中的一介儒生个体"小历史"的考察,我们可以更为深入地理解这一守旧群体的心态及所蕴含的文化现象,并从他们身上洞悉那个时代的一股脉搏,进而从另一种视角来解读近代中国的变革,也更全面地把握近代社会的进程。

第二节 胡思敬的治史宗旨与特色

近代的中国社会,是一个在西方冲击下大动荡大分化的社会。中国的传统史学处在这样的时代,必然会发生深刻的变化:从以龚自珍、魏源为代表的地主阶级"经世派"对改革社会积弊的认识及所提出的变易思想,到以康有为、梁启超为代表的资产阶级维新派提出的公羊"三世说"和历史进化论及系统的新史学理论,再到以邹容、陈天华、章炳麟为代表的资产阶级革命派把历史进化与革命相联系提出的革命历史观。先进人士不断用新的理论、观点和方法审视历史,促使中国传统史学逐步走上了近代化的道路。显然,胡思敬的史学与上述史学所走的路向不同,他基本沿袭了中国传统史学的治史旨趣与治史方法,其史学著述,无论从内容还是从形式上来说,都属于传统史学的范畴。

胡思敬生逢乱世,对清末民初时局激烈动荡、人民流离失所的社会现实,表示出深切的忧虑和关怀。在他看来,要改变这种现状,须从历史经验中寻找"拯救时艰"之策。概略而言,主要分为两点:一方面,为君王者,应以"国计民生"为重,做到"修心治国",即是要君王"尊儒重道",以圣贤祖训为修身之本,"唯大人为能格君心之非,一正君而国定","德教加于百姓,行于四海";另一方面,为臣工者要恪守为臣之道,即以"安社稷为重",不计个人的荣辱得失,"心不知死生祸福之可趋避也"。① 这一点我们可以通过《丙午厘定官制刍论·自序》有更为深入的理解:

> 凡一代之兴,能平定安集,垂统历一二百年不失者,必其开国之初,英君哲相能斟酌损益,立法以贻子孙也。以唐武后之荒淫,天下无不切齿而卒屹然安堵无事,法未乱也。以宋神宗之英察,亟亟图治而四海骚然,法扰之也。三代以来之治法,至宋而大明,至本朝而大备。当其未坏之初,明珠、和珅、肃顺诸奸相继煽毒,洪、杨窃据半天下,列强合从两陷都城,国本未遽摇也。呜呼!国不亡于权奸、盗寇、敌国,而亡于一二鼓煽新法之群小。追其祸变之由,始于何人,萌于何日?虽当时身居朝列者,莫能尽详其本末。再阅时历日,稗乘流传,是非颠倒,其何以传信后

---

① 《王船山〈读通鉴论〉辨正》卷下。

世耶？近世持清议者多归罪南皮张氏，张氏以文士出绾疆符，好大喜功，不过藉以表异于众，非真有毒害天下之心也。物必先腐而后虫生，自辽东丧师，上海时务报出，士论始嚣，再经戊戌、庚子两变，外侮、内阋一反一激而奸人得所藉手，至丙午五大臣考察宪政归，袁世凯挟兵入京，变六官为十部，祖制尽堕，祸乃大稔，虽有智者不能善其后矣。①

在胡思敬心目中，"三代以来之治法，至宋而大明，至本朝而大备"。这种崇古的历史观正是其保守思想产生的温床。而胡思敬一再强调的"人君向学"，取法先王，以挽救"世运人心"的论调，显然与中国社会的近代化趋势背道而驰。

胡思敬的史学思想，遵从的是传统的经世致用的学术旨趣。冯天瑜、黄长义在《晚清经世实学》一文指出，"经世致用"是我国古代学术研究的悠久传统。所谓"经世"，亦即经国济世、经世致用之意。用《左传》和《周礼》中的话来说，就是"经国家"、②"经邦国"。③ 在先秦典籍中，"经"字往往与"纶"字并用，含有"匡济"之义，如《周易·屯卦·象传》中云："云雷屯，君子以经纶。"《中庸》中有进一步的发挥："惟天下至诚，为能经纶天下之大经，立天下之大本，知天下之化育。"朱熹注曰："经纶，皆治丝之事。经者，理其绪而分之；纶者，比其类而合之也。"即将丝按类分理为经，按类合一为纶，"经纶"引申为"治理"之意。"经世"并用，首见于《庄子·齐物论》："六合之外，圣人存而不论；六合之内，圣人论而不议；春秋经世，先王之志，圣人议而不辩。"后世学者大多以经国济世，或经世致用来界定"经世"，使"经世"成为中国传统文化中的一种重要观念。④ 概略言之，所谓"经世"，即以"入世"为前提，"致用"为旨趣，引导人们在现实世界"立德、立功、立言"，

① 胡思敬：《自序》，载《丙午厘定官制刍论》卷首。
② 《左传·隐公十一年》，《十三经注疏》，中华书局1980年影印本。
③ 《周礼·天官·大宰》，《十三经注疏》，中华书局1980年影印本。
④ 冯天瑜、黄长义：《晚清经世实学》，上海社会科学出版社2002年版，第2页。

治理社会的秩序,谋求民众的安宁,实现自己的价值,达到"三不朽"的人生境界。这种经世精神主要表现为人生态度上的积极涉世精神及政治理想中的奋发经世作风。

较早以历史著述作为经世工具干预现实,并产生重大历史影响的莫过于孔子修《春秋》。而《春秋》之所以成为儒家最重要的经典著作,与其积极的经世致用是分不开的。此后,历代学人,如贾谊、司马迁、刘知几、刘勰等等,不断对史学的社会功能加以阐发,将史学与现实紧密地联系在一起,从而形成了较为系统的史学经世思想。胡思敬早年治学、为官,即已形成很大的政治抱负,希望能够发挥自己的才能,对清王朝的统治有所裨益,实现儒家修、齐、治、平的政治理想。然而,他一生在仕途上始终郁郁不得志,可谓是空有报国之志,而无报国之门,他常感叹:"有经世之略,未尽其用。"在这种情况下,怀着强烈忧国忧民之心的胡思敬便自觉地投入到史学活动当中,以学术经世、匡济天下为宗旨,寻求良方,医治社会之"病痛"。从对其史学著述的分析中,我们可以看到,立足当世之务,注重对当代史的编纂,以探索国家治乱之源与生民根本之计是胡氏史学研究的重点。从其史学思想上看,胡思敬重视史学的"资治、教化"的社会功用,并以儒家的纲常礼教思想为标准,评论历史是非,深刻体现出以史为鉴、经世致用的治史理念。如《国闻备乘》以掌故笔记的形式着重记载了清廷在末年的新政改革,对政治改革的得失及历史人物的政治活动,言之最详,并将自己对时局的见解淋漓尽致地表现出来。在是书的《自序》中,他坦言,"士非忧患不能著书,不经乱世亦不能尽人情之变"。"聊存此篇,备异时史官采择,庶为恶者知所戒,而好善者交勉。人情变极思迁,亦转移风气之一道也"。[①] 又如,在义和团运动期间,胡思敬厕身战乱,面对国难时艰,怀着强烈的经世的治学理念,撰写《驴背集》,记述的重点包括义和团的源流和义和团运动的起因、清政府对义和团的政策与义和团运动的发展、八国联军侵华与中国军民的反

---

① 《国闻备乘·自序》。

侵略斗争、南方诸省的"东南互保"以及义和团运动的失败及《辛丑条约》的签订等内容。在《驴背集·自序》中，他有云："昔人言，诗思在驴子背上，予此诗多于驴背得之，意境适与之同，然京洛烟尘，较之灞桥风雪，所处固不侔矣……戎马倥偬之中，非敢慕前贤风雅，痛定思痛，亦毋忘在莒之意耳。"① 清朝覆亡后，胡思敬写下《审国病书》《大盗窃国记》等著作，目的是"使后之有天下者，得以见微知著，制治于未乱，保邦于未危"。② 这里所表现出的经世思想都是极其明显的。此外，在纂修地方志《盐乘》过程中，也贯穿着作者服务现实的旨趣，在《例言》中他写道："（编纂《盐乘》）事属草创，未敢信为完备，然就此以验各乡土田之肥瘠，门户之盛衰，村落之广狭，善治民者按籍而稽之，百里之内，了如指掌，政教并施，可不劳而理矣。"③ 而胡思敬费尽心力，编选、刊刻《问影楼舆地丛书》《豫章丛书》最重要的动机，也是为了寄托襟抱、黾勉来者，期望能够经国济世。

　　胡思敬既然以经世为史学宗旨，那么他的史著就必然体现其政治主张，于是记事取材、发表议论，充满守旧倾向，这正是其著述倍受訾议之处。但值得注意的是，胡思敬的史学思想中，具有不完全依从政治立场的相对独立的史学准则。《驴背集》中多次揭露慈禧太后及载漪、徐桐、刚毅等人，为了一己私利，甘冒天下之大不韪，支持用最愚昧的神术来"扶清灭洋"。这帮人主动围攻使馆，主动向列强宣战，把敢于直谏其蠢行的五大臣斩首，闯下八国联军入侵、首都再次被占领、赔付巨款、几乎亡国的大祸。《国闻备乘》则对清季政治、吏治的腐败问题做整体性揭露与批判，对皇亲贵胄及封疆大吏的腐败劣迹无不用犀利的笔锋点名指摘，甚至对慈禧太后、载沣等最高统治者也予以尖锐的批评，不惜揭露其丑恶面目。这种撰史态度，是清末诸多守旧官员中的特例。

　　对于终生以清朝臣子自居的胡思敬而言，之所以能够不避大不

---

① 《驴背集·自序》。
② 《审国病书·跋》。
③ 《盐乘·例言》。

敬之嫌,在当代史著述中直击清廷最高统治者的荒淫无耻和统治集团的弊政,是与其浓厚的"尊史"观念及强烈的史家角色意识密切相关的。在胡思敬的心目中,史学享有非常崇高的地位。在他看来,历史记载不仅涵盖了一个国家、民族的奋斗经历、成功经验及失败教训,是关乎国家、民族生死存亡的大事,而且可以从中探求历代治乱兴衰的根源,从而能够鉴往训今、明道救世。在与友人的信札中,他写道:"一朝之文献典章,累叶圣人行政用人之得失,君子小人数百年盛衰起伏之机,皆藉吾文字以传。""王者操一时赏罚之权而四民恃之以安",而史家则"操万世赏罚之权而学术、风俗、人心均赖之以正"。故而"我辈所争者,在千秋不在一日,在民物不在一身",因此,"不必栖栖皇皇以事功为急也,风雨如晦,鸡鸣不已。"①这里深刻体现出其对史学社会价值的认识,同时表明胡思敬把史家的职责看得是很神圣的,并且他也勇于以"操万世赏罚之权"的史家自任,相信自己的史著会传之后世,发挥重要作用。这种尊史的情怀与神圣的史家责任感,不仅决定了其撰述史著的态度是郑重、认真的,而且也使其在历史记载上避免了愚忠于某一代君主或某一个王朝的偏狭观念。

胡思敬受中国传统文化影响极深,具备如实记载史事的意识。他十分赞赏春秋时期"君举必书""书法不隐"的观念,在和朋友们的书信往来中,他屡次指出撰写史书,要"据事直笔",认为"言官可以风闻言事,史官不能以风闻著书"。② 而在撰写当代史的过程中,也寄托着其"存掌故、留真史"的期望。1913 年,胡思敬在将其部分著述付南昌退庐刊印时曾说,《丙午厘定官制刍论》《戊戌履霜录》《驴背集》等史著,所载"皆实录也","皆可存一时掌故,故刻而藏之,俟后世修史者采焉。"③褒扬信史、鞭挞秽史,是中国史学的优良传统,胡思敬继承了这一传统。在《国闻备乘·例言》中他曾言:"古人讳尊、讳亲之说,亦为过小者言之;若大恶可讳,则桀、纣之残暴谁为播扬于后世乎!

---

① 胡思敬:《答胡雪抱书》,载《退庐笺牍》卷四。
② 胡思敬:《〈湘潭志〉前后印本不符》,载《国闻备乘》卷三。
③ 《戊戌履霜录》卷首。

周公诛管、蔡，亲加刃于其躬，尚无不可，更何论死后之褒讥！操史笔者，但不当掉弄楮墨以快一己之私仇，他非所惧也。窃守此义，以待来者。"①这充分表达了胡思敬将史学看成具有一种独立准则、独立地位的思想。即在传信万世、鉴戒百代的史学宗旨下，历史记载应求直笔，传信史，在大是大非问题上不为君亲隐讳。在中国史学史上，记载史事是否属实，并不决定于其政治思想的先进与否，而是更多地取决于载笔人具有多大程度的直书、实录理念。司马光虽是坚决反对变法的守旧派，但纂修《资治通鉴》则仍能遵循信史准则，即为明证。而激进的革命人士出于宣传目的，也会写出不实之辞。如梁启超撰写的《戊戌政变记》，就存在隐恶虚美的现象，梁氏极力美化光绪帝，颂扬其"圣德"，致使部分史料记载真假难辨。胡思敬虽然思想守旧，但在传统道德、传统史学理念的指导下，他也会如实揭示一些主要的历史真相，因此，只鉴于其逆潮流而动的政治思想，便对其所撰史著不加重视，这种因人废言的态度显然是偏颇的。从学术的角度而言，对革命派与保守派史家的史著不应取此弃彼，而要加以辩证地考察和分析，这正是我们剖析胡氏史著的意义所在。

　　胡思敬在论史时，最常用的方法是归纳法和比较法。众所周知，历史事件往往是由许多因素共同作用的结果，因而历史研究也就势必要对这些因素加以综合、分析、归纳，以得出符合历史实际的结论。胡思敬论史，擅长从众多史料中，归纳综合，纵横贯穿，或论风气之递嬗，或述祸乱之终始，或言一朝之文物制度，或叙历史之兴衰变化，以理出历史发展之大势。同时，胡氏还善于运用比较的方法把握、评论历史。他运用这一方法，纵论古今历史变迁、人物沉浮，由表及里，去伪存真，得出了许多富有新意的结论。在《国闻备乘》《驴背集》《审国病书》《王船山〈读通鉴论〉辨正》等史著中，用归纳法、比较法论史的例子俯拾皆是，前文对此已有过较为详细的论述，兹不赘言。胡氏运用这两种方法探求古今治乱兴衰，提出许多发人深思的问题，显示了

①《国闻备乘·例言》。

其擅长理论思维的学术个性,这应是值得肯定的。此外,在史书编纂形式上,胡思敬依然采用传统的体裁著史,但在编纂技术上还是有很多创新之处的。如《戊戌履霜录》融编年体、纪事本末体、记言专篇以及志、传、表等各种体裁于一书,有助于全面反映戊戌变法整个过程;《盐乘》在史法义例方面也有很多独到之处,尤其对人物志、艺文志、氏族志的编次上颇具特色,这些处理都较为科学、合理。这样胡思敬在继承传统史学的同时,也为传统史学的改革做了一件有益的工作。

就胡思敬的思想历程而言,虽说其思想中保守的成分一直占据主要地位,但在传统文明与近代文明既斗争又相融合的纷杂局面中,他的思想还是有一定的变化。清末之际,他曾认识到代表近代科技文化的"西学"在某些方面是有优长之处的,并愿意从洋人那里吸取某些长处,以弥补中华之不足。这实际上与洋务派"中学为体,西学为用"的思想是一脉相承的。然而,民国取代清朝,是对胡思敬的伦理道德观念的空前挑战和肆意践踏,进而他将传统文化的衰落归因于一切外来事物的渗入。这导致其仇视西方文明,憎恶民国发生的一切变革。胡思敬思想脉络的变化,对其史学研究产生了很大的影响。清亡前,胡氏史学思想中"存留掌故、传信后世"的意识浓厚,而他虽然思想守旧,但并非事事顽固不化,其对维新变法在一定程度上是可以接纳的。如在《国闻备乘》一书中,他曾作《李文忠办洋务成效》一文,对李鸿章在洋务运动期间大办实业的做法予以赞扬;而在《戊戌履霜录》中,他也着意将参与变法的二十七人分为"康党"与"新党"两类。"新党"均为主张变法者,胡氏对陈宝箴、陈三立、吴大澂等十八位"新党"人物,因"堕康党术中"而"牵率得祸"的遭遇,表示出一定的惋惜之情,他甚至在奏疏中称"戊戌六君子"中的刘光第、杨锐二人,"素行敦谨,尚非一意附和,颇有可惜",流露出愿为其"剖白昭雪"之意。① 与以往"易代"不同,清王朝的崩溃已不再是简单的王朝更

---

① 胡思敬:《请禁止国事犯名词折》,载《退庐疏稿》卷四。

替,而被赋予了更多的文化象征意义。几千年君主专制制度从此走向灭亡,根深蒂固的传统文化也面临着空前的挑战。身处这样的大变局中,胡思敬对既有文化的情感更为炽热,他慨然道:"近事不师古,官师皆失其职"。"邪说张,礼教之防大溃。""国学既废,鹿洞、鹅湖先贤讲学之地,亦皆鞠为茂草。""我而为农、为工、为商也,则亦各勤所业,求无大过而止;我而靦然为士大夫也,坐视风俗、人心之坏,诿曰世变使然,于我无责,其将可乎?殆不可也。"①此时,胡思敬经世致用的史学理念更为强烈,他企图通过撰史立说,来宣扬"宋五子"之学,以重振纲常名教,达到重取山河的长远目的。因此我们可以看到,在胡思敬这一时期的史著中,表彰忠烈、高扬气节、口诛失义、笔伐权奸之语随处可见。甚至在编刻《豫章丛书》的过程中,由于胡氏过分强调史学干预现实的社会功用,在一定程度上混淆了学术研究与现实政治的关系,导致他触犯了"古书原貌不可轻改"的出版禁忌,对原书有所删削,虽然这种现象在丛书中并不多见,但显然给丛书的学术性造成了一定的消极影响。

在考察清末民初传统史学向近代史学转变的历程时,保守人物的史学与思想,作为这一阶段史学发展的组成部分,理应择要剖析。胡思敬作为近代保守派学人中主要代表人物,他的史学与思想具有一种典型性,在中国史学史和思想史上具有一定的意义和价值。在近代政治、经济、文化大变革、大转型的时代,胡思敬一味固守传统,不思变通,抗拒史学近代化的潮流,这显然是极其迂腐顽固且与时相悖的。但不可否认,传统史学思想及史学价值观当中是有其精华所在的。陈其泰曾指出:"传统史学中固然有大量的糟粕,同时又蕴藏着许多精华,传统之中有近代因素的孕育。当外来文化大量输入的历史关头,这些宝贵的近代因素被当时敏锐的学者所重视、所发扬,成为他们吸收外来进步文化的内在基础,并在与外来成分相糅合的过程中得到升华。这些近代因素的孕育及其发扬,便成为传统史学

---

① 胡思敬:《致沈乙盦书》,载《退庐笺牍》卷四。

向近代史学转变的中介。"①因此,我们对胡思敬史学与思想应进行实事求是的分析与鉴别,在抛弃糟粕的同时,吸收、借鉴那些优长之处。如在其史著中所表现出的"尊史"观念及将史学看成具有一种相对独立准则、独立地位的思想,便是非常宝贵的。胡氏一丝不苟、缜密严谨的治学态度与治学精神也是值得称道的,而其所一再强调的经世致用的为学精神及济世救民的社会责任感也有值得慎审思辨之处。此外,胡思敬尤为关注的伦理道德、社会秩序、风气人心、吏治清明等因素对治理国家的重要作用,无疑都是中国近代化道路进程中应该注意的地方。总之,只有做好这种"扬弃"的工作,继承传统文化中具有生命力的珍品,才能更好地创新与发展当代文化。

---

① 陈其泰:《中国近代史学》,白寿彝主编《中国史学史》,上海人民出版社 2006 年版,第 371 页。

参考文献

一、基本史料

胡思敬:《退庐文集》,南昌退庐 1924 年刊本。

胡思敬:《退庐诗集》,南昌退庐 1924 年刊本。

胡思敬:《退庐笺牍》,南昌退庐 1924 年刊本。

胡思敬:《退庐疏稿》,南昌退庐 1913 年刊本。

胡思敬:《戊戌履霜录》,南昌退庐 1913 年刊本。

胡思敬:《驴背集》,南昌退庐 1913 年刊本。

胡思敬:《国闻备乘》,南昌退庐 1924 年刊本。

胡思敬:《丙午厘定官制刍论》,南昌退庐 1920 年刊本。

胡思敬:《王船山〈读通鉴论〉辨正》,南昌退庐 1913 年刊本。

胡思敬:《盐乘》,南昌退庐 1917 年刊本。

胡思敬:《审国病书》,南昌退庐 1923 年刊本。

胡思敬:《大盗窃国记》,南昌退庐 1923 年刊本。

胡思敬:《九朝新语》(附《十朝新语外编》),南昌退庐 1924 年刊本。

胡思敬编:《问影楼舆地丛书》(共 15 种,44 卷),光绪三十四年(1908
　　年)京师仿聚珍铅印本。

胡思敬编:《豫章丛书》,杭州古籍书店、南昌古旧书店 1985 年影
　　印本。

《十三经注疏》,中华书局 1980 年影印本。

朱寿朋编:《光绪朝东华录》,中华书局 1958 年版。

《清文宗实录》,中华书局 1986 年影印本。

《清穆宗实录》，中华书局 1987 年影印本。

《清德宗实录》，中华书局 1987 年影印本。

《清实录·宣统政纪》，中华书局 1987 年影印本。

沈桐生编：《光绪政要》，沈云龙主编《近代中国史料丛刊》第三十四
　　辑，台湾文海出版社 1985 年版。

故宫博物院明清档案部编：《清末筹备立宪档案史料》，中华书局 1979
　　年版。

刘锦藻编：《清朝续文献通考》，浙江古籍出版社 1988 年版。

中国史学会主编：《洋务运动》（中国近代史资料丛刊），上海人民出版
　　社 1961 年版。

中国史学会主编：《戊戌变法》（中国近代史资料丛刊），神州国光社
　　1953 年版。

中国史学会主编：《义和团》（中国近代史资料丛刊），神州国光社 1951
　　年版。

杨家骆编：《戊戌变法文献汇编》，鼎文书局 1973 年版。

《北洋军阀史料》，袁世凯卷，天津古籍出版社 1992 年版。

《北洋军阀史料》，徐世昌卷，天津古籍出版社 1996 年版。

胡滨译：《英国蓝皮书有关义和团运动资料选译》，中华书局 1980
　　年版。

吴宗慈主编：《江西通志稿》，江西通志馆 1946 年刊本。

朱保炯、谢沛霖编：《明清进士题名碑录索引》，上海古籍出版社 1980
　　年版。

民国政治教育部编：《第一次中国教育年鉴》，开明书店 1934 年版。

蔡仲和编：《江西省会各图书馆概况调查表》，江西省立图书馆 1933
　　年刊本。

李颙：《二曲集》，中华书局 1996 年版。

归庄：《归庄集》，上海古籍出版社 1962 年版。

章学诚：《章氏遗书》，吴兴刘氏嘉业堂 1922 年刻本。

倭仁：《倭文端公遗书》，沈云龙主编《近代中国史料丛刊》第三十四

辑,台湾文海出版社 1969 年版。

端方:《端忠敏公奏稿》,沈云龙主编《近代中国史料丛刊》第十辑,台湾文海出版社 1966 年版。

袁世凯撰、沈祖宪编:《养寿园奏议辑要》,项城袁氏宗祠 1937 年刻本。

魏元旷:《魏氏全书》,1933 年刊本,中国国家图书馆藏。

胡思义:《陟冈集》,江西新昌胡氏,民国铅印本,中国国家图书馆藏。

李瑞清:《清道人遗集》,1939 年铅印本,中国国家图书馆藏。

赵炳麟:《赵伯严集》,沈云龙主编《近代中国史料丛刊》第三十一辑,台湾文海出版社 1969 年版。

魏元戴:《沧江岁晚集》,沈云龙主编《近代中国史料丛刊》第九十五辑,台湾文海出版社 1969 年版。

章梫:《一山文存》,沈云龙主编《近代中国史料丛刊》第三十三辑,台湾文海出版社 1969 年版。

郭嵩焘:《郭嵩焘诗文集》,岳麓书社 1984 年版。

文廷式:《文廷式文集》,中华书局 1993 年版。

陈三立著、李开军点校:《散原精舍诗文集》,上海古籍出版社 2003 年版。

严复:《严复集》,中华书局 1986 年版。

魏源:《圣武记》,中华书局 1984 年版。

夏燮:《中西纪事》,岳麓书社 1988 年版。

梁廷枏:《夷氛闻记》,中华书局 1959 年版。

冯桂芬:《校邠庐抗议》,上海书店出版社 2002 年版。

张之洞:《劝学篇》,两湖书院光绪二十四年刊本。

康有为:《孔子改制考》,中华书局 1958 年版。

利玛窦、金尼阁:《利玛窦中国札记》,何高济、王遵仲、李申译,中华书局 1983 年版。

载泽:《考察政治日记》,岳麓书社 1986 年版。

戴鸿慈:《出使九国日记》,岳麓书社 1986 年版。

翁同龢：《翁文恭公日记》，商务印书馆 1925 年影印本。

郑孝胥：《郑孝胥日记》，中华书局 1993 年版。

罗振玉：《雪堂自述》，江苏人民出版社 1999 年版。

康有为：《康南海自编年谱》，中华书局 1992 年版。

吴天任编：《清何翙高先生国炎年谱》，台湾商务印书馆 1981 年版。

朱羲胄编：《贞文先生年谱》，世界书局 1949 年版。

汤志钧编：《章太炎年谱长编》，中华书局 1979 年版。

杨克己编：《民国康长素先生有为、梁任公先生启超师生合谱》，台湾
    商务印书馆 1982 年版。

孙敦恒编：《王国维年谱新编》，中国文史出版社 1991 年版。

费行简：《当代名人小传》，沈云龙主编《近代中国史料丛刊》三编第八
    辑，台湾文海出版社 1986 年版。

吴永口述、刘治襄整理：《庚子西狩丛谈》，岳麓书社 1985 年版。

金梁：《光宣小记》，上海书店出版社 1998 年版。

陈赣一：《睇向斋秘箓》，文明书局 1922 年版。

陈赣一：《新语林》，上海书店出版社 1997 年版。

刘成禺：《世载堂杂忆》，中华书局 1960 年版。

李慈铭：《越缦堂读书记》，中华书局 2006 年版。

徐珂：《清稗类钞》，中华书局 1984 年版。

张一麐：《古红梅阁笔记》，上海书店出版社 1998 年版。

孙宝瑄：《忘山庐日记》，上海古籍出版社 1983 年版。

王闿运：《湘绮楼日记》，岳麓书社 1997 年版。

林纾：《畏庐续集》，上海书店出版社 1989 年版。

刘声木：《苌楚斋随笔、续笔、三笔、四笔、五笔》，中华书局 1998 年版。

李慈铭：《越缦堂日记》，上海商务印书馆 1920 年版。

恽毓鼎：《崇陵传信录》，中华书局 2007 年版。

刘体仁：《异辞录》，中华书局 1984 年版。

陈夔龙：《梦蕉亭杂记》，上海古籍出版社 1983 年版。

张国淦：《北洋述闻》，上海书店出版社 1998 年版。

［澳］骆惠敏编：《清末民初政情内幕》，刘桂梁等译，上海知识出版社1986年版。

闵尔昌编：《碑传集补》，台湾文海出版社1980年影印本。

卞孝萱、唐文权编：《辛亥人物碑传集》，团结出版社1991年版。

汪兆镛编：《碑传集三编》，上海古籍出版社1987年出版。

陈永正编：《康有为诗文选》，广东人民出版社1983年版。

陈引驰主编：《梁启超学术论著集·传记卷》，华东师范大学出版社1998年版。

陈寅恪：《陈寅恪诗集》，清华大学出版社1993年版。

胡迎建：《近代江西诗话》，百花洲文艺出版社1994年版。

辛增明：《宜丰史话》，宜丰县哲学社会科学学会联合会1988年刊印。

中国人民政治协商会议江西省奉新县委员会文史资料研究委员会编：《张勋史料》，《奉新文史资料》第二辑。

宜丰县政协文史资料研究委员会地方史志编纂委员会编：《状元姚勉》，《宜丰文史资料》第四辑。

荣孟源、章伯锋主编：《近代稗海》，四川人民出版社1985年版。

冯自由：《革命逸史》，中华书局1981年版。

车吉心主编：《民国轶事》，泰山出版社2004年版。

中国人民政治协商会议全国委员会文史资料研究委员会编：《晚清宫廷生活见闻》，文史资料出版社1982年版。

孙毓筠：《复辟阴谋纪实》，《中华新报》，1917年7月17日。

蔡元培：《致〈公言报〉并答林琴南君函》，《公言报》，1919年4月1日。

陈独秀：《〈新青年〉罪案之答辩书》，《新青年》，第6卷第1号。

周维新：《胡思敬传》，《江西文物》，1941年1月创刊号。

冷汰：《丁巳复辟记》，《近代史资料》总第18号，中华书局1958年。

刘锋整理：《升允复辟阴谋》，《近代史资料》总第35号，中华书局1965年。

武志平整理：《胡思敬致刘廷琛函》，《近代史资料》总第35号，中华书局1965年。

史华整理:《张勋藏札》,《近代史资料》总第 35 号,中华书局 1965 年。

杨凡译:《林权助笔下的张勋复辟》,《近代史资料》总第 35 号,中华书
    局 1965 年。

沈曾植:《沈曾植函稿》,《近代史资料》总第 35 号,中华书局 1965 年。

张达骧:《我所知道的徐世昌》,文史资料选辑第 48 册,合订本第 17
    册,中国人民政治协商会议全国委员会、文史资料研究委员会
    编,中国文史出版社 1986 年版。

二、相关著作

梁启超:《中国近三百年学术史》,东方出版社 1996 年版。

梁启超:《清代学术概论》,岳麓书社 1985 年版。

钱穆:《中国近三百年学术史》,商务印书馆 1997 年版。

冯友兰:《新理学》,上海商务印书馆 1939 年版。

傅杰编:《王国维论学集》,中国社会科学出版社 1997 年版。

殷海光:《中国文化的展望》,中国和平出版社 1988 年版。

白寿彝:《中国史学史论集》,中华书局 1999 年版。

白寿彝:《中国史学史》,上海人民出版社 2006 年版。

吴泽、杨翼骧:《中国历史大辞典·史学史卷》,上海辞书出版社 1983
    年版。

杨翼骧:《学忍堂文集》,中华书局 2002 年版。

杨翼骧:《中国史学史讲义》,天津古籍出版社 2006 年版。

施丁:《中国史学简史》,中州古籍出版社 1987 年版。

饶宗颐:《中国史学上之正统论》,上海远东出版社 1996 年版。

瞿林东:《中国古代史学批评纵横》,中华书局 1994 年版。

瞿林东:《中国史学史纲》,北京出版社 1999 年版。

瞿林东:《中国史学通论》,武汉出版社 2006 年版。

陈其泰:《中国近代史学的历程》,河南人民出版社 1994 年版。

陈其泰:《史学与中国文化传统》,学苑出版社 1999 年版。

陈其泰:《史学与民族精神》,学苑出版社 1999 年版。

乔治忠:《清朝官方史学研究》,台湾文津出版社 1994 年版。

乔治忠:《中国官方史学与私家史学》,北京图书馆出版社 2008 年版。

姜胜利:《清人明史学研究》,南开出版社 1997 年版。

乔治忠、姜胜利:《中国史学史研究述要》,天津教育出版社 1996 年版。

张国刚、乔治忠:《中国学术史》,东方出版中心 2002 年版。

谢保成:《中国史学史》,商务印书馆 2006 年版。

罗澍伟:《近代天津城市史》,中国社会科学出版社 1993 年版。

朱政惠:《史之心旅——关于时代和史学的思考》,华东师范大学出版社 1996 年版。

王学典:《20 世纪中国史学评论》,山东人民出版社 2002 年版。

胡逢祥、张文建:《中国近代史学思潮与流派》,华东师范大学出版社 1991 年版。

胡逢祥:《社会变革与文化传统》,上海人民出版社 2000 年版。

汤勤福:《中国史学史》,山西教育出版社 2001 年版。

吴怀祺:《史学理论与史学史研究》,福建人民出版社 1996 年版。

谢贵安:《中国史学史散论》,湖北人民出版社 2004 年版。

朱端强:《布衣史官——万斯同传》,浙江人民出版社 2006 年版。

李振宏:《历史学的理论与方法》,河南大学出版社 1999 年版。

唐文治序、蒋伯潜解:《四书读本》,启明书局 1941 年版。

邬国义:《国语译注》,上海古籍出版社 1994 年版。

路新生:《中国近三百年疑古思潮研究》,上海人民出版社 2001 年版。

向燕南:《中国史学思想史·明代卷》,黄山书社 2000 年版。

王记录:《中国史学思想史·清代卷》,黄山书社 2002 年版。

陈鹏鸣:《中国史学思想史·近代前卷》,黄山书社 2002 年版。

费正清、刘广京编,中国社会科学院历史研究所编译室译:《剑桥中国晚清史》,中国社会科学出版社 1993 年版。

张仲礼:《中国绅士——关于其在 19 世纪中国社会中作用的研究》,上海社会科学院出版社 1991 年版。

刘善章、刘忠世主编:《康有为研究论集》,青岛出版社 1998 年版。

孙广德：《晚清传统与西化的争论》，台湾商务印书馆 1982 年版。

李时岳、胡滨：《从闭关到开放——晚清"洋务"热透视》，人民出版社
　　1988 年版。

陈旭麓：《近代中国社会的新陈代谢》，上海人民出版社 1992 年版。

袁伟时：《帝国落日——晚清大变局》，江西人民出版社 2003 年版。

张岂之、陈国庆：《近代伦理思想的变迁》，中华书局 2000 年版。

朱维铮：《走出中世纪》，上海人民出版社 1987 年版。

王宏斌：《清代前期海防：思想与制度》，社会科学文献出版社 2002
　　年版。

朱绍侯主编：《中国古代史》，福建人民出版社 1990 年版。

李侃、李时岳等主编：《中国近代史》，中华书局 1999 年版。

蒋廷黻：《中国近代史》，岳麓书社 1999 年版。

来新夏：《北洋军阀史稿》，湖北人民出版社 1983 年版。

李云泉：《中西文化关系史》，泰山出版社 1997 年版。

戚其章：《中国近代社会思潮史》，山东教育出版社 1994 年版。

石泉：《甲午战争前后之晚清政局》，生活·读书·新知三联书店 1997
　　年版。

汤志钧：《戊戌变法史》，人民出版社 1984 年版。

孔祥吉：《戊戌维新运动新探》，湖南人民出版社 1988 年版。

茅海建：《戊戌变法史实考》，生活·读书·新知三联书店 2005 年版。

王晓秋、尚小明：《戊戌维新与清末新政——晚清改革史研究》，北京
　　大学出版社 1998 年版。

李立锋：《悲凉绝唱——关于晚清改革的历史沉思》，南京大学出版社
　　2000 年版。

文长宗：《张勋丑史》，中华书局 1980 年版。

唐德刚：《晚清七十年》，岳麓书社 1999 年版。

郑师渠：《晚清国粹派文化思想研究》，北京师范大学出版社 1997
　　年版。

冯天瑜、黄长义：《晚清经世实学》，上海社会科学院出版社 2002 年版。

吕实强：《中国官绅反教的原因(1860—1874)》，台北中央研究院近代史研究所专刊(16)，1985 年版。

张宇权：《晚清外交官刘锡鸿研究》，天津古籍出版社 2004 年版。

李细珠：《晚清保守思想的原型——倭仁研究》，社会科学文献出版社 2000 年版。

李兰琴：《汤若望传》，东方出版社 1995 年版。

王先明：《近代绅士——一个封建阶层的历史命运》，天津人民出版社 1997 年版。

徐茂明：《江南士绅与江南社会（1368—1911）》，商务印书馆 2004 年版。

许怀林：《江西史稿》，江西高校出版社 1998 年版。

[法]亚·德·托克维尔：《旧制度与大革命》，冯棠译，商务印书馆 1992 年版。

三、论文

罗志田：《民国史研究的"倒放电影"倾向》，《社会科学研究》，1999 年第 4 期。

罗志田：《新旧之间：近代中国的多个世界及"失语"群体》，《四川大学学报》，1999 年第 6 期。

王开玺：《清统治集团的君主立宪论与晚清政局》，《北京师范大学学报》，1990 年第 5 期。

吴祥瑞：《胡思敬与"退庐"藏书》，《赣图通讯》，1984 年第 4 期。

熊步成：《也谈胡思敬——兼与吴祥瑞君商榷》，《江西图书馆学刊》，1986 年第 1 期。

王紫林：《江西省通俗图书馆成立年代考证》，《江西图书馆学刊》，1989 年第 3 期。

王书红：《退庐图书馆始末》，《江西图书馆学刊》，1995 年第 4 期。

王书红：《胡思敬藏书综考》，《江西图书馆学刊》，1996 年第 3 期。

喻剑庚：《简说胡辑〈豫章丛书〉的特点》，《江西大学学报》，1988 年第 4 期。

肖玲:《〈豫章丛书〉校勘题识考析》,《江西图书馆学刊》,1990 年第 1 期。

姚公骞:《〈两刻豫章丛书题记〉序》,《南昌大学学报》,1996 年第 6 期。

包礼祥:《胡思敬的刻书思想》,《江西财经大学学报》,2003 年第 4 期。

龚汝富:《略论胡思敬的文化保守主义及其诗文》,《江西教育学院学报》,2001 年第 10 期。

朱政惠:《胡思敬与〈戊戌履霜录〉》,《青年史学》,1982 年第 7 期。

朱政惠:《胡思敬的〈盐乘〉——对近代正统派史著的一个剖析》,《青年史学》,1982 年第 9 期。

乔治忠、李泽昊:《胡思敬撰述〈国闻备乘〉初探》,《史学史研究》,2008 年第 4 期。

郭大松:《民族性、时代性与晚清中国社会爱国主义辨析》,《山东师范大学学报》,2008 年第 1 期。

郭大松:《义和团运动与近代中国爱国主义论纲》,《商丘师范学院学报》,2003 年第 3 期。

魏永生:《晚清"汉宋调和"原因析论》,《东方论坛》,2002 年第 2 期。

魏永生、李泽昊:《徐世昌与清末东北军事改革》,《山东师范大学学报》,2008 年第 4 期。

蔡晓荣、张英明:《江西士绅与太平天国运动》,《江西师范大学学报》,2001 年第 3 期。

王雷:《民初前清遗老圈政治心态浅析》,《哈尔滨学院学报》,2004 年第 12 期。

闾小波:《论"百日维新"前的变法及其历史地位》,《学术月刊》,1993 年第 3 期。

傅道彬、王秀臣:《郑孝胥和晚清文人的文化遗民情结》,《北方论丛》,2002 年第 1 期。

王致中:《辫帅张勋》,《文史知识》,1985 年第 1 期。

李时岳、胡滨:《论洋务运动》,《人民日报》,1981 年 3 月 12 日。

安平秋:《让乡邦先哲的珍贵文化遗产代代流传——江西教育出版社

推出〈豫章丛书〉整理本》,《中华读书报》,2002 年 11 月 13 日。

钱鹰飚、朱小宁、廖浩然等:《寻觅江西民间藏书家》,《信息日报》,2004 年 7 月 7 日。

丰富:《清末江西学者胡思敬》,《宜丰文史资料》第一辑,政协江西省宜丰县委员会、文史资料研究委员会 1986 年版。

全汉昇:《明末清初反对西洋文化的言论》,包遵彭等编《中国近代史论丛》第一辑,第二册,台北中正书局 1958 年版。

彭有德:《江西近现代图书馆事业的形成与发展》,《江西省高等学校图书馆情报学论文集》,江西高校出版社 1990 年版。

李平亮:《卷入"大变局"——清末民初南昌的士绅与地方政治》,厦门大学博士研究学位论文,2004 年。

刘慧:《胡思敬仕履及其心路历程研究》,江西师范大学硕士研究生学位论文,2005 年。

后　记

　　拙作搁笔之际，正值茉莉花开的时节，多年求学生涯的帷幕也随之落下。回首本书的写作，几多困惑，几多收获。博士后深造阶段，我在大连忙碌工作的同时，尽量抽时间来沪感受着探索学问的充实，即将脱稿付印的书稿伴随我度过了其中大部分的光阴。为了搜集资料，我辗转于辽、京、沪各大图书馆、档案馆之间，埋首于那些发黄的线装古籍之中，种种艰辛，实难尽述。而文陋字误之处，总无法令自己满意。但此时，窗外夜色如水，微风拂过蛩鸣，焦虑和躁动竟也隐然消退，愧赧之情突然不再灼人，自己似乎可不再作反侧的失眠者，世界也从未宁静如斯。我慢慢相信，世间一切，都是遇见。冷遇见暖，就有了雨；冬遇见春，有了岁月；天遇见地，有了永恒；人遇见人，有了生命。我慢慢相信，每一本小书，都能给后人的路途上添些光亮，也许是一颗巨星，也许是一把火炬，也许只是一支蜡烛。

　　我天资驽钝，求学路上跌跌撞撞，然每暗自庆幸得命运眷顾。其实，首先感谢者不应是无形的运命，而是学术生涯中的诸位引路者：硕士阶段即得山东师范大学的魏永生先生教导，他是我迈入学术之途的第一位指路人。魏师高尚的品格、严谨的学风和诲人不倦的教风使我终生受益。感谢山东师范大学的郭大松先生，我能有幸进入山东师范大学读书，很大程度上是郭师关心和勉励的结果。感谢郭师多年来给予我学习、生活上的悉心指导和热情关怀。博士阶段得随南开大学的乔治忠先生深造。拙作从选题、构思到行文、定稿，每个环节都凝聚了乔师的心血。离开南开虽然已近十载，但是，每当我翻阅日渐发黄的手稿，看到乔师星星点点的手批，回想当日与先生促膝长谈的情景，感激之情，难以言表。感谢南开大学的刘景泉先生多方面的关照，刘师诱掖后学的精神是我继续进取的强大的动力。也许，当我初次与您见面叫您一声"老师"之时，便注定了您一辈子都是我的恩师！能够耳濡目染乔、刘两位老师兢兢业业的治学态度，敏锐创新的科学思维和务实忘我的工作作风是我在南开求学期间收获的最大的精神财富。博士后阶段有幸随上海大学陈勇先生左右。感谢陈师多年的栽培和提携，我在学术道路上的成长与陈师的言传身教和悉心培养密不可分。陈师平时工作和科研任务繁重，但无论学生何时请教，陈师总是不辞辛劳地为学生拨冗解疑，指点迷津。陈师渊博的知识、宽厚的为人、思想者的气质和不可抗拒的学术魅力使我深深感受到大家风范。师恩难忘，终生铭怀！

感谢上海大学提供博士后研究的机会和条件，感谢相关行政人员认真细致的工作；感谢常州大学同仁的关心、支持和帮助，成为如此融洽的团队一员是我一直以来的梦想。上海三联书店的同仁为此书设计封面及为编辑排版印刷所付出的辛勤努力，在此深致敬意谢忱。

岁月不居，时节如流，自幼读书以来，忽忽已逾三十年。其中甘苦，如鱼饮水，冷暖自知。若自 2014 年入上海大学中国史博士后算起，负笈沪上至今已届四年。此间我的工作地点从塞北调至江南，辗转奔波，稍尝人世艰辛。儿子年幼，妻子在工作忙碌之余，承担起了大部分家务。父亲病重，母亲毫无怨言地承担起了照顾的重任，直到父亲离世。感谢亲人们一直以来朴素的理解、默默的支持和绵长宽广的付出。不管走多远，飞多高，贫穷还是富贵，那些爱我们的人一直都会站在我们身后，紧张着，牵挂着。

可能对于我个人而言，生活的变化是缓慢的。今天和昨天似乎没有什么不同；明天也可能和今天一样，甚至一生都可能在平淡无奇中度过。不过，细想过来，每个人的生活同样也是一个世界。即是最平凡的人，也得要为他那个世界的存在而战斗。毕竟，生命可以随心所欲，但却不能随波逐流。

李泽昊　谨识
2018 年春于常州大学文彰楼

图书在版编目(CIP)数据

儒家的情怀与担当:胡思敬研究/李泽昊著.—上海:上海三联书店,2018.7
ISBN 978-7-5426-6326-9

Ⅰ.①儒… Ⅱ.①李… Ⅲ.①胡思敬-人物研究
Ⅳ.①K825.4

中国版本图书馆 CIP 数据核字(2018)第 126536 号

儒家的情怀与担当——胡思敬研究

著　者 / 李泽昊

责任编辑 / 殷亚平
装帧设计 / 一本好书
监　制 / 姚　军
责任校对 / 张大伟

出版发行 / 上海三联书店
　　　　　　(201199)中国上海市都市路 4855 号 2 座 10 楼
邮购电话 / 021 - 22895557
印　刷 / 上海盛通时代印刷有限公司

版　次 / 2018 年 7 月第 1 版
印　次 / 2018 年 7 月第 1 次印刷
开　本 / 640×960　1/16
字　数 / 350 千字
印　张 / 17
书　号 / ISBN 978 - 7 - 5426 - 6326 - 9/K · 469
定　价 / 58.00 元

敬启读者,如发现本书有印装质量问题,请与印刷厂联系 021 - 37910000